# 货币的教训

汇率与货币系列评论

ESSAYS OF EXCHANGE RATE AND MONEY

周其仁 著

北京大学出版社
PEKING UNIVERSITY PRESS

图书在版编目(CIP)数据

货币的教训:汇率与货币系列评论/周其仁著.—北京:北京大学出版社,2012.1

ISBN 978-7-301-14480-0

Ⅰ.①货… Ⅱ.①周… Ⅲ.①金融市场-中国-文集 ②汇率政策-中国-文集 Ⅳ.①F832-53

中国版本图书馆 CIP 数据核字(2011)第 270318 号

| | |
|---|---|
| 书　　名 | 货币的教训——汇率与货币系列评论 |
| | HUOBI DE JIAOXUN——HUILU YU HUOBI XILIE PINGLUN |
| 著作责任者 | 周其仁　著 |
| 责任编辑 | 郝小楠 |
| 标准书号 | ISBN 978-7-301-14480-0 |
| 出版发行 | 北京大学出版社 |
| 地　　址 | 北京市海淀区成府路 205 号　100871 |
| 网　　址 | http://www.pup.cn |
| 微信公众号 | 北京大学经管书苑（pupembook） |
| 电子邮箱 | 编辑部 em@pup.cn　总编室 zpup@pup.cn |
| 电　　话 | 邮购部 010-62752015　发行部 010-62750672 |
| | 编辑部 010-62756370 |
| 印 刷 者 | 三河市北燕印装有限公司 |
| 经 销 者 | 新华书店 |
| | 965 毫米×1300 毫米　16 开本　18.25 印张　254 千字 |
| | 2012 年 1 月第 1 版　2024 年 6 月第 13 次印刷 |
| 印　　数 | 44001—47000 册 |
| 定　　价 | 45.00 元 |

未经许可,不得以任何方式复制或抄袭本书之部分或全部内容。
版权所有,侵权必究
举报电话:010-62752024　电子邮箱:fd@pup.cn
图书如有印装质量问题,请与出版部联系,电话:010-62756370

# 前　言

准备就汇率和货币问题写一系列评论,是去年春节时的念头。那时,在《经济观察报》开设的专栏已经停了好长一段时日,编辑正催我重新开工。写专栏这回事,停下很容易,重开就难了。开了工再停下,好像也容易。思来想去,决定选"系列评论",无非是要给自己增加一点开工复停的成本,好逼自己就范。

到北大任教以来,先后写过三个系列评论。第一个是1998年开始参与电信市场开放竞争的讨论,当时在《财经》杂志开的头。胡舒立以"未完待续"之法,逼我在该刊连发三文,举出了"三网合一、数网竞争"的标语。电信网络向来是政府独家垄断的领地,主张数个电信网络彼此展开市场竞争,要阐述的理由当然不少。于是,接着在《经济学消息报》开始一篇接一篇讲述意犹未尽的话题,中心题目还是电信基础网络为什么也可以开放。总共写了十多篇,加上先前发表过的,集成一本小书由三联书店出版,书名就叫《数网竞争》。

过了几年,故伎重演。这回系列评论的主题是"农民收入"。当时关于农民收入增长低迷有不少讨论。自己出身杜润生门下,怎么算也与农民问题脱不得干系。当然,离开农口数年,在美国大学图书馆里读了几年书,再转到北京大学任教,不免就想选一个理论性的题目来舞枪弄棒。选用的是费雪的理论框架,把"收入"看做是得到法律界定和市场交易再界定的资产提供的服务。在此框架下,农民收入问题,要从农民拥有资产的权利界定状况里去找寻原因和改善的办法。那个系列("农民收入是一连串事件"),一口气写了20篇,外加余言6篇,一并收到《收入是一连串事件》,由北大出版社出版。销售记录表明那本小书卖得还不错,也许逛书店的朋友一看"收入"当头,先买进一本再说吧。

第三个系列评论集中于医改。大约2003年以后,香港和内地的一些医改论者把大陆的"看病贵、看病难",诊断为"医疗服务领域市场化的恶果"。他们开出的"药方",当然是反市场化之道的由政府包办医疗。一时间,医改讨论铺天盖地。一些对改革开放以来的中国经验毫无认知、连实际生活常识也好像不那么多的"专家",煞有其事地要为13亿中国人设计"整体医改方案"。这倒给我提供了一个调查研究的题目,从头探查医疗服务的行为、问题和令公众不满意现象的根源。这组评论写了41篇,集结成书《病有所医当问谁》。有一次我自己要买两本送人,到书店里找时,发现它被陈列在医书的书架上。

这三个系列评论,写出了一些心得。第一,选题要集中,为读者广为关心;第二,作者要有持久探查的热情,至少为了满足自己的求知欲,有决心着手连续的调查;第三,内容可以分层次,容许细细道来,久说也不那么令人生烦。这三样,缺一不可。如果不是热门话题,关心的人太少,一般不宜选来作为系列评论之题。很多舆论的热议,问题的内涵不够,讲不了几句就没啥好讲的了,也不适宜。最要避开的,是自己懂得不多却又没有探查的持久动力,上手开了篇,最后自己坐蜡,收不了场的。

掂量再三,"汇率与货币"够分量。首先,拜外国政要和舆论鼓噪之福,人民币汇率升值问题早就被炒得沸沸扬扬。由此带来的思维惯性,是不少人认为人民币汇率问题是"对外的",属于中美经济关系、中欧经济关系或中国与全球经济关系的范畴。这就给本系列评论造就了一个阅读方面的"市场",因为我的认识,汇率问题也对内,或者说首先对内,属于一部分中国人与另外一部分中国人的经济关系问题。把"汇率"与"货币"(准确地讲,是探查"人民币汇率稳定"与"人民币币值稳定"之间的关系)联系到一起,问号有吸引力。

其次,汇率和货币问题深不可测,专家自有越讲越深的理由。要拿到报刊上来公开讨论,作者自己先要弄懂、弄通。我是讲过"懂钱容易懂货币难"的,那是说我们对拥钱在手的那一段也许还有直接经验,一旦把钱花出去,大家关心的就是换回来的商品,而对流入他人之手的钱反倒就不那么关心了,所以谁也没有跟着钱在市场里转来转去转到底的经验。"货币"者,偏偏就是流通中的钱。从已知的"钱"向未知的"货币"前进,是知识上的深度探查,大有可为也。

最后,货币的现象与本质,以及不同货币之间的价格(汇率)变化,涉及的层面既广且深,展开分析的层次当毫无问题。这点考虑也为事后的经验所证明。翻阅这组系列评论,从"人民币汇率究竟是怎样形成的"这么直白的问题入手,转向实际形成人民币汇率的中国外汇交易中心的制度特征,转向央行和基础货币在人民币汇率稳定中所起的决定性作用和后果,转向当代为什么守不住固定汇率,转向我国货币的主动超发到被动超发,再转向本轮通胀的由来和后果应对,才几个层面呀,已写出去几十期了。

题目受关注、自己有探查的决心和热情、内容允许分解层次,那就开工吧。专栏刊出以来,据说读者的反映还好。元旦前《经济观察报》刘志坚总编和栏目责任编辑殷练女士约我餐叙,态度客气,鼓励继续。我心知肚明,与两位的交情归交情,但市场还是市场。这家报纸不靠订户靠零售,最后要读者买账才算数。这次,《南方周末》横向评选,对我这组尚未完成的系列评论也礼遇了一下,分明也是代表读者带给作者的鼓励。要说有对不住的地方,是在栏目下开列了邮箱,但基本上没有看,更没有回复读者发来的问题。不是漠视读者意见,而是在习惯上,探查一个问题时全神贯注,把自己以为搞明白的先写下来,等到全部刊出可以集结之时,再认真看了各方意见,全盘做一修订吧。

读者也许关心这个系列评论还有多少没写完,老实讲,我也不知道。大体想过还要转几个层面,包括人民币汇率机制改革策略的选择,以及一旦无须拿基础货币受汇率之后,人民币本身以什么为锚。不确定的地方是,本轮通胀还在发展,派生出来的题目想回避也回避不了。这也算新的经验:实际经济情况、题目以及待探查一起在变。从经济研究的角度看,当下的中国真是遍地黄金,我等有幸生逢其时。

(本文原刊于《南方周末》2011年2月11日,题目为"《汇率与货币系列评论》的途中手记")

# 目　录

## 第一部分　人民币汇率之争

口水能定汇率吗？ …………………………………………… 3
形成人民币汇率的市场特征 ………………………………… 6
央行购汇的支付手段 ………………………………………… 9
央行负债的经济性质 ………………………………………… 13
如此辛苦为哪般？ …………………………………………… 17
"汇率稳定"与"币值稳定"的纠葛 ………………………… 21
守不住的固定汇率 …………………………………………… 24
固定汇率与浮动汇率之争 …………………………………… 28
当代庞统的连环策 …………………………………………… 32
这世界刮的是什么风？ ……………………………………… 37
人民币不能以美元为锚 ……………………………………… 41
人民币盯美元的由来 ………………………………………… 45

## 第二部分　货币是怎样炼成的

被动超发货币的教训 ………………………………………… 51
出口导向的国内平衡 ………………………………………… 55

货币老虎越养越大 ………………………………………… 59
货币无侥幸 …………………………………………………… 63
政府投资与"货币创造" …………………………………… 67
银根与"土根"的纠结 ……………………………………… 71
货币运动两个圈 ……………………………………………… 75
货币调控的中国特色 ………………………………………… 78
政府主导投资的经济性质 …………………………………… 82
货币是怎样炼成的? ………………………………………… 86
流动性创造流动性 …………………………………………… 89
"不差钱"有什么不妥吗? ………………………………… 93

## 第三部分　治理通胀之道

通胀没有那么多的类别 ……………………………………… 99
高价不抱无缝的蛋 …………………………………………… 103
货币稳健不应该是短期政策目标 …………………………… 107
水多了加面 …………………………………………………… 111
"货币深化"与改革的风风雨雨 …………………………… 115
转让权影响货币数量 ………………………………………… 119
加息的不同含义 ……………………………………………… 122
央行与商业银行的关系 ……………………………………… 126
黄金管得住超发货币的冲动吗? …………………………… 130
民间的金本位 ………………………………………………… 134
从海外代购到境外直购 ……………………………………… 138
扩大进口　抑制通胀 ………………………………………… 142
通货膨胀与农民 ……………………………………………… 146
伊拉克蜜枣与治理通胀 ……………………………………… 150
管价限购无助于治理通胀 …………………………………… 155

财政稳健是货币稳健的条件 ·········· 159

# 第四部分　货币制度重于货币政策

大刀阔斧改汇率 ·········· 165
用什么把基础货币换下来？ ·········· 169
财政购汇的三条筹资通道 ·········· 173
人民币汇率问题的重心所在 ·········· 177
在真金白银的约束下利害计算 ·········· 181
人民币以何为锚？ ·········· 185
美元之锚的历史变化 ·········· 189
以央行行长为锚的货币制度 ·········· 194
人民币当然要择善而从 ·········· 198
货币准则才是问题的根本 ·········· 202
货币制度重于货币政策 ·········· 206

# 第五部分　录以备考

毫不含糊地反对通货膨胀 ·········· 215
通货膨胀与价格管制：谨防一错再错
　——在CCER中国经济观察第12次报告会的发言 ·········· 225
货币、制度成本与中国经济增长 ·········· 232
货币不能大松 ·········· 244
还算"适度宽松的货币政策"吗？ ·········· 247
货币似蜜，最后还是水 ·········· 250
保持人民币币值稳定是第一要务
　——对话《第一财经》记者 ·········· 253

以货币深化缓解通胀压力
　　——对话《金融周刊》记者 ·················· 259
避免最糟糕的政策组合
　　——与《中国改革》记者的对话 ·············· 267
过去十年是开放政策收获的十年
　　——《21世纪经济报道》十年专访稿 ············ 275

# 第一部分 人民币汇率之争

# 口水能定汇率吗？

汇率者，不同货币之间的市场价也。譬如近来又吵得沸沸扬扬的人民币汇率，无非就是多少人民币换一美元的市价问题。从变化的趋势来看，用比今日之汇价更少一点的人民币就可换得一美元，人民币就是升值了。反过来，要用更多的人民币才换得同样的一美元，人民币汇率则是贬了。

市价有什么好吵的呢？在日常生活里，你我不是天天要进市场、时时要与市价打交道吗？经验很真实：早餐之价不要吵，铅笔文具之价不要吵，衣帽鞋袜之价也不要吵。市场之道，可以讨价还价，但不需要吵。讲不成价钱也好办，买卖不成仁义在，还有下回哩。从没见过"白菜升值派"，隆重其事写下白菜应升值的理论及其政策主张的——卖白菜的只要对其他买家的光顾信心满满，不改口自己的出价就足够了。

是不是汇率涉及与老外的生意，所以就非吵不可呢？也不尽然。今年1月到达沃斯开会，来回搭乘德国汉莎航空的班机。作为购票者，我的立场摆明是希望自己口袋里的人民币对汉莎机票升值的。无奈寻来比去，同等条件下没有他家航空公司可选，只好屈从汉莎公司——那分明可恶的人民币贬值派。相比之下，成都远郊的农民比我本事大：他们也是人民币对可口可乐汽水的升值派，却足不出村，就可以在那里的小卖店购得只有城市销价五分之一的可口可乐。胜利可不是吵来的，那只是因为其他竞争者逼得可口可乐不敢多要一分钱！

市场之价为什么无须争吵？我的理解，市场其实是一套靠行为定价的游戏。天下买家大同小异，差不多个个天生都是自己持有货币的升值派。卖家也大同小异，都是顾客手持货币的贬值派。问题是，市场里的升值贬值不需要吵，各方出价就是了。横竖买家与买家争、卖家与卖家争。至于升值派能不能赢,决定的因素是卖家营垒的竞争程度是不是压过了买家营垒的竞争程度。若是,吵也没有用,买家所持货币终究要升值;若不是,吵得再凶,买家的货币也挡不住对卖家的商品贬值。

这是说,凡能够以行为定价钱的,吵闹就多余了。从这点看,市场就是以出价竞争的行为代替口水争议与政治辩论的一套制度。是的,古往今来,自发的市场熙熙攘攘,但绝不吵吵闹闹,一般不是好勇斗狠之士喊打喊杀的好去处。不是在市场里没有利害关系,无论中国人与中国人,中国人与外国人,还是外国人与外国人,买卖各方的利害分歧,与生俱来并亘古不变。但是,有了市场制度,可以出价定胜负,吵闹就多此一举了。

人民币汇率究竟中了什么招,要这样吵了又吵的?远的不提,1997年亚洲金融危机,过不了多久就传来"国际声音":人民币不要贬。五年后,国际呼声转为"人民币要升值",而同情中国的老外学者,一般说人民币升值绝不可取。国际上开吵,国内也跟着吵,升值派与不升值派营垒分明。也有学者开始主张人民币绝不能升值,等到政府决定于2005年7月开始小步升值,又说缓升也许是必要的。再过三年,全球金融危机横扫神州大地,人民币升值之声让位于全球救市。不过还真有人倒回去算,说人民币升值是比美国金融危机还要厉害的中国经济杀手!又过了一年,"后危机时代"幡然来临,人民币升值的呼声重起。这回动静可大了:从诺贝尔经济学奖得主、百多位美国议员,直到美国总统,一起放话要人民币升值。冷眼看去,正派反派的论据无数,却不见有人问出缠绕我心头好几年的一个问号:他们为什么吵架而不出价?

我的这个问题是冲着升值派去的:你们要是真的主张人民币升值,何不带头——然后带领所有赞同升值主张的人们——大手以美元买人民币呢?此处的经济逻辑很简单:大手以美元买人民币的"买压",总比大呼小叫人民币必须升值的"言压"管用吧?众君子动口不动手,难道人民币汇率真可以靠叫喊升值?我的问题也是冲着人民币绝不升值派去的:要是真主张人民币不升值,大手拿人民币买美元不就得了?!更一般地,我的问题是冲着所有"有汇率主张"的人们去的:请用出价行为,而不是犀利的言辞来表达阁下的主张。

说来不容易相信,我的问题来自一次令人尴尬的经验。那时听一位朋友讲述人民币绝不应升值的理由,他讲得实在头头是道。我知道他海外归来,便问他自己是否多持一点美元。不料他很吃惊:早把美元卖掉了呀! 受此刺激,我以后听到"主张"就非联想到"行为"不可。蒙代尔说人民币汇率不可升,我想问他为什么减少在美国的时间到中国来领北京绿卡? 克鲁格曼说美国唯有压迫中国升值,我想问是否他也接受以人民币计价的美国薪酬? 130位美国众议员联名要美国财政部把中国列为汇率操纵国,我想问他们干吗不来点真格的,干脆拿美国的黄金储备换他个几十万亿人民币? 看来,人们还真的不太把经济学当回事。这门以解释行为为己任的经验科学,最起码的坚持就是把人们的行为——而不是人们的言辞,尤其是人们关于自己行为的言辞——作为研究的对象。

我的问题说到底是冲着自己来的:在热烈地争论人民币汇率应该这样、应该那样之前,我们搞清楚人民币汇率实际上究竟是怎样决定的了吗? 容我强调一句:不是这样或那样的"汇率主张",而是在每个平常交易日早上9点15分,由"中国人民银行授权中国外汇交易中心公布"的那个"美元对人民币汇率的中间价"(2010年4月12日为1美元对人民币6.8259元),实际上到底是怎样形成的?

2010 年 4 月 14 日

# 形成人民币汇率的市场特征

把世界吵得翻天覆地的人民币汇率,是在一个中国的市场上形成的。这个市场叫中国外汇交易中心,总部在上海外滩中山北一路15号,曾经的国民政府中央银行和后来的华俄道胜银行所在地。与纽约、伦敦、东京那些外汇市场不同,中国外汇交易中心是一个有形市场,加上历史不长,容易观察,弄清来龙去脉不算太大的难题。

1994年前的中国早有外汇交易,但没有统一的市场。那时,人民币换美元的需求是通过两条轨道来实现的。第一轨是计划轨,就是按政府的官方牌价结汇。不论企业还是个人,有了外汇收入,都要以政府规定之价,结算给政府。那时的人民币估值很高,应该是那时中国的创汇能力不足,而政府又希望以较少的人民币代价购得全部外汇。不过,这样打算盘有一个代价,就是谁也不愿积极创汇。政府低价购汇,如同当年低价收购农副产品一样,妨碍了生产者努力创汇的积极性。

逼来逼去就逼出了第二轨。路径大体如下:国家从80年代开始逐步提高购汇牌价,然后又推出"外汇留成"制度,即允许创汇企业留下一个比例(20%)的外汇自用,并可以把这部分留成的外汇,拿到"外汇调剂中心"去,看有没有谁的出价比官方外汇牌价更高。由于低于真实市价的"平价外汇"短缺,需求就永远旺盛。大家你争我夺出价,把计划外的外汇调剂价格拉高了。外汇双轨制应运而生:牌价外汇5元多兑1美元,调剂中心的可以8元、9元甚至10元兑1美元!后者才是市场,因为凡想多要美元的,无须喊叫,也无须左打报告右审批,拿人民币出价就是了,游戏规则是在调剂中心里出价高者得外汇。

拜改革开放大潮之福,外汇市场轨的力量越来越大。到1993年中国第一次汇改的前夜,中国全部外汇的80%来自调剂中心即市场轨,仅有20%来自计划轨。朱镕基领导中国的第一次汇改,大刀阔斧完成了汇率双轨的合并,也把分布于各地、分散定价的外汇调剂中心,整合成统一竞价的外汇市场,这就是中国外汇交易中心的由来。自此,直接以行政命令为人民币汇率定价的时代结束了。今天的人民币汇率,是在外汇交易中心这个市场上形成的。

中国外汇交易中心的确是一个市场。不过这个市场,尚带有转型经济的若干制度特征。我观察了几年,发现至少有两个特点值得特别留意。第一个特点较为明显,中国外汇交易中心是一个仅设在中国的市场,在世界其他地方均无分店。这个特点,区别于全球主要的外汇市场。当今世界,人们不仅可以在美国境内买卖美元,也可在美国境外买卖美元,正如人们可以在欧洲境内外买卖欧元、在日本境内外买卖日元一样。可是人民币的交易就仅限于中国,中国人可以在中国买卖外币,外国人也可以在中国买卖外币,但外国人却不可以在中国境外买卖人民币。之所以境外要求人民币升值的呼声嘹亮,原因之一就是在他们那里无从用美元买人民币!这方面,香港是个例外。在这个全球第五大外汇市场上,自2003年以后是可以合法买到一些人民币的。并不例外的是,香港因此也就没有关于人民币汇率升值的很高的呼声,因为无论哪种汇率主张,在香港总可以通过对人民币的出价行为来加以表达。

另外一个特点较为隐蔽。中国外汇交易中心是一个交易所类型的市场,实行会员制。所有在中国有权合法经营外汇业务的商业银行和其他金融组织(包括其分支机构),经中国人民银行和外汇管理局审查批准,都可以成为中国外汇交易中心的会员。进入中国的外汇,无论来自贸易顺差、外国直接投资,还是所谓的"热钱",都是先与这些会员"结汇",然后再由会员机构在中国外汇交易中心这个"银行间市场"里竞买竞卖各自持有的外汇头寸。现在全球高度关注的"人民币汇率",其实就是中国外汇交易中心的会员们,每天在这个市场上竞买竞卖的结果。在这个意义上,说人民币汇率是在市场供求中形成的,此言不虚。

不过,中国外汇交易中心所有可以入场交易的会员当中,还有一个特超级会员。这就是主管中国外汇市场的央行和外汇管理局。在这里，像所有其他会员一样，央行可以进场购汇。加上"特超级"的修饰语，是因为央行不但是日益成长的中国外汇市场上的最后买家，而且在事实上购入了进中国外汇的绝大部分。读者常听到的早就过了2万亿美元的"中国国家外汇储备"，其实全部是由央行购入的外汇。要说明的是，特超级会员也还是会员，因为今天的中国再也不要求强制结汇，央行进场购得了外汇的绝大部分，仅仅是因为它的出价最高！作为一个政府机构，央行进场大手购汇，这件事情要怎样看？我的看法，央行入场购汇，与政府其他机构进入市场采购商品，没有本质上的不同。当然，在自己主管的市场里从事采购活动，裁判员兼运动员，确有一个角色冲突问题。不过，好在外汇交易非常透明，横竖游戏规则是一样的，大家出价竞买，央行出价高就央行得。这里没有超级特权，公众也从来没有为这个环节的丑闻所困。

问题是央行购汇的购买力来源。我们知道，央行不是普通商业组织，无从通过向市场出售商品和服务来获取收入。央行也不是财政部或税务局，可以向商业机构或个人直接征税，或通过出售国有资产来形成自己的购买力。央行购得数万亿美元储备所付出的惊人庞大的人民币，只与"基础货币"有关。这是央行不同于任何其他入市的政府机构的真正特别之处。这一点，对我们理解人民币汇率的形成机制，至关紧要。

2010年4月24日

# 央行购汇的支付手段

我们已经知道,人民币汇率是在一个中国的市场上形成的。这个市场叫中国外汇交易中心,是一个由数百个有权在中国经营外汇业务的中外银行和其他金融机构组成的会员制交易所——或称"银行间外汇市场"。这个市场依法由央行和国家外汇管理局管理。较为特别的地方,是依法管理这个市场的央行和外汇管理局,也入市买卖外汇。更为特别的地方,是迄今为止进入中国的绝大多数外汇,都是由央行购得,然后转为中国的国家外汇储备的。

讲过了,第一次汇改之后,中国在法律上不再要求强制结汇。因此,央行购汇与别的会员的购汇行为没有什么原则不同:平等竞争,出价高者得。这样看,央行所以购得了进入中国外汇的绝大多数,原因就是市场上其他买家的出价不如央行的出价高。因为央行的出价最高,所以市场里的其他机构会员,就很乐意把从企业与个人那里购得的外汇,悉数卖给央行。2003年公布的《外汇管理条例》说,企业和个人的外汇收入,可以"保留或卖给经营结汇、售汇业务的金融机构";后者又可以在"遵循公开、公平、公正和诚实信用的原则"的外汇市场上交易。这就是说,无论企业、个人还是经营结汇售汇业务的金融机构,都有权不卖外汇给央行。这里所谓不卖,无非就是他们自己对所持外汇的出价,高于央行罢了。

央行购汇当然要用人民币。那么,央行究竟是从哪里获得大手购买外汇的巨量人民币的?这个问题似乎太浅:谁不知道普天下流通的人民币,都是由人民银行即中国的央行发出来的?翻开1995年全国人大通过、2003年12月人大常委会修正的《中华人民共和国人民银行法》,规定的人民银行职责之一,就是"发行人民币"(第四条第三款)。

既然央行有此职权，为大手购汇多给自己发一些人民币，还不是易如反掌？

是的，全部流通中的人民币现金，都是央行发行出来的。正是这个法定的央行权力，使不少人认为，央行大手购汇的代价非常之低。在技术层面，发行货币就是印刷钞票。这也不单中国如此，当代所有实行法定不可兑现货币制度的国家皆如此。但是，以为央行发行货币的代价仅仅就是人民币的印制、运送和保管的成本，在经济上却大错特错。从经济关系看，货币发行是央行之负债，这里的"债主"不是别人，恰恰是包括你我在内的所有持币的个人和各类机构。货币发行要受到债务负担的压力——天下持币人都是央行的债主，那是惹不起也躲不起的。

为什么发行货币就是央行对天下持币人负有的债务呢？从常识看，人们辛苦工作之后领取薪水图的可不是"钱"，因为钞票（法定货币是也）既不能吃也不能穿，无法为持币人带来真正的享受。人们领钱是为了花钱，实质是交换过日子需要的商品和服务。这样看，领钱持币就等于人们把自己辛苦劳动产出的产品先"借"给了发钱机关，而钞票不过是货币当局开具出来的负债凭证。人们拿到了货币凭证，才有权从其他商品提供者那里换得需要的商品，而后者也因此成为"借出"商品、持有凭据的债权人。货币在持币债权人那里不断地换手，其实就是人们不断借货币来完成交换。

如果央行为了大手购汇而发行出过多的货币，那么天下持币人的债权权益就受到侵害。横竖人们借钱是为了购买商品与服务，倘若借得货币的时候每百元人民币能购大米50斤，等到持币人真去买米时只能购米40斤，那么这位持币人的债权就被缩水20%。这就是老百姓说的钱不值钱，或者说票子毛了。比较麻烦的地方是，个别场合的物价上升完全可能是别的原因引起的，譬如天旱影响当地稻米的产量，或者仅仅因为一时的市场竞争格局，米价都可能上升。非到物价总水平普遍、持续上扬，央行超发货币的代价才可以被观察到。在这个意义上，超发货币得罪的可不是个别持币债权人，它得罪的是天下所有持币人。

所以，央行发行货币的大权就不能不受到特别的约束。上引《人民银行法》在授权央行发行货币之前,规定了央行全部活动的目标,是"保持货币币值的稳定,以此促进经济增长"(第三条)。央行当然有权用发行人民币的法定地位筹得购汇的支付能力,但也要受法定责任的约束,即绝不能以损害人民币币值的稳定为代价。

除了增发人民币,央行还有别的购汇手段吗?有的。这就是同样由法律规定的"制定和执行货币政策"的权力。这里又有诸多政策工具。择其要者,第一项工具是"要求银行业金融机构按照规定的比例交存存款准备金",也就是有权规定商业银行吸收的存款总额中,究竟有多大一个比例不得贷放,而要交存到央行。这就给央行带来"花钱"的机会:在给付准备金利息的条件下,央行就可以用此准备金购买外汇。由于央行既可依法规定准备金率,又可根据需要花费这笔准备金,因此看来这是能够为央行大手购汇筹资的一个有效手段。

与增发货币不同,央行通过提取法定准备金的办法所获得的购汇能力,不需要加大货币发行总量。一般的看法,央行提高商业银行的准备金率,还减少了货币供给呢。问题在于,当央行自己动用这些准备金购汇时,已经关入准备金笼子的货币又被放回到商业银行,成为进一步向市场放贷的基础。

央行另外一个政策工具,是"确定中央银行基准利率"。这就是说,无论货币发行过多,还是把准备金收拢了再放回去,央行还可以通过基准利率调节市场里货币的"动"与"静"。简单说,央行加息等于诱使货币老虎趴在笼子里别动。在理论上,只要加息的力度够劲,总可以达到这样一点,以至于外面的老虎也争相要求入笼静卧!这就是"超额准备金"的由来。超额准备金也是商业银行存入央行的,也构成央行购汇的支付手段。不过当央行动用超额准备金购买外汇时,趴下了的老虎又跑到市场上去了。

这样忙来忙去,增发货币养老虎,提高准备金率和加息收老虎,央行大手购汇又放虎归山。循环往复,中国经济里的货币存量就越滚越大。当然央行还有一道撒手锏,这就是 2002 年以后才越用越多的"发央票回收流动性"。央票是件新工具,也于法有据。不过从经济性质来看,无论长期短期,央票总还是央行对持票金融机构的负债。还是老规矩,央行出售央票的现金性负债,又可以拿去入外汇市场购汇。这就把"捉放虎"的游戏,抬升到一个新的阶段。

2010 年 4 月 30 日

# 央行负债的经济性质

从上文知道,央行在中国外汇市场大手用人民币购买外汇,靠的是以下诸种手段:增加货币发行,动用商业银行存于央行的法定准备金和超额准备金,以及发出"央票"即央行对金融机构的短期债券。我们也了解,所有这些央行购汇的支付手段,无一例外都来自央行的负债。这么说吧,当下令全世界肃然起敬的中国拥有的2.5万亿美元的"国家外汇储备",每一元每一分都对应着央行的人民币负债。

负债之意,无非就是债务人欠了债权人的钱。但是,央行的负债,与我们平常家庭、企业抑或商业性金融机构的负债,有很大的不同。比较重要的区别,央行是中央政府的机构,所以,央行负债讲到底都是中央政府的负债,既靠政府的信用借,也靠政府的收入还。这似乎与国债是一样的。但是,我发现央行债务与国债还有一点重要的区别,那就是央行欠债的时候,不但不需要得到债权人的同意,甚至也不需要让债权人知道。

让我们一起来读央行负债的信息。在中国人民银行网页的"统计资料"栏目里,很容易调出1999年以来历年的"货币当局资产负债表"。选2009年12月为例:央行的总资产为227 530亿人民币,而其中央行的"自有资金"仅为219.75亿人民币。这就是说,每1 000元央行资产当中,999元以上来自负债!老天爷,倘若哪一个国家的财政负债也达到这个水平,怕早就无人敢买该国国债啦。至于一般工商金融企业,不要说1元自有资本对1 000元负债,就是1元自有资本对10元负债,也足以吓跑债权人。

为什么央行有如此之高的负债率,却依然安然无恙?查1999年央行的自有资金占总资产之比,还超过了1%。这就是说,十年时间央行的负债率升了一个数量级,达到不足千分之一,但央行为什么还可以不断从高负债走向更高的负债,扩大举债从没遇到实质性的障碍?近年人民币汇率之争此起彼伏,热闹非常,可是实际形成人民币汇率的基础——央行大手负债购汇——却基本不入舆论与公众的法眼,少有人关注,也没有构成热点问题,这又是为什么?

显见的答案就是上文提到的,央行是政府开的,只要大家相信政府的财政能力,央行的资产负债就无须操心。不需要罗列数据,最近十年当然是中国国家财政实力飞速增强的十年,而财政税收之外的国有资本,更是大进特进的十年(虽然是否由此就引起"民退",需要另外专门讨论)。是不是政府财力的基础雄厚,债权人不看僧面看佛面,央行扩大负债就没有问题了?

但是我们细读央行的资产负债表,却没有看到政府财力支持央行负债的直接证据。还以 2009 年 12 月为例,"政府(在央行的)存款" 2.1 万亿,只不过比"(央行)对政府债权"(1.6 万亿)多了 5 000 亿人民币而已。这说明,政府借给央行的财力,对央行持有天文数目的债务,实际的贡献了了。央行的自有资金就算全部来自财政拨款,也不过区区 200 多亿人民币。我们的问题还在:为什么央行并没有从法律上的后台老板——国家财政——那里获得实际的财力支援,却依然还有能力超高额负债,还可以持续大手购买并持有总数越来越多的外汇资产?

答案要到央行负债的经济性质里去寻找。我的研究心得,是央行负债区别于财政和任何公私企业负债的特别之处,恰恰是在一个相当宽的限度内,央行的负债根本就无须归还!既然无须归还,"债多不愁"就很正常:不但举债人不愁,连债权人也不愁。谁也不愁,结果负债率高企,有什么可奇怪的吗?

各位读者,此说对理解人民币汇率机制关系重大,容我阐释一下吧。先看央行负债的最大头——"储备货币"。2009 年 12 月此项数为 143 985 亿,占央行总资产的 63.3%。大家知道,"储备货币"(reserve money)也就是"基础货币"(base money),主要由两个部分组成:(1)货币发行,(2)金融机构存款。第一部分来自法定的央行特权,因为在国家信用货币的制度之下，唯有央行才可合法发行货币。央行发出来的货币进入市场流通，除非央行觉得有必要回收，是不需要向谁归还的。把这些并没有归还义务的货币也记做负债，源于在可兑换金银本位的货币制度下，央行必须以自己储备的金银为本，发出的票子满足流通的需要，而使用票子的债权人，皆有权拿了票子到央行来兑金银。"储备货币"者，摆明央行发钞具有负债性质，要 reserve money，以备债权人上门索债之需。像美联储和德国央行，至今还储备着全球为数可观的黄金，其实就是为它们货币的国家信用作保。至于没有多少黄金储备的央行，发钞的抵押物就是国家权力。窍门在于，"在一个相当宽的限度内"，持票债权人上门要兑国家权力的事，一般是不会发生的。在这个限度以内，储备货币就是央行可花的钱。

"储备货币"的第二部分，似乎是必不可少的真储备。因为这是商业银行等金融机构在央行的存款，而商业银行的存款又来自它们的储户，有清楚的债权债务链条的约束，即便贵为央行，也要准备这些债权人上门，没有储备怎么对付呢？但是，央行拥有规定商业银行存央行准备金比率的法定权力。譬如前两天央行的一道声明，商业银行的法定准备金率就上调 0.5 个百分点，全国总共 3 000 亿以上的资金就要被"冻"入央行。在理论上，央行只要不降低法定准备金率，这部分"债"就可以锁定而无须归还。央行当然要为这部分准备金付点利息，但也是讲过的，倘若央行付出的利息高过商业银行放贷的机会成本，商业银行还会把更多的准备金"超额"存入央行。央行对后者当然负有偿还的义务，不过只要付息足够高，那么在一个限度内，债权人甚至愿意央行只付息而永不还本。要知道，够高的利息对央行不是难事，因为在理论上，央行可以增发货币来付息！于是乎，"在一个相当宽的限度内"，央行也可规避储备货币的偿债压力，痛痛快快把储备金花出去就是了。

在储备货币之外，央行还可以发行债券。如 2009 年 12 月央行的发债余额就达 4.2 万亿人民币之谱。央行发出的债券当然到期要还，不过如我们近年观察到的，用于对冲流动性的"央票"，不但可以到期再发，而且可以到期再增加发行的。如是，央行总可以积淀下相当一笔无须归还的负债。再说了,实在到了非还不可的时候,央行反正还有增发货币的杀手锏。

正因为"在一个相当宽的限度内",央行负债无须归还,所以央行的负债率就可以高到财政、企业、家庭的资产负债率所根本不可能企及的高度。在央行的资产负债表上,甚至连"自有资金"都记在了"总负债"的名下——央行完全可以100%通过负债来形成自己的总资产。既然资产可以全部来自于负债,央行的总资产或负债量就可以几近无限,央行持有的外汇资产也可以几近无限。各位注意了,这才是实际形成人民币汇率的基础,也导致人们广泛地以为——在我想称之为"央行负债幻觉"的作用之下——人民币汇率不是买卖行为的结果,而是各国政要、专家、舆论大打口水战的结晶。

2010年5月8日

# 如此辛苦为哪般？

我们的调查表明，人民币汇率实际形成的基础，归根到底是央行大手负债买汇。央行的负债主要有两项：包括发行货币和接受金融性机构存款在内的"储备货币"，以及由央行发出的债券。我们也理解，由于央行负债具有的特别经济性质，即在一个很宽的限度内，央行可以举债不还，或不断借新还旧，所以外汇市场上，根本就无人可以与央行争锋。

还是用央行公布的资产负债信息，让我们对此有一个基本的数量概念。2009年12月央行总资产22.8万亿人民币，其中最大项为外汇资产，达17.5万亿人民币（即2.5万亿美元），占76.8%；加上货币黄金和其他，央行的国外资产达18.5万亿人民币，占总资产的81.1%。说中国国家外汇储备天下第一，其实就是央行的外汇资产天下第一。不过，任谁来当央行行长，也不容易因此就笑出声来：雄视天下的外汇资产、国外资产连同央行总资产，每1000元中999元以上来自负债！还是2009年12月底的数，央行总负债中的63.2%（14.4万亿）来自"储备货币"，18.4%（4.2万亿）来自央行发行的债券。加到一起，仅此两项负债（18.6万亿）就略高于央行的国外资产总额。这就是说，央行持有的天量外汇资产，全部来自国内借债。顺便提一句，这也是前两年"把国家外汇储备分给人民"主张遇到的麻烦——分国外资产的同时也要分担相应的国内债务吧？如是，老百姓还不是哈哈大笑、一哄而散？

与1999年12月相比，十年时间，央行总资产中的国外资产从1.4万亿到18.5万亿，增加了12.2倍，外汇资产从1.4万亿到17.5万亿，增加了11.5倍。期间，央行的资产负债率从百分之九十九上升到千分之九百九十九以上，总债务中的"储备货币"负债从3.3万亿到14.4万亿，增加了3.3倍，而央行发出的债券更从118.9亿到4.2万亿，增加了352.8倍！概述一下：十年来央行不断忙一件事，就是以更高的资产负债率，大手借债买下了十倍于前的外汇资产。

观察者不免好奇，央行到底要图什么？从结果看，央行根本不图利。这一点的证据明显，作为一个非营利机构，央行即使发生了利润也无人可以分红把钱拿走的，倘若高负债确实图到了高利的回报，那央行的自有资本岂有不增加之理？可是查央行的资产负债表，十年间其自有资本不但没有增加，反而绝对地减少了！

行家之见，近年央行在财务上还亏损哩。这是因为，央行的负债虽然在某个宽限之内无须归还本金，但利息却是要照付的。只要央行负债的成本超过其资产收益水平，经营亏损的帽子是可以戴上的。不过我国央行目前只披露资产负债信息，并不公开经营损益的情况，所以学者的推算和估计尚待官方信息的确认。我认为央行大手购汇持汇肯定不能图利的根据很简单，那就是如果在给定的汇率水平下持汇有利可图，天下无数的企业和居民——包括不少信誓旦旦主张"人民币绝不可对美元升值"（这句话翻译过来就是"绝不可用美元购买人民币"）的朋友在内——怎么可能一股脑儿把美元都卖给了央行呢？

央行图的也不是清闲。虽然韦伯曾经把政府等国家机构的行为特征概括为"成本最小"——多一事不如少一事——但这肯定不是中国央行的行为特征。恰恰相反，中国的央行真是忙得个不亦乐乎。讲过了，"增发货币养老虎，提高准备金率和加息收老虎，央行大手购汇又放虎归山"（见本书第11页）。现在要补上量的特征——不过十年弹指一挥间，央行要对付的由自己喂养大的货币老虎，陡然增大了十多倍。

不忙还真的不行。央行首先不能不忙着举债，因为不扩大举债，央行就没有能力在外汇交易中心大手收购越来越多的进入中国的外汇。看看记录吧：央行增加的外汇资产，从2000年前每年不过数百亿人民币，到2001—2003年间每年5 000亿人民币以上，再到2004—2006年间每年在一两万亿人民币之谱，而2007—2009年间每年达到两三万亿人民币！要不是央行忙不迭地举债——强制或加息诱导商业银行把钱存到央行，不够再发央行之债，再不够再增发货币——哪里可以这样连年爬坡升级,购入并持有日见巨大的外汇资产呢?

借到了债,也购入了巨额外汇,央行是不是可以消停片刻?不行。我们知道,央行负债的一个大科目叫"储备货币"。在术语上,"储备货币"也就是"基础货币"(base money)或"货币基础"(monetary base)。问题是,既然同义,为什么还有两样称谓?我的理解是货币有动、静之别:静止状态下的货币可以等债权人上门,所以是"储备货币";而储备货币一旦被央行用来购汇,货币就动了起来。这一动非同小可,原本在央行储备的货币付给了商业银行,后者又把这笔钱贷放出去。来来回回之间,商业银行就可以"创造信用"即扩张对货币的需求了。但是追本溯源,央行的储备货币才是商业银行创造信用的基础。

商业银行放出贷款,到期收回;再贷放、再收回,如此循环往复,进入商业银行的一元钱就可以当好几元钱用。这就是商业银行具有的放大信用货币创造的本领。在这个意义上,进入商业银行的基础货币又被叫做"高能货币"(high-powered money),表明流动中的货币具有成倍放大的能量。至于货币之能究竟被放到多大,货币的"流通速度"是关键。以年为期,商业银行贷出货币再收回,转两圈货币就放大2倍,转五圈就放大5倍。譬如近年央行每年增加的外汇资产过2万亿人民币,就是央行把这巨大的一笔基础货币付给了商业银行,要是货币的年流通速度平均为4次,那么仅此一项,市场增加的流动性就高达10万亿人民币。

央行当然非忙不可。这回忙的是央行的本行——"维持人民币币值的稳定"。谁都知道法定不可兑现货币即纸币,除了帮助实现商品与服务的交换,本身没有任何使用价值。不像黄金白银或其他商品货币,本身就可以给人们带来直接的享受,因此生产得越多越妙。纸币多了是另外一回事,不但无用,而且有害,因为纸币多过待实现交易的商品与服务的增加,最后一定导致物价总水平(包括资产之价与一般商品服务之价)的上涨,也就是货币币值的贬损。人民币是中国人民银行出品,倘若币值不稳,责任界限很分明,天下持币人唯央行是问。

于是央行还要忙着"回收流动性":发央票、增加法定储备金、提升利息，有时候还要使用带有时代特色或中国特色的其他政策工具。不过大家心知肚明，此"流动性"可不是黄河之水天上来。货币不是自然现象，而是社会经济现象，也就是人的行为造出来的现象。具体到这些年把央行忙得团团转的流动性，原本就是央行大手购汇付出去的。我们终于搞明白，央行搭上巨额利息的成本，甚至不惜经营亏损，外加承受各界的批评和抱怨，既图不到名，也图不到利，来来回回就在忙两头——大手举债购买外汇，再痛下决心回收放出去的流动性。读者不免要问：究竟是什么力量和机制赋予堂堂央行如此行为的逻辑呢？

2010 年 5 月 15 日

# "汇率稳定"与"币值稳定"的纠葛

不少政策目标分开来看,各有各的道理。可只要把它们加到一起,每时每刻都打架。与本系列评论相关的,我们可以举"汇率稳定"与"币值稳定"为例。分开来看,汇率稳定值得追求,币值稳定也值得追求。问题是,在当今世界的环境里,上述两项目标不容易加到一起,非要同时去抓,不免熊掌与鱼难以兼得。

先谈汇率稳定吧。全球化让无数中国公司天天做国际贸易,人民币汇率稳定当然重要。对出口商来说,接到的订单以外币——主要是美元——计价,但生产或收购要素的成本花的可是人民币。从接单签约到把人家要的商品卖脱,总要有一段时间。倘若期间人民币对美元升值,那么这家出口商的成本无端端就因此增加了。譬如订单说5美元1件丝绸衬衫,签约时的汇率是1美元兑8元人民币,那么出口商只要把成本控制在每件7元,每出口1件就可赚1元。新情况是签了订单之后人民币升值,譬如1个美元只能兑6元人民币,那么如果其他不变,这位出口商每出口1件衬衫就立刻要赔1元人民币。反过来,倘若期间人民币贬值,出口商就多赚了。这时候,"倒霉的"就轮到进口商:实际成本与订立进口合约时估计的成本相比,无端端多出来一截,把进口利润活活吞掉了一大口。

所以,汇率不稳定让进出口各方不敢贸然订约,因为谁都怕独自承担汇率变化的风险。可是不订约怎么做生意呢?甲不事先告诉乙以什么价买——或者卖——多少产品,乙又怎么决定买多少原料、请多少人工、生产多少产品呢!很明白,汇率不稳会增加全球贸易的交易费用,而科斯说得好,交易费用高过一定点位,会使原本可能发生的交易根本无从发生。交易收缩,生产也收缩,工人就业、投资收益、政府税收统统收缩,国民经济就下去了。这说明,汇率稳定当然是一个值得追求的政策目标,尤其在全球化时代,对于中国这样高度倚重外向的经济。

币值稳定也重要。原来货币别无他用,就是帮助完成商品和服务的转手,是实现交易的媒介。这是货币最基本的职能。其他的货币职能,包括存储、衡量尺度等等,离开了交易媒介都谈不到。人们为什么存钱?还不是为了将来有的花——也就是充当将来的交易媒介。即便有报道说,某些人关在黑屋子里数钱,也能数出快感来,那也是在交易媒介的基础上才可能的事情。倘若货币在任何情况下也换不来可以享受的商品与服务,数钱或许还不如搬石头。

交易媒介本身要可靠。不单是物理上可靠,更要求价值上可靠。想想看呀,如果你我辛辛苦苦工作获得的货币报酬,拿在手里越来越买不回原来可以买回的商品和服务,我们对这样的"货币"能不敬而远之吗?普通百姓都知道"票子毛了"这回事,那就是货币的币值不稳,更准确地说就是货币贬值。此事说小很小,说大很大,端看票子发毛的程度究竟有多么严重。货币史的教训说,币值不稳定轻则扰动市场中人的预期,无端端增加交易成本——与汇率不稳定的功用一样——重则民怨沸腾、社会失稳。再严重呢?像魏玛时代的马克或国民党时代的金圆券,极端发毛的票子会连同发行它们的政府一起随风而去。

这无非是说,汇率稳定可欲,币值稳定也可欲。那么,可以同时追求汇率稳定与币值稳定吗?从逻辑上看,是可以的,也是应该的,甚至似乎不太困难。因为汇率不过是两种或两种以上货币之间的市场之价,只要互相换手的货币保持各自的币值稳定,它们之间的市价即汇率自然就是稳定的。是的,只要若干种互相来往的货币都保持币值稳定,汇率稳定就是必然的结果。

在历史上,各主要货币之间由币值都稳定而带来的汇率稳定,真的发生过。这就是19世纪到20世纪初的"黄金时代"。根据艾肯格林(Barry Eichengreen,2008)的研究,工业革命使得早在1717年就偶然采用了金本位的英国,成为世界贸易与融资的主导力量。"这使许多国家以英国为榜样,努力与英国贸易,并从英国输入资本",于是包括德国、法国、美国在内的全世界主要国家都实行了货币的金本位制。由于黄金币值稳定,因此每个国家的通货仅仅是名称不同而已,实质上都代表着特定重量的黄金。在此前提下,"汇率"自动稳定,因为如果1美元总是等于1/20盎司黄金、1英镑总是略少于1/4盎司黄金的话,美元英镑之间的汇率就真正是固定的。诚如崇尚金本位的奥地利学派经济学家所言,国际金本位制等于世界各地使用同一种货币。这也意味着,只有在"同一个世界,同一种货币"的状态下,才有严格意义上的汇率稳定。

不过,即使在最理想的金本位时代,黄金也有阴影。这是因为,金本位的基石——政府和货币当局信守货币承诺,确保发行的货币可以平价兑换黄金——常常受到多种压力而动摇。并不是每个政府在每一时刻都能够严守发行货币以黄金储备为本的"游戏规则":不少政府迫于紧急情况要搞一点"信用发行",虽然开始的时候还为这部分超额发行的货币提供政府债的担保;另外一些国家实行比例制,就是黄金储备只占通货的一个比例(如比利时、芬兰、瑞士等,黄金储备仅占通货的35%—40%);还有的国家如美国,则受到白银问题即复本位制的困扰。等到商业银行普遍只留部分储备金应对存款人可能的挤提,货币当局不得不充当"最后贷款人"时,金本位的基础就从根本上被动摇了。此时,当央行作为最后贷款人对部分储备商业银行所诱发的挤兑伸以援手时,央行信守关于货币兑换黄金的承诺遇到的就不仅仅是技术性的难题了。当然,最后推倒金本位的还是第一次世界大战,在各国争相以通胀为战争筹资的生死关头,币值稳定被弃之如敝屣。

教训很清楚:各主要货币的币值稳定是汇率稳定的前提和基础。币值稳定一旦摇晃,汇率稳定也随之摇晃。这绝不是因为汇率稳定本身不重要、意义不伟大,而是因为做不到。脱离币值稳定而强调汇率稳定,不过是缘木求鱼罢了。

2010年5月22日

# 守不住的固定汇率

固定汇率的好处写起来车载斗量。可是不厌其烦向公众阐释固定汇率种种好处的衮衮诸公,却要面对一个可能有点尴尬的问题:有那么多好处的固定汇率制度,为什么偏偏没有守住?放眼全球,美元、欧元、日元以及几乎所有货币之间的汇率,有哪个还是政府及其专家系统想固定就固定得了的?即便人民币算是盯住了美元,但因为美元对其他货币汇率浮动,人民币对其他货币又哪里固定得住呢?

是的,放眼全球,固定汇率制作为国际货币制度的一项安排,早就落花流水春去也。高举固定汇率大旗的名家如蒙代尔先生,要在当代重建固定汇率制,立意极其高远。不过,意义那么伟大,又拥有如此众多好处的固定汇率体系,实际上是在历史上建立起来之后又垮了——这件事情本身就有待解释。否则,就算费了天大的牛劲真把固定汇率体系再次重新建立起来,怕还是难逃将来守不住的下场。废了再建,建了再废,何必瞎折腾呢?

固定汇率守不住的根本原因,是参与国际贸易来往的各国,守不住各自货币币值的稳定。更准确地说,是因为相关各国做不到同步维系币值的稳定。19世纪以英镑为中心的金本位,二次大战后以美元为中心的布雷顿森林体系,都是因为这个同样的原因而撑不下去的。道理不复杂:互相交往的货币币值变化有异,反映不同货币之间比价的汇率固定又从何谈起?这点教训,值得我们现在这个被称为"亚洲时代"、"太平洋时代",或者甚至什么"中美国经济"认真借鉴。重点就是一句话:守不住币值稳定,休想守住汇率固定。

币值不能稳定的一个原因,在商品世界里颇为常见。这就是不同国家或地区之间,商品的生产率变动有异。由于自然禀赋、技术进步、人力资本等各种原因,不同地方之间的商品生产率,常常发生不同步的变化。如果物物交换,那些生产率进步快的地方,就因此而拥有了更多的交换筹码,能够用同样的劳动和其他资源耗费,换取到其他生产率进步慢的地方更多的商品。不对吗?今天你生产的一个萝卜,换我家的一只鸡蛋。明天你的生产率提升到产出2个萝卜,我家(母鸡)的生产率没有提高,那么你同一天的产出,就能换到加倍的鸡蛋。只需把萝卜和鸡蛋都看做是交换对方产出商品的"交换筹码",就不难明白,谁的生产率进步快,谁的交换筹码就多。

在这里,交换筹码就是货币。这也是天下货币无不起源于商品本位的道理——它们本身就有享受价值,因此有放弃此享受换取其他享受的交换价值。把商品本位的货币独立出来,成为一般的、专司交换筹码职能的货币,仅仅是因为以商品交换商品有种种不便利之处,譬如在萝卜爱鸡蛋,但鸡蛋偏偏不爱萝卜的场合。但是,货币作为一般等价物闪亮登场,并没有改变上述定理——生产率进步快的,能得到更多的货币从而交换更多其他商品。中国改革开放的时候,先富起来的广东人令内地不少同胞侧目,其实别无玄机,就是因为得风气之先的广东人拥有更高的生产率的进步率。

就是把你我分成萝卜国与鸡蛋国,情形也没有什么不同。还是贵国的萝卜生产率进步快,敝国鸡蛋的生产率进步慢,只要"两国"选用同一种商品作为货币——比方说银子——那还是萝卜国经由交易握有更多的筹码。这里要拐个小弯:萝卜国的生产率开始上升,但银子供应量没有增加,于是萝卜国的萝卜价格下跌;于是鸡蛋国进口萝卜的需求增加,于是鸡蛋国的银两输送到萝卜国,或者干脆把原本用于鸡蛋的投资也移进萝卜国——无论发生哪种情况,老天爷总是通过增加萝卜国的交易筹码——萝卜和银子——来奖励其生产率的更快进步。

说来不容易相信,早在18世纪中叶,苏格兰经验主义的领军人物休谟(David Hume)就提出了"价格黄金流机制"(Price Specie-Flow Mechanism)。按此,在金本位的情况下,国家之间的贸易不平衡可以得到自动调节。倘若一国出现贸易顺差,引起黄金流入,国内价格水平上涨，商品因变贵了而限制需求，直到恢复平衡；同样，贸易逆差国的黄金货币流出，国内商品价格下降而刺激需求，也可以恢复贸易平衡。休谟的阐释高度简洁，既没有生产率进步，也没有资本流动。不过，把这两项添加进去，也就是上文讲述的萝卜国与鸡蛋国的故事。技术进步的差别可以解释贸易不平衡的起源，而资本流动则告示黄金逐价的运动不止于消费，且可扩展到投资。经济逻辑并没有改变：在贸易失衡没有得到恢复之前，总是生产率进步快的国家得到更多的交易筹码；一旦把更多筹码换成更多的商品，贸易平衡就恢复了。

再复杂一点，两国生产率变化的步伐有异，又使用两种不同的货币，情形将如何？推来算去，我得到的结果是生产率进步神速国家之货币，相对于生产率进步较慢国家的货币，挡也挡不住地一定升值。我们不妨一起来走三步。第一，进步神速国家同样的货币因生产率进步而可以购得更多的商品，就是说其货币币值提升；第二，进步慢国家的货币币值因生产率进步较慢而相对贬值；第三，拿前一种货币与后一种货币"换汇"，汇率当然升值。加到一起就是本文的重点：做不到货币币值变动的一律，断然守不住汇率的固定。

除了生产率的变动率各国有异，另外一个引发货币币值不稳定的原因，是各国政府和货币当局迫于财政、经济和社会的各类压力，通过货币供应的控制或主动或被动地人为造成货币币值的不稳定。上文提到过，即便像黄金白银那样"本性诚实的"货币，也没有能够完全消除在黄金阴影里那些改变货币币值的小动作。因此，"金本位"下各国货币的含金量，其实还是不尽相等的。至于布雷顿森林体系，把美元与黄金挂钩的承诺作为战后国际货币体系的基础，那就要看承诺得到履行的程度。历史反正已经做了结论：1944年布雷顿协定签约时允诺的每35美元换1盎司黄金之价，到上世纪60年代后期就摇晃不已。当尼克松总统在1971年8月15日干脆宣布关闭美国的黄金窗口时，山姆大叔"千诺不值一金"的做派彻底摇动了布雷顿森林体系，固定汇率制也合乎逻辑地随之寿终正寝。以今日美元对黄金之价（1 200美元1盎司）看，要求全世界恪守固定汇率之道，不啻是痴人做的白日梦！

当代的现实是,生产率变动率差异极大的各国都融入了全球化,而各国货币当局恪守币值稳定目标的严肃性差异也极大。在这样的情况下,继续把固定汇率当做一项认真的建议拿出来兜售,世人究竟该如何评价?

2010 年 5 月 29 日

# 固定汇率与浮动汇率之争

上文的结论是,只要不同货币的币值不能同步稳定,就断然守不住固定汇率。在经济分析上,这是回到上世纪50年代弗里德曼的两元框架。当时的布雷顿森林体系——美元挂钩黄金、各国货币以固定汇率挂钩美元——似乎如日中天,但1950年弗里德曼发表的"浮动汇率论"却直指该体系的要害,即固定汇率会传递通胀,引发危机。此分析的要点,就是不同国家不同的货币币值变动与固定汇率之间,存在着逻辑冲突。

后来的蒙代尔-弗莱明模型,把两元分析扩充为三元悖论,即所谓"货币政策独立性、资本流动与浮动汇率"三者不可能同时达成。此论一出,蒙氏名满天下。以至于后来言必称蒙代尔三角蔚然成风。可惜晚生生性愚钝,怎么也体会不到三元分析的重要。由于贸易品里多少都含着资本、土地和劳力,因此除非完全禁绝贸易,才存在严格意义上的"资本完全不流动"。这是说,多多少少的资本流动是"国际经济"给定的现实,三元架构可能多此一举了。

困难还在货币与汇率这两元。弗里德曼的结论明白:货币稳定靠不住,所以非浮动汇率不可取。蒙代尔的反击也清楚:用固定汇率把各国货币绑成一体,人类岂不就有了单一而稳定的货币!发生在半个世纪前的这场学术辩论,至今还不断拷问着后来人。读者怎样看?我自己倾向的是已经过世的——甚至被一些生前天天拥戴他的人也认为已经过了时——弗里德曼,而不是直到上个月还在北京论坛上高论迭出的蒙代尔先生。理由也简单:弗里德曼分析的出发点是现实世界,即战后刚刚实行了以美元为中心、用固定汇率把欧美连成一气的新体系所遭遇到的矛盾与困难;蒙代尔的立足点却是一个理想——同一个世界,同一种货币——而唯一能够走向他那个理想天国的路径,就是用固定汇率把全球连成一体的经济学家主张。

蒙代尔的理想当然值得尊重。倘若全球真的整合成一个统一市场,全人类使用的是同一种货币,那么普天下个人与个人、企业与企业、国家与国家之间的交易,就变得十分便利,专业化分工与比较优势的发挥,也因此可以达到人类历史上从来没达到过的高度。我相信,就是弗里德曼本人也不会不同意蒙代尔的理想。正是在汇率辩论中,弗里德曼屡次强调"固定/钉住汇率"与"一体化货币"的区别。在他看来,像港币与美元之间的"货币局制度",虽然有一个"联系汇率"的流行称谓,但本质上却是"一体化货币"。与全盛期的金本位一样,各种不同金本位的货币只是含金量不同,本质上是一个统一货币的名称不同的组成部分罢了。弗老在 1992 年出版的《货币的祸害》(*Money Mischief*)里写道:"在我看来,即使是糟糕的浮动汇率也比固定汇率制好,即使它不一定比一体化货币好。"这表明,弗里德曼并不反对蒙代尔的理想——只要真的存在这样一个理想的一体化货币制度就好。

蒙代尔的执着也值得敬佩。自 1960 年以来,他发表了数量惊人的论著和讲演,一以贯之地坚持他的货币理想,不断阐释固定汇率之利,痛斥汇率动荡之害。就在今年的 5 月,年过 80 的蒙代尔先生还在北京的数个论坛上阐释其货币理想。甚至在希腊主权债务危机引起欧元动荡的情况下,这位"欧元之父"还是不改初衷,要求"实现美元、欧元、人民币的稳定关联",希望通过"三方的紧密合作""终止这种大幅度变动汇率的不稳定"(《中国证券报》记者郭锋的讲演记录稿,见 http://www.cs.com.cn/ssgs/11/100507/02/201005/t20100508_2423020.htm)。

我不能同意蒙代尔的是一点,这就是他设计的通向理想货币制度的路线图——以毫不动摇的固定汇率把主要货币连接成一个全球货币。不同意的理由,不是因为统一货币好还是不好,或者固定汇率好还是不好,而是迄今为止历史经验可以验证的逻辑说,人类做不到签下实行固定汇率的一纸承诺,就把不断内生币值不稳定的货币"绑"成一个稳定的一体化货币。欲汇率固定而不能的原因,恰恰就是货币币值之不稳定。在货币与汇率的关系上,货币稳定是因,汇率固定是果。以为固定汇率就可以倒逼出一个稳定货币,是本末倒置。

金本位不就曾经是"一个货币"吗?在严格的金本位制度下,不同金本位的货币无非就是含金量的不同,只要这些货币的含金量不变,它们之间的"汇率"就恒等。或者可以说,严格金本位下的汇率天生固定,以至于根本就不需要汇率。传统中国举国使用银块或银元,不同贵金属货币的载体之间也许有"汇率"问题,但云南与广东之间就并没有,也不需要"汇率"的安排。金本位后来被动摇,绝不是因为"固定汇率"被动摇而引起的。它只不过是一个结果罢了——在种种经济、政治、社会的压力下,特别是在各国政府为战争筹款的压力下,各国货币统一含金的基础被摇晃了。金本位摇晃了,原来天生固定的汇率也随之垮台了。

如果连黄金那样坚硬的物理特性都抵挡不住动摇货币币值的人间压力,那又如何指望一群国家的政治代表在一个森林酒店里开开会、签下一纸承诺就可以长期维系货币的稳定呢?果不其然,布雷顿森林体系的寿命比19世纪的金本位的寿命还要短暂。让我佩服的地方,是弗里德曼早在人人相信该体系能够永世长存的早期,就通过研究诸如法国外长舒曼计划、德国贸易支付困难等实际问题,看出了该体系的破绽。守不住币值稳定,哪里守得住固定汇率?对弗里德曼来说,汇率浮动不过是币值无法同步稳定状况的现实出路罢了。

几年前,蒙代尔的一位高足、《蒙代尔经济学文集》六卷本的中译者向松祚先生,赠我一本他自己新出的大作。书名很抢眼:《不要玩弄汇率——一位旁观者的抗议》(北京大学出版社2006年版)。拜读之后,我想蒙代尔教授一定是位旷世奇才,否则他的学生怎么会用如此火热的文学语言赞美自己的老师,又怎么会以如此高昂的斗志捍卫他老师的理论结论和政策主张?① 不过,我的保留意见依然如故。"不玩弄汇率"可以,但总要以"不玩弄货币"为前提吧?当现实世界露出了它极为不理想的一面,即没有力量在事实上阻止有人玩弄货币的时候,我想请教蒙代尔师徒的是,人们还要为了理想而坚守那根本守不住的固定汇率吗?

小结一下。全人类共用一个可靠的货币是值得追求的理想,但以固定汇率捆绑出一个理想的货币体系,却是在经验上没有被验证、在逻辑上也许永远不可被验证的乌托邦空想。

2010 年 6 月 5 日

---

① 试引两段,请读者看看是不是很过瘾:"他是开放经济宏观经济学的创始人,在经济学历史上享有崇高地位。其理论学究天人、自成一家,其方法纵横捭阖、挥洒自如,其文章如滔滔江水、气势如虹";"他好美酒、好佳人、好古堡、好绘画、好旅游、好收藏、好世间美景、好思古幽情,课堂上似苏格拉底,课堂外如闲云野鹤,却造就一代又一代国际经济领域的顶尖人才"(第219—220页)。

# 当代庞统的连环策

从经验上看,固定汇率屡屡酿成大祸。导致这些灾祸的原因很一致,就是固定汇率造成的"稳定"使一批恐惧波动的国家乐在其中,可是,一旦被掩蔽的货币不稳定的本性发作,被固定汇率连为一体的经济,反而遭受更大的危机冲击。

1997年亚洲金融危机的一个重要背景,就是东亚货币在此前的十多年里一直采取盯住美元的汇率政策。"固定汇率论"另外一位旗手麦金农(R. Mckinnon)论证说,正是这些货币与美元的稳定联系,成为维系这些国家国内价格水平的"名义锚"。什么意思呢?就是包括泰国、菲律宾、马来西亚、印尼和韩国在内的东亚国家,本来最容易出的错,就是在各种压力下滥用自己的货币发行之权,最后导致物价不稳定。现在好了,汇率盯住美元,再以汇率目标控制国内货币供应,岂不就等于给各自的货币龙头加上了一道锁?只要谁也不超发货币,物价稳定,这些后起之秀就很容易在国际上发挥比较优势,外向驱动经济高速增长的东亚模式就此形成了。

好是好,也的确好了很多年。1993年世界银行发表《东亚奇迹》,高举东亚的发展经验,还要在理论和发展政策的层面将之一般化。不知道有意还是无意,世行的那份研究报告偏偏没有关注东亚国家汇率盯住美元的经验。更不知幸还是不幸,恰恰是以美元为锚的亚洲汇率与货币制度,仅仅在《东亚奇迹》发表后不过4年就守不住了。1997年亚洲金融危机的导火索,不就是泰国、韩国、马来西亚和印尼等国的货币纷纷"跳水"吗?很奇怪,盯住美元的汇率固若金汤,为什么守不住了呢?

人们纷纷到这些出了麻烦的国家里寻找其内部原因。却很少有人想,那构成东亚货币之锚的美元本身会不会有什么问题。这也难怪,90年代后期的美元是全球强势货币。一方面,美元还在享受着我想称之为"保罗·沃克尔效果",即美国国内物价的长期稳定。① 另一方面,1991年的海湾战争和苏联解体,在全球范围壮大了美国的国威。人们当然难逃以下思维定式:与美元挂钩的货币及经济出了问题,当然要到这些经济的内部寻找根源。这就是说,美元之锚绝不可能出错,那些下了美元之锚的东亚之船又一次摇摇晃晃,那问题一定出在这些船上!

果不其然,一通手忙脚乱的国际救助,再加一通或深或浅的东亚体制改革之后,稳下来的东亚经济重新又与美元挂上了钩。麦金农说,这是亚洲"向高频率盯住汇率制度的回归"(见世界银行《东亚奇迹的反思》第5章)。这里所谓的"高频率盯住汇率",就是按每日或每周名义汇率变化——而不是按每月或每季那样的所谓低频率——做出来的统计回归,可以看到亚洲各国在金融危机之后,不但没有摒弃危机前的盯住美元的汇率制度,反而更加稳固地盯住了美元。特别是,对解除亚洲金融危机作出了重大贡献——在危机冲击中承诺并兑现人民币不贬值——的中国,也加入了高频盯住美元俱乐部。这很符合固定汇率论者的分析,亚洲金融危机不但与固定或盯住汇率无关,而且只要提升亚洲货币与美元挂钩的强度,扩大高频盯住汇率的范围,亚洲和全球经济一定有更好的表现。

这些论断似乎又一次得到了验证。东亚经济没有因为那场危机而雄风不振,更因为中国在1997年之后维系人民币对美元汇率的不变,"中国奇迹"甚至比当年的东亚经验更为耀眼。坚持固定汇率论的理论家们看来更有把握做出以下结论,在美元本位下,亚洲和中国最好的发展之路,就是更固定、更高频、更大范围地盯住美元。

可惜又一次遇到"意外"。满打满算离开亚洲危机不过10年,全球金融危机就来了。此次危机的爆发地点是美国,也就是那个为全球、亚

---

① 这是与黄金脱钩后的美元,由一个负责任的央行行长充当了货币之锚的结果,这点容我以后向读者讲述。

洲与中国提供稳固的货币之锚的国家。危机的特征是锚先大动,然后祸及高频盯住美元之锚的经济体。似乎还是没什么人问:被逻辑推得头头是道的高频盯住汇率制,为什么还是守不住了?这回人们倒开始关注"锚"本身的问题,诸如贪婪的华尔街、无比复杂的高杠杆游戏,以及漏洞百出的金融监管。但是,见到了树木的,不等于也见到了森林。我倒是欣赏有人提出的一个问题:世人可以痛骂华尔街的酒鬼喝得个烂醉,但是,那么多的酒究竟是从哪里来的呢?

2008年危机之中作者为文指出,倘若没有脱离金本位的自由美元,没有美国过于宽松供应出来的美元,仅用贪婪的猖獗和监管不当不能解释美国的次贷,以及为什么美国的次贷之火可以烧向全球市场(见《中国做对了什么》,第117页)。现在看,通行亚洲和中国的高频盯住汇率,是形成美元流动性全球泛滥的一个重要机制。如果说亚洲金融危机还不能帮助人们看清这一点,那么本次全球金融危机总可以提醒人们注意其中的关联了吧?至少,当年那位美国副财长以率真的傲慢口吻讲出来的"名言"——our money, your problem("我们的货币,你们的麻烦")——现在总也应该让美国人认清,他们的货币也给他们自己带来了大麻烦。

其实,以为在更大范围内以更固定可靠的汇率连成同一个货币的构想,在世界的另外一个地方也已经付诸实施。这就是欧元的实验。欧元当然比亚洲的高频盯住汇率制度更合乎固定汇率论者的理想。不是吗?那么多欧洲国家——发达的和不那么发达的——经过协议形成了一个统一的货币区,使用的是同一个货币。对于欧元区各国而言,最超级的高频汇率就是完全无须汇率,因为横竖只有一个货币——欧元——货币间的汇率就多此一举。对于固定汇率论者来说,欧元的实验当然比亚洲的高频盯住汇率"更高级"。问题是,欧元的实验算大功告成了吗?让我们等这场希腊主权债务危机尘埃落定之后,再看能不能得出靠谱的结论吧。

不过,无论亚洲金融危机、全球金融危机,还是当下的欧元区主权债务危机,都没有降低固定汇率论者兜售"以固定汇率连接统一货币"

主张的热情。蒙代尔身为欧元之父,对自家"孩子"深具信心,我以为完全是人之常情——换了谁都会是这样的。不过,在美元、欧元一起大摇大摆的历史关头,还希冀"实现美元、欧元、人民币的稳定关联",以此"终止这种大幅度变动汇率的不稳定",却可能是过度自负的表现了。真有那么大的把握,把尚未得到检验的推断,作为经世济民之策拿出来吗?

理想主义者是不可战胜的。因为只要现存的安排与理想不一致,他们永远能够"论证",只要采用更理想的做法一定能够解决所有问题。固定汇率守不住了吗?那就是因为范围还不够大,强度还不够牢,承诺执行的时间还不够长,以至于人们的预期还不够固定。对策也简单——在更大范围、更长时间、以更可靠的承诺达成更固定的汇率便是。他们回避基本的历史与现实,即原本统一的贵金属货币制度就是因为守不住,才引出汇率问题的。他们不愿意面对,恰恰是试图以固定汇率解决货币币值不稳定的麻烦,才屡屡酿成了大祸。也许是成功地回避了历史与现实,他们的"主张"才显得如此滔滔雄辩。

怎样揭开这里诱人的面纱呢?我想到了《三国演义》里的一段故事。那说的是曹操带大军在三江口与吴国决战,却苦于北军战士不习水性,在摇摇晃晃的船上无法发挥战斗力。这时,被蒋干带入曹营的庞统巧授一计。庞统说:"大江之中,潮生潮落,风浪不息;北兵不惯乘舟,受此颠播,便生疾病。若以大船小船各皆配搭,或三十为一排,或五十为一排,首尾用铁环连锁,上铺阔板,休言人可渡,马亦可走矣,乘此而行,任他风浪潮水上下,复何惧哉?"

这就是鼎鼎大名的连环之策了。江中风浪不稳,客观条件无法更改;北兵不惯坐船,一时也变不过来。剩下立马改了就可以生效的,就是用铁环将大小船只连锁成一体,让本来摇晃的船只稳定下来。如斯,铁索连舟,渡江如履平地,还有什么好怕的呢?曹操听得在理,下令照办。照办后再观曹操水军操练,但见"西北风骤起,各船拽起风帆,冲波激浪,稳如平地。北军在船上,踊跃施勇,刺枪使刀。前后左右各军,旗幡不杂"。曹操心中大喜,以为必胜之法,便回营对酒当歌去了。后来的故事,各位熟知:老将黄盖带二十只小船诈降,靠近曹军水寨后一齐发火,那被铁环锁住的曹寨船只一时尽着,无法逃避,"但见三江面上,火逐风飞,一派通红,漫天彻地"。

　　曹操是何等人物,怎么会中连环之计?原来庞统授计之后,曹操手下即有谋士提醒,连环策固然可以稳船,但要防备对手火攻。曹操回应,火攻要借风,当时隆冬时节,有西风北风,没有东风南风,而曹军居于西北之上,若吴军用火攻,岂不是烧了自己?这说明,曹操知道火攻的危险,但他看错了一项关键的约束条件——风向。是的,黄盖之所以能够点着曹军水寨,是因为诸葛亮在七星坛祭来了东南风。

　　如果把这段故事里的阴谋论元素全部去掉,关于固定汇率的主张差不多就是当代的连环策。客观衡量,用固定汇率把多国货币连成一体,正如用铁环把多个摇晃的船只连成一体,当然有很多好处。问题是获取好处要不要付出代价,而更致命的问题是所有收益成本得以实现的关键约束条件。我们有必要审查,当今世界刮的究竟是什么风?

2010 年 6 月 12 日

# 这世界刮的是什么风?

火烧赤壁留下的教训,是对任何一项谋略、战法和政策,除了进行利弊分析之外,还要特别当心,究竟什么样的现实条件会使理论推断的利弊成为现实。以连环策为例,大小战船首尾相连,固然有抵御风浪摇晃之利,但也有易受火攻的潜在危险。究竟利弊孰重孰轻,逻辑推演帮不上多少忙,关键要考察一项现实的约束条件——那便是风和风向。曹操判错了风向,使他八十三万大军兵败如山倒。

固定汇率把多国、多区乃至全球的货币连成一体,好处自不待言。问题是仅仅凭藉逻辑推出来的好处,不足以担保固定汇率制一定利大于弊。因为我们也要正确判定当今世界的风向,才有把握知道固定汇率之利究竟能不能真的压过其弊。当代曹孟德们的要害问题,不是关于固定汇率利弊分析与逻辑推断,而是他们对涉及汇率和货币制度安危的当下世界之风,实在太不当一回事了。

没有看到吗,这世界刮的是财政赤字风!以包括了最发达国家和影响最大的新兴市场国家在内的二十国集团为例,2009年其全部成员国财政赤字占GDP的比例已经从上年的2.3%飙升到7.8%,而2010年仍将维系在7%以上。这就是说,G-20平均的财政赤字水平已经远远超出了所谓的财政赤字安全警戒线。其中,当代最发达的国家平均累积的政府负债,差不多要占到GDP的100%!

美国是全球经济规模最大的国家,其财政赤字总额也绝对是全球老大。截至2010年2月1日,美国政府的负债总额已达12.3万亿美元。到2010财年结束,美国还将新增1.6万亿美元财政赤字,使累积的政府债务总额近14万亿美元,差不多逼近GDP总量,创二战以来的最高水平。

欧盟各国的财政赤字平均占GDP之比也飙升到了7%,累积的政府债务则从GDP的65%提升到85%。米尔顿·弗里德曼如果地下有知,他或许有理由为他早在1999年作出的"预言"感到高兴。因为根据《马斯特里赫特条约》,欧洲经济货币同盟成员国的预算赤字不能超过GDP的3%,累积负债额则必须低于GDP的60%。要是这两点得到严格执行,欧元的确如弗里德曼预言的那样本不可能渡过此次危机,而欧元联盟也过不了10年就已遭解体。

日本就更不要说了。我们的这位当年屡创奇迹的邻居,现在背负的债务应该也是一个奇迹。2008年12月底,日本国债余额达681.6万亿日元,占GDP比重超过100%。现在多少了呢?192%!几周前,日本宣布今年第一季度增长折合年率高达4.9%时,我当时正在参加东京的一个会议。很奇怪,前后左右根本无人对此"喜讯"感到高兴——一个背负如此沉重债务的国家,即便全年(不是一个季度折合全年)增长5%,又有什么值得兴奋之处呢?在场一位朋友说,唯一令日本感到宽慰的是,他们的国债基本是向本国居民借来的!

这就是说,当今由美国欧洲日本组成的发达世界,政府统统超高额负债。英国《经济学家》网站上挂有一幅"全球债务比较图",显示了2010年每个国民平均背负的政府债务:美国和英国各2.5万美元,法国、德国和加拿大各3万美元,"欧猪五国"(PIIGS,即葡萄牙、爱尔兰、冰岛、希腊和西班牙)平均3.5万美元,日本7.6万美元(见http://buttonwood.economist.com/content/gdc)。这些国家没有哪一个是靠大手借钱才发达起来的吧?可如今,它们分明与曾经使它们发达起来的路线背道而驰。

也不要以为,发达国家的公共债务是应对全球金融危机的结果。我们知道"政府救市"的代价不菲,其中也包括急速增加的国家债务。但是,同样根据上述网站提供的信息,当下全球债务总余额38.6万亿美元,其中的75%即29.1万亿的美元债务,是早在2007年以前就欠下了的。

为什么发达国家竞相大举借债过日子?这个问题问得太没有意思

了。愚见以为,任何人、任何机构、任何国家只要能像当今发达国那样借得到巨债,都不容易拒绝过那样的"幸福生活"。真正的问题是,发达国究竟怎么可以做到在债台高筑的情况下,还能够源源不断地继续举债?

拿普通人的经验比照一下吧。我们都可能要向别人借钱,或为了超前消费,或为了抓住某个投资机会,或为了救急。当然,并不是因为我们的借贷愿望非常强烈、借钱的理由非常正当,别人就乐意充当我们的债主。关键是我们归还债务的能力——未来的收入、可变现的财产,以及过去履行债务合约的信用记录。假如没有可信的还债能力,我就是急得团团转,你也不一定借我,对不对?

国家又何尝不是如此。当然,政府的未来收入基于法定强制征税的权力,似乎比普通人的未来收入更可靠、更可信。不过,强制性收税也受到重重约束:加税要通得过议会的关口,纳税人可以手脚并用投票,征税成本随税率升高而高,以及高税负终将抑制经济增长。更严重的是,靠不断增加的公共负债来"兑现"福利承诺的惯性一旦养成,就非常难以摆脱——这是最近希腊主权债务危机提供的新鲜教训。这是说,发达国不断增高的负债倾向绝不会自然而然就被轻易扭转。

历史经验说,高额负债的国家因为承受不了缩减财赤的短期痛苦,很容易倾向通过货币贬值来"化解"政府债务。道理简单:货币币值的缩水可以直截了当地勾销公共债务!我的理解,这也是为什么拥有货币控制权的国家,可以超越实际的"还款能力"实现高额负债的原因。最起码,"财政亏空货币补"在短期内似乎还行得通。这就对任何货币权力的掌控者构成了致命的诱惑。从这一点看,美国、欧盟和日本之所以拥有当下全球最多数量的公共负债,与它们控制着美元、欧元和日元有关。作为当代三个主要国际储备货币的供应国,它们拥有更多高负债的"本钱",因为一旦需要,它们就可以主动贬值货币,直接消减债务。

这样,由货币控制带来的高额政府负债,反过来就以货币贬值威胁货币体系的稳定。19世纪的金本位就是这样解体的,20世纪以美元为本位的布雷顿森林体系也是这样动摇的。我们讲过的,如果连黄金都不足以抵抗国家权力在债务方面的机会主义倾向,那么当下通行的法定不可兑现纸币,哪里还能构成实质的障碍？况且,现在全球的超级借债国,主要面对的是外国债权人?！这里的教训是,债务国一旦能够把货币控制作为多多负债的"人质",债权国就可能受到债权权益缩水与货币紊乱的双重打击。

  回看三国时代的曹操,当他听信了庞统之言把大小战舰连成一体时,真可谓万事齐备,只欠诸葛孔明的东风。当下的新形势是,国际储备货币的供应国无不负下超高额的政府债务——"东风"早已齐备,中国作为全球最大的债权国,难道还应该坚守固定汇率,把人民币与债务国的美元牢牢地捆到一起吗？

2010 年 6 月 19 日

# 人民币不能以美元为锚

当下发达国家债台高筑的现实,要求回答一个问题:如果无法阻止全球储备货币供应国利用创造货币来平衡其天量财政赤字,人民币应当怎样处理与美元的关系?2003年以来关于人民币升值问题的辩论,枝枝蔓蔓涉及的方面不少。其中最有深度和难度的,我以为就是人民币是不是还应该坚持以美元为锚?

讲过的,汇率问题的复杂性,是在物物交换的经济里加入了两只不同的货币。从中国这方面看,出口厂商都是花人民币购入生产要素,做成产品再以美元计价出口(这里略去其他国际结算货币不谈)。因此,人民币对美元的汇价一旦有变,所有关于成本收益的计算和预期跟着都要变,做出口生意的麻烦——交易费用是也——因此就增加了。这是人们追求汇率稳定目标的由来。

美国那方面的情形不同。美国出口商花费的是美元成本,做出的产品也以美元计价出口,前后横竖都用一个货币,所以仅从交易费用的角度衡量,美国厂商做内贸与出口没有什么大的不同。当年阿尔钦教授讲国际贸易,说过一句"内贸用车、外贸用船",意思是内外贸没有太大差别就是了——这从美国来看应该是至理名言。至于外国货币对美元汇价发生变化,直接影响的是外国市场对美国商品的需求量,与签订并履行贸易合约的成本基本无涉。这里关键的区别,在于美元既是美国的国别货币,又是国际结算货币与储备货币,而人民币呢?却只是中国自己的货币。

"固定汇率"论应运而生!不是吗?只要人民币以固定的汇价钩住美元,中国的出口厂商岂不也可以享受美国出口厂商的同等待遇吗?因为那等于只用一个货币——美元——对所有的投入产出计价,可以立即消除两只货币之间的汇率浮动带给厂商决策与缔约的干扰。加上资本流动和投机炒作,汇率浮动可能带来多倍放大的困扰。这对中国绝不是小事一桩:我们这个日渐成为全球第二大经济的国家,出口总额可以高达年度 GDP 的 40%。

把上述逻辑阐述得最有力的,当数固定汇率论的领军人物蒙代尔教授。这位加拿大籍的诺贝尔经济学奖得主,数十年来先是建议加币与美元固定挂钩,随后又分别论证、主张、建议欧元与美元固定挂钩,日元与美元固定挂钩,"亚洲共同货币"与美元固定挂钩。后来蒙代尔不远万里,来到中国,又不遗余力地建议人民币与美元固定挂钩。既然要挂的是固定汇率之钩,那人民币对美元就既不能贬值,更不能升值——这是中国舆论早就熟知的蒙代尔及其追随者的一贯主张。

读过蒙氏著述的读者都知道,蒙代尔教授主张的固定汇率是单向的。这就是,无论是加元、日元或人民币这样的国别货币,还是亚洲共同货币或欧元这样最优货币区的货币,都要与美元固定挂钩。但是反过来,美元却不需要,也不应该与这些货币固定挂钩。他的原话是这样的:"美国就不能实施固定汇率。美元应当与哪个货币固定呢?你能够将加拿大元、墨西哥比索的汇率与美元固定(这并非一个坏主意!),却不能反过来将美元与加拿大元和墨西哥比索固定。"[①]为什么呢?因为"至少有一个国家因为太大而不能将汇率固定",而这个国家就是"美元至高无上"的美国。[②]

蒙代尔还特别强调,实施固定汇率的国家必须完全放弃自己独立的货币政策。他多次区分"固定汇率"(fixed rates)与"钉住汇率"(pegged rates)的区别,认为两者的调节机制有原则上的不同。在固定汇率下,央行大手买入外汇、卖出本国货币,以防止顺差带来的本国货币升值;反之则反是。这就是说,通过大幅度增加或减少本国货币的供应量,自动实现国际收支的平衡。但是,"钉住汇率"却还要保持本国独

---

① "货币区、汇率体系和国际货币改革",《蒙代尔经济学文集》第 5 卷第 4 章,向松祚译,中国金融出版社 2003 年版,第 75 页。

② 同上书,第 75 页。"美元至高无上",是上引文内一个小节的标题(第 65 页)。

立的货币政策,结果央行一面干预外汇市场,一面还要做反向对冲的货币安排,以保持对本国货币供应量的调控,兼顾对外平衡与对内平衡。蒙代尔不断用巴拿马、中国香港、阿根廷、中欧以及东欧转型国家的经验说明,只有严格的固定汇率——而不是"钉住汇率"——才能"创造一个稳定的国际通货体系,以某种方式将各个货币'锚'住,以防止通货膨胀"(《蒙代尔经济学文集》第4卷,第39页)。

　　说来也真简单,只要实施单一、单向而又严格的固定汇率制度,全球经济就固若金汤。人类从此用一个货币计价,各国释放比较优势的交易费用得以大幅度下降,由此刺激全球范围专业化分工和收入增长。不但如此,单一而严格的固定汇率还约束着各国货币当局,谁也不得超发本国货币,因为固定汇率必然要求控制各国货币的供应量。最了不起的,是严格单向的固定汇率甚至还能够约束财政政策,因为预算赤字引发投机资本的攻击,从而威胁本国货币的固定汇率。好处如此之大,所以蒙代尔教授有理由相信,只要成功地把全部国家和地区纳入单向严格的固定汇率体系,他和很多学者心目中最理想的货币制度——国际金本位制——一定可以重新降临。

　　我认为,蒙代尔有关固定汇率的全套理论分析和政策主张,比较有价值的地方是点明了问题的重点——汇率选择其实是货币准则的选择问题。他主张各国、各地区的货币单一地、单向地、严格地与美元挂上固定汇率之钩,其实就是主张天下所有货币皆以美元为锚。很明白,这不单单是关于汇率政策的主张,更重要的是关于货币准则的主张。对蒙代尔来说,在19世纪的金本位与20世纪的布雷顿森林体系相继垮台之后,倘若各国不能为通行的"法定不可兑现货币"(fiat money)找到可靠之锚,21世纪全球化的汪洋大海,岂能不为一个又一个经济体提供葬身之地?!

　　不过,也正是到达了货币准则的层面,才让我看出固定汇率论的一个破绽。这就是,各国各区域的货币都以美元为锚,可美元本身又以什么为锚?难道1971年与黄金完全脱钩的美元就不是一只法定不可兑现货币?难道美元币值就可以实现自动稳定?如果各国各地区纷纷把各自的货币单一、单向、固定地与美元挂钩,而美元本身却无锚或无可靠之锚,那这个靠固定汇率连接起来的世界,还会不会像固定汇率论者自以为万无一失的那么牢靠?

固定汇率论者从来没有认真探查过美元究竟以何为锚。他们把美国比为海上的一艘超级巨轮,然后就想当然地主张,全球所有其他舢板和大小船只,只要以固定汇率之钩挂住美国超级巨轮,就等于给所有货币找到了一个最可靠之锚。他们或许忘了告诉听众,在这幅理想主义的图画里隐匿着一个致命的危险:一旦超级巨轮本身摇晃,以它为锚的所有船舰也只能跟着一起摇晃;一旦超级巨轮像当年的泰坦尼克号那样不幸触礁下沉,它还可能把本来还可以各自逃生的大船小船一股脑儿地拖到大洋的深处。

今天的中国经济说大不是全球最大,但也绝不是舢板一只、小船一条。中国航船要怎样为人民币选择可靠的货币之锚呢?很抱歉,区区在下在这个问题上实在拿不出超然之见。我的观点是,除非美元有可靠之锚,人民币不能以美元为锚。

**2010 年 6 月 26 日**

# 人民币盯美元的由来

人民币一动不动盯住美元,在中国经济的两个历史时段发生过。第一时段是 1955—1970 年,十五年期间以 4.618 元兑 1 美元,没有一分一毫的变动。第二时段是 1998—2005 年,以几乎不变的汇率(8.27)持续了七年。前一段的大背景是计划经济,国家实行外贸专营加外汇统收统支,那个"汇率"根本不是在尚不存在的外汇市场上决定的。分明高估的人民币汇率,不过表达了国家以低成本掌控稀缺外汇资源的政策意图。事与愿违之处,是以行政命令压低外汇之价——恰如人为压低粮食、农副产品和任何工业品之价一样——必定带来抑制外汇供给的效果。结果就是"越少越统、越统越少"。好处也是有的,汇率当然绝对稳定,且从来不受外汇储备过多的困扰。值得一提的插曲是,"大跃进"引发的共和国历史上第一次高通胀,说明离开有关制度背景的"固定汇率是最好的货币之锚论",根本就经不起推敲。

后一时段的经验值得分析,因为与当下及未来的人民币汇率机制关系密切。我的看法,从 1997 年开始的人民币盯住美元的汇率体制,与其说是依据了哪派理论而设计出来的产物,不如说是一连串事件合成的结果。具体看,主要是三大事件:1993 年又一波高通胀和随之而来的通胀治理,1994 年中国第一波汇改,以及 1997 年亚洲金融风暴。

那一波通胀来势汹汹。1993 年中国的物价指数过 16%,1994 年冲到 24%。考虑到物价管制仍然广泛存在,"隐形通胀"的压力应该没有完全被计入物价指数。中国经济的前景不免令人担忧。好在时势造英雄,邓小平支持朱镕基下痛手治通胀。结果是三年之内物价指数降到 2.8%,比当年美联储沃克尔主席的成绩还要胜出一筹。从治理手法看,朱镕基与沃克尔如出一辙:不靠利率调控,而是直接紧缩货币供应量,咬牙压通胀。

是不可忘记的一幕。那时我在UCLA念书,1993年6月应邀到海南参加研讨会。下飞机看到市场一派火爆。记得被下了海的朋友领到在建的高楼顶上观景,让我完全想不起出国前海口市的原来模样。这个比大县城大不了多少的新省会城市,满眼都是高楼大厦。哪来的呢?说是各地英雄豪杰的投资。用了谁的钱?股东出小头、银行出大头。不少股东的钱,讲到底也来自银行。就在那座楼顶上,我学到一个新词汇,曰"倒逼机制"。个人、公司、地方逼银行放款,分行逼总行放款,各总行逼人民银行放款。这是物价指数冲历史新高的基础。

观光下楼第二天,朱镕基治理整顿金融的政策下达。银行接到死命令,一律回收贷款。一时间风声鹤唳,北京上海卖给港台同胞的商品楼盘,市价据说跌掉一半。海口市就更不要谈了,朋友让我们开开眼的那座楼——连同其他成百上千座楼宇——一停就是八九年。港报大字标题的内地"烂尾楼",不够准确,因为很多再也不见尾巴。当时我访问交谈的人,就算态度比较温和的,也对政策批评多多。要过了几年以后,大家才看明白,倘若当时不把高通胀杀下马来,以后的"中国故事"恐怕是另外一个版本了。

我认为那次治理通胀处理最好的地方,是在压住物价局面之后,由全国人大通过了《中国人民银行法》。这部明确人民银行就是中国央行的法律,除了点明"中国人民银行在国务院领导下依法独立执行货币政策,履行职责,开展业务,不受地方政府、各级政府部门、社会团体和个人的干涉";还特别规定,"中国人民银行不得对政府财政透支,不得直接认购、包销国债和其他政府债券"(第二十九条)。这就是说,用人大立法来确立央行的权威,一举消除了多年以来动摇人民币币值稳定、通胀屡起的病灶——政府因财政需要而超发货币。这是治本之策,影响中国长远的未来。

1994年的另外一件大事,是完成两种汇率的并轨。上文提到人为高估人民币的外汇体制,受到改革开放的冲击。大体从1986年开始,国务院为鼓励创汇,允许企业将按比例留成的外汇额度在若干外汇调剂中心自由交易,于是在官定汇价之外,形成了由市场供求决定的外汇调剂价。这就是汇率双轨制。到90年代初,全国按市场轨成交的外汇占八成,官价成交不过两成,汇率并轨的时机成熟了。不需要说,那时讲的"汇率并轨",含义当然是由市场供求决定人民币汇率,绝不是再靠看得见之手定汇率。今天人们耳熟能详的中国汇改目标,即在市场供求基础上、有管理的人民币汇率形成机制,其实就是第一次汇改定下的。没有谁想得到,人民币兑美元会一动不动好几年不变!

在统计上,1993年人民币兑1美元的官方汇价为5.76元,1994年为8.61元。仅看官价,人民币对美元一下子贬值了33%。加上这一年加入WTO,中国对外开放升到新层面,"东方睡狮"蓄之既久的出口潜力开始发挥。全球贸易和投资格局因此改变,也在国际上形成一股"中国靠贬值扩大出口"的舆论。到1997年亚洲金融危机爆发,有人——如马哈蒂尔——干脆就说亚洲金融危机是人民币大幅贬值引起的。这算什么逻辑呢?是不是人民币那么多年的人为高估,可以算做中国对亚洲的国际主义贡献?况且,早在中国的汇率并轨之前,外汇调剂价已达到8—9元人民币之谱(1996年深圳有超过10元人民币兑1美元的记录)。由于市场轨占大头,加权来看的人民币贬值,实际幅度就小多了。

中国却必须承担应对亚洲金融危机的大国责任。具体讲,就是承诺人民币不贬值。当时中国政府承诺了,也做到了。于是我们就看到,从1998年起人民币对美元的汇率成为多年不变的平线一条。经济逻辑是什么呢?是不是彼此竞争出口的国家免打"价格战",对全世界就真有好处?这就不懂了,因为事关国际政治的复杂学问。更让人看不懂的是舆论:也是外国人、国际机构、发达大国政要的劝说、建议和要求,中国承诺人民币不贬值就符合负责任大国的要求。但是再过几年,倘若外国人说要人民币升值中国就升值,似乎就很不爱国了——看不懂的事情就承认看不懂吧。

我以为可以看懂的是一点:1998年后人民币对美元汇率不变,既不是中国汇改的既定目标,也不是立法根除通胀为人民币主动选锚的结果。"固定汇率最优论"拿 1998—2005 年间人民币汇率说事,以为找到了最有说服力的"例证",实在是有一些美丽的误会。他们忽略了很重要的一点,是后来拖延时间过长的人民币盯美元的做法,不但偏离以市场供求为基础形成人民币汇率的改革目标,也导致在立法消除"主动"超发货币的制度漏洞之后,人民币又面临"被动"超发的新挑战。在新形势下,人民币币值稳定屡出情况、宏观调控压力不断,皆因此而起。

2010 年 7 月 31 日

# 第二部分　货币是怎样炼成的

# 被动超发货币的教训

政府因财政压力而超发货币,是法定货币时代通胀屡起的主要根源。那是货币的主动超发,因为抽税和发行政府债,还满足不了财政开支的需要,于是政府靠超发票子过日子。横竖法定货币控制在看得见之手,下个行政指令就可以发行,而最先拿到加印钞票的又是政府自己,马上就有了可用财力。至于超发货币的结果——相对价格的变动和物价总水平的上涨——要有一个时滞之后才在市场上显现。因此,主动超发货币也被看做政府在抽取隐蔽的"通货膨胀税",最后买单的,还是承受通胀之苦的老百姓。

上文提到,人民币在制度上杜绝政府主动超发货币,是1994年全国人大通过、1995年开始执行的《人民银行法》。该法案明文限定,人民银行再也不得对政府财政透支。这就是说,政府把央行当做财政之外又一个钱柜子的时代,在制度上结束了。以后政府的财政需要,靠税收、靠发债、靠国有资源的收益,再也不能靠超发票子。讲过的,作为建国之后又一波治理严重通胀的结果,中国终于在财政与货币之间安排了制度性间隔,意义重大。这么说吧:等到人民币将来有了与中国经济相称的国际地位,一定有人会回过头来,到这部人民银行法里找到其立足之本。

始料不及的是,主动超发货币之门被关上之后,又开出了一个被动超发货币的口子。这就是从汇率形成机制里被动释放出来的天量货币。正如本书第一部分指出的,每年新增的国家外汇储备,全部是央行用基础货币买进来的。按什么价买?汇率是什么价就按什么价,或者更准确地说:央行出什么价购汇,汇率就是什么价。1997—2005年间人民币兑美元汇率为8.26元,意味着每增加1美元国家外汇储备,央行就要动用8.26元人民币的基础货币向商业银行购汇,这8.26元"高能货币"转入商业银行,再乘上4—5倍的货币周转速度,可贷放给市场的贷款总额就是40元人民币上下。这是说,人民币汇率的形成机制,在事实上已经成为货币当局被动供应基础货币的机制。

这里所谓"被动",比照的是由财政饥渴驱动的货币超发。对政府而言,那的确是主动行为——财政有缺口,政府有意通过向央行透支来平衡预算。现在从汇率形成机制派生出来的货币供给,则以被动为特征,因为究竟有多少外汇进入中国,究竟多少银行间市场的外汇被央行收购,着眼点不是政府本身的财政需要,也不受财政动力的驱使。

至于是不是"超发",查查数据好了。受亚洲金融危机的影响,1998年我国外汇储备比上年新增50亿美元,1999年新增97亿美元,2000年新增107亿美元;增加的幅度分别是3.6%、6.7%和7.0%。这样的绝对数和增长率,即使新增1美元外汇储备最后真的增加了40元人民币货币总供应,说"货币超发"怕也是言过其实了。但是,以后几年的形势完全不同了:年度新增外汇储备的绝对量从465亿美元(2001)、742亿美元(2002)、1168亿美元(2003),直到2066亿美元(2004);年增长率则分别跳到28%、34%、40%和51%。这样的形势真叫好得受不了,因为由此形成的人民币供应压力远高出经济增长对货币的需要,不是"货币超发",还能是什么?

再以后,中国年度新增外汇储备两三千亿美元就不算是新闻。直到去年,全球金融危机号称百年不遇,出口导向的中国经济遭受改革开放以来最严重的挫折。你以为中国的外汇储备减少了吗?没有。不但没有减少,还继续新增4300亿美元!幸亏中国人民银行没有严格以美元为锚——如蒙代尔所建议的——来决定人民币的供应,而是辛苦异常地不断采用多种工具"对冲"超发货币形成的流动性,否则,由汇率形成机制被动超发的货币,还不是更如黄河之水天上来?

不少朋友把人民币汇率机制看成"对外问题"。这是不对的。在汇率形成机制同时就是被动超发货币机制的条件下,我以为人民币汇率首先是一个对内问题,涉及的是一部分中国人民与另外一部分中国人民之间的经济利害关系。为什么这样说?让我试着阐释一下吧。

以年度新增外汇储备2 000亿美元为例。这笔巨款——按变化的汇率计,约在14 000亿—16 000亿人民币之谱——当然主要是由我国沿海出口加工地带无数外向型企业辛辛苦苦挣来的。从商品形态看,东西已经出口了。可是这挣回来的外汇,经过向商业银行的结汇,那无论是工人薪酬、老板的投资与管理收益、政府税收,还是其他相关方的服务所得,则全部变成了留在国内的人民币购买力。要注意了,这里有1万大几千亿人民币的购买力,完全没有对应的国内商品可买!问一个问题吧:这样的国民经济——且不论对外关系——究竟靠什么来平抑物价?

反正"买东西"是不行的,至少靠买国内商品不行。商品已经出国,国内留下的是"纯购买力"。在此情况下,过量的人民币购买力追逐不够量的国内商品,结局只能是国内物价总水平的上涨。这就是这些年国内通胀时不时冲高的根源。是不是每样商品和服务都以同等的涨幅涨价?倒也不一定。因为还有所谓"结构性物价上涨"的可能,就是有的商品涨价快、有的涨价慢。倘若巨量购买力无端端地集中到某项商品或某几项商品上,那"行情"可就来了。这些年我们看到的猪价、钢价、铁矿石价、房价、股价、古董价、普洱茶价,还有什么绿豆价等等轮番出状况,其实不单单是这些个别商品的供求出现缺口,而是被动超发货币引起了国民经济总量失衡的表现。

"买外国商品"行不行?也不行。倒不是人民币不是硬通货,不能到国际市场上去购物。事实上,中国制造的商品有国际竞争力,硬通货是可以挣回来的。那数目惊人庞大、增长迅速的外汇储备,难道不正是中国绝不缺少国际购买力的明证?问题是,无数出口企业挣来的硬通货,结汇给了商业银行,后者又在外汇交易中心悉数卖给了央行。讲过的,今日中国不再实施强制结汇,企业有权留汇,也有权把挣来的外汇卖给别的企业或私人,商业银行也有权不向央行售汇,可以自留、自用外汇,或者售汇给自己的客户和存款户。所以,当下中国外汇的涓涓细流绝大部分流入央行的库房,唯一的原因是央行购汇的出价最高。讲到底,不是中国人对海外五花八门的商品服务刀枪不入、不动凡心,而是在现实的人民币汇率面前,与其持有外汇购海外之物,不如把外汇卖给央行换人民币更上算!

在以上的例证里,每年2 000亿美元的货币购买力,买国内商品不得、购国际商品不值,剩下的出路究竟何在? 读者想想吧,我们下文继续。

2010年8月14日

# 出口导向的国内平衡

上篇评论触及了国民经济的一个基本问题。这就是数目日益庞大的贸易顺差,给国内市场的平衡带来的困难。流行之见,谈贸易顺差,就只往"国际影响"那个方向想,甚至仅仅争论中国顺差对美国经济平衡的影响。可是既然叫国际贸易,其中一国又是中国,那包含着巨大顺差的对外关系,怎么就对中国自己的国内经济没有影响呢?个人的观点,如此"见外不见内"的思维,是很多年以来人民币汇率与货币问题得不到妥当处理的认知基础。

现象并不复杂:每年中国大量商品净出口,但是生产这些商品所获得的货币收入,却留在了国内。这笔在国内市场没有商品与之对应的货币,数目少了无所谓,可是眼见越来越大,其影响就不可小视。统计本本上是这样记载的:中国商品与服务的净出口,1990年510亿人民币,占国民生产总值2.6%;1997年3550亿,占4.3%;2004年10 223亿,占5.4%;2007年23 381亿,占8.9%;2008年金融危机波及中国的出口,但这一年的净出口还有24 135亿,占当年国民生产总值的7.9%。

"净出口"者,所有商品与服务的出口额减去全部商品与劳务进口额之差也。这里要问几个问题了:这部分净出口的商品与劳务,是在哪里生产的?答案是在中国国内。这部分净出口的商品与劳务,是白白生产出来的吗?答案当然不是。谁在生产这部分净出口商品与劳务时挣得收入了?答案是工人挣人工、老板挣投资与管理收益、政府抽税、银行收息,以及还有其他的服务方挣费用。

这就带出上文提出的问题:所有这些创造了净出口商品与劳务而挣得了的收入,对国内市场究竟发生什么样的影响?讲过的,这再也不是小数，而是每年以万亿人民币计算的大数。也讲过的，这部分货币收入是"剩"在国内的"纯购买力"，因为与之对应的商品劳务悉数出了国。让我们不依不饶地问，这每年论万亿数的购买力，在市场上究竟可以买到什么？

上文先排除了两点。第一，买不到国内商品与劳务。道理简单，因为这笔购买力对应的商品劳务已经全部出口了。这当然是从总量（宏观）来看的结果。微观上，出口企业挣得的收入，分不清究竟做的是净出口还是总出口，横竖发到手里的钱都有权购物，正如就是不做出口生意、靠内需挣得的收入，也有同等购物权一样。但是，当所有的购买力一起购物时——这又是从宏观看问题了——那块绝对多出来的"纯购买力"，就找不到与之对应的商品劳务。因此，当人们非要一起行使购物权时，过量货币追逐不够量的商品劳务的现象就可以被观察到，结果就是物价的普遍上涨——通胀是也。

第二，也买不到国外的商品劳务。阐释过的，净出口创造的本来是外汇购买力，可以大手买国外商品、国外劳务、国外资源和国外权益。可是在现行的人民币汇率形成机制下，对很多行为者来说，与其留汇在手，不如售汇给央行来得合算。因此，现行人民币汇率形成机制的实质，是政府确定了刺激出口的汇率目标，然后由央行用基础货币不断购汇来达成。这样，实际的人民币汇率水平，就构成国内公司与个人使用外汇的机会成本。人民币汇率低估，国内有外汇的也不愿意多用汇。这样，由净出口形成的纯购买力，就无从通过扩大进口来实现平衡。比较起来，进口关税与服务便利等等因素的影响，应该还在其次。

剩下还有什么出路吗？那就增加储蓄吧。这也是近年中国的储蓄问题引起全球关注的一个原因。相关的解释五花八门，从中国人喜欢储蓄的文化特性到社会保障不足带来的强制性储蓄等等，不一而足，有机会我们以后再作专门探讨。这里要指出的只有一点：无论中国高储蓄的成因为何，增加储蓄并不能为中国日益增加的净出口带来的人民币购买力，找到市场平衡之道。

这么说好吧，除非大家把钱存到枕头或炕洞里，导致这部分货币彻底沉淀、退出流通；否则，储蓄越多，市场货币与商品劳务之间的不匹配就越严重。这不是什么深奥的学问：如果你我把钱存到银行，那银行是要把钱贷放出去才可以维持下去的。从银行再贷放出来的款子，还是要追逐商品。很明白，如果存入银行的款项本身就来自净出口创造的货币收入，那么它断然不会因为到银行转了一圈，就能够找到对应的商品与劳务。恰恰相反，随着存入—贷出次数的增加，更大量的货币被银行创造出来之时，就是过量货币追逐不足量商品的矛盾变得更为严重之际。

统计数据说，2008年年底我国各项存款余额46.6万亿，各项贷款余额30.3万亿，分别比2004年增加了22.5万亿和12.5万亿。去年更不得了，仅第一季度新增的银行信贷就达4.5万亿。我看苗头不对，为文质疑（见"还算'适度宽松的货币政策'吗？"，本书第247页）。有的辩护意见说，中国信贷膨胀的来源不是增发钞票，而是储蓄，所以没有什么大不了。我对该论调不以为然，因为在顺差巨大的出口导向经济里，本来就有相当大一块储蓄，根本找不到与之对应的商品，经由银行再贷放出来，陡然增加市场的物价压力。

讲到底，净出口挣下的货币追不到商品，存到银行里贷放出来后更加追不到。这解释了这些年来为什么不是这里"热"，就是那里"热"。倘若政府干脆不管物价，听任没有商品对应的超额购买力全部冲向市场，最后总归会"平衡"的吧？还以2007年为例——全年净出口2.3万亿、占国民生产总值约9%——如果放任价格不管，年度物价总水平上涨9%，过量货币追商品的游戏，是不是可以不平自息？

有两点困难。其一是我在"货币似蜜，最后还是水"（见本书第250—252页）里提到的，过量货币流入经济时有粘性，可能一时集中于某个商品或某个市场。如果那样的话，某商品的价格上涨就可能远超过9%。其二，出口导向非一日之功，积存在经济体内的过量货币如笼中之虎，一旦放虎归山，其胃口可能远不止年增9%。把以上两点合并，加上人们的保值、投资与投机行为不容易区分清楚，在预期紊乱之下的行为有如牛群受到惊吓后的过度反应，局部的市场失衡可能冲天而起。

物价伤民之际，人言滔滔。要政府无为而治，搞 laissez-faire，经济学家说说无妨，但不免听者藐藐。政府拿出看得见之手频频管制价格、干预市场，由此而起。管来管去，最好的效果也不过扬汤止沸，或可遏制货币追商品于一时一处，却又不断按下葫芦浮起瓢，因为釜底之薪——出口导向经济创造出来的过量货币购买力——还在源源不断地产生出来哩。记住了，货币是存量，从来不会死的，它像江河之水一样，永远在寻找出口。

　　还有别的出路吗？思来想去，逻辑上的出口唯有一处，这就是把经济体内原本不是商品的资源动员到市场上来。兵来将挡，水来土掩，靠新增的资源吸收过量的货币。这方面，中国经济有经验、有教训、有挑战，也有机会。下文再谈吧。

**2010 年 8 月 21 日**

# 货币老虎越养越大

最新公布的中国广义货币量,达到 68.8 万亿人民币。这是今年 8 月底的数。对应的经济总量是多少呢?目前还只有上半年我国 GDP 的统计结果:总量是 17.3 万亿。下半年 GDP 还会增长,广义货币也会增长,放到一起来估计,到今年年底我国的广义货币有可能等于年度 GDP 的 200% 上下。

这本来是两个不可直接比较的量。广义货币(M2)是存量,因为货币发出去一般不会消失,所有以往发出来的钱,什么时候都可以拿出来购买商品与服务——除非发生像有的地方那样的政府翻脸不认自己发出来的货币的大事件。GDP 是流量,代表一年之间新创造的国民生产总值。两者的联系是间接的,因为正如本系列评论反复提及的,货币别无他用,主要功能就是为商品与服务的交易提供媒介服务。一个经济转起来的时候,需要多少货币参与其中,流量与存量之间总有一个适当的比例。

也是以前提到过的,不少发达国家的货币指数(即广义货币占 GDP 之比),先是由低向高发展,但一般过不了 100% 就掉头向下,整体上呈现出一个倒 U 字的图形。中国经济在计划时代的货币指数奇低,非常合乎逻辑。改革开放后,货币指数随市场化进展而上升,也合乎逻辑。比较不容易解释的,是中国的货币指数在 1993 年过了 100% 之后继续上冲,1997 年过 124%,2005 年过 162%,目前看依然扶摇直上,还丝毫没有掉头向下的意思。让我们先问一个问题,如此越来越高的货币占 GDP 之比,究竟是怎么形成的?

上文提出要把制度变量引入货币分析,其实提供了一种调查研究的思路。这里要考虑走几步。首先,对货币数量方程中的那个 $Q$(即商品劳务量），不能只限于观察"已经成交的"部分，还要考虑"潜在可以成交的"部分。其次，特别关注制度状态对潜在的商品劳务转化成现实的商品劳务的影响。最后，探查价格总水平变动的原因，不仅要看货币总量，而且也要看货币化进展的程度。就是说，物价变动不但取决于货币供应量的变动，也取决于潜在的商品劳务进入市场的状况。传统的货币主义高度关注货币量，前提是西方发达国家的市场化、货币化已经趋于稳定，可以在理论上像货币流通速度一样假设为不变。但是，对于中国这样的转型经济来说，市场化、货币化是加速推进还是停滞不前，对物价的影响就大了去啦。

远的不提，要理解近年我国货币占 GDP 之比持续高升、包括资产市场价格在内的物价总水平屡出险情，似有必要双管齐下，从货币供给机制与货币深化这两个方向，分别调查、综合研究。这当然不是写专栏文章的合适题材。不过就其大要，就算是挂一漏万写下几笔，也对清理问题不无裨益。简单的问题不妨单刀直入，但是像物价这样令公众关心和激动、成因又比较复杂的经济现象，搭一个粗略的框架，或可避免一下子深入细节反而迷失了方向。

在货币供给方面，我以为最重要的线索就是从主动超发转向被动超发。这里所谓"主动超发"，是指政府迫于财政的压力，开动了货币机器向市场提供了过多的货币，即"央行发票子弥补财政赤字"。回顾过了，1994 年全国人大通过的《人民银行法》，在法律上就终结了政府主动超发票子的可能。在实践上，自那以后中国财政情况良好，一般也不需要向央行透支。2008 年 10 月后为应对金融危机冲击的货币大投放，或许可以被看做是一个例外。至于"被动超发"，则是指中国正式加入WTO 之后，一方面制造业的国际竞争力迅速增强，一方面人民币汇率形成机制的改革滞后，共同合成巨额的贸易出超，结果被动地向国内市场投放过量货币。以 2007—2008 年为例，每年的净出口占国民生产总值的 8%—9%，等于广东这么一个大省一年生产的 GDP 全部以商品劳务出口，但由此形成的各种人民币收入却留在了国内。累积起来算，仅2005 年以后与出口商品劳务脱了节的货币购买力就达十多万亿。如此巨大的一个"货币缺口",还不压迫物价上涨?不让它涨价,过量的货币就到处漫游!

但是另一个方向的情况更值得注意。给定货币被动超发,如果国内货币深化的潜力得到充分发挥,由此产生的货币需求是一种水平。如果货币深化的潜力得不到充分释放,甚至受到人为抑制,那对货币的需求就是另外一种水平。问题在于,货币深化的现状与潜力究竟是个什么状况,要靠"事实性的判断",而不能凭藉"价值性的主张"来主观臆断。否则,见仁见智的分歧,吵来吵去也达不成基本的共识。

个人之见,经历了30年改革开放的中国经济,继续货币深化的潜力还是蛮大的。从表面上看,我国市场里有无数商品供过于求,时不时还有"严重产能过剩"的报道。但是加上品质的维度,当下仍有为数不少的商品与服务严重地供不应求。举一个例,老百姓对好医院、好医生、好学校、好老师的需求与日俱增,但"政府主导"的医疗和教育似乎永远也满足不了这些需求。可以开放市场、引入民营吗?有人疑虑重重。但是为什么还要说这些领域是什么"市场化改革"过了头呢,那岂不是离基本的事实越来越远?

要素的市场化进展更不平衡。比较而言,劳力资产的市场化程度高些,但城乡一体、不论身份的劳力市场还是有待发育。土地的市场化程度看起来不低,因为"地价天王"天天刺激着购房人的神经。但细看一眼,就发现该市场只限于城市国有经营性土地的转让。宪法规定的、作为我国两种土地所有制之一的农民集体土地所有权,至今还没有全国范围的合法的市场转让权。不少人朗朗上口的"保护农民利益",原来是并不包括"保护农民经营土地的转让权"这层最重要的含义的。政府把农民的土地征来,招、拍、挂后开发的楼宇,叫"大产权";农民在自己的建设用地上与他人合作建成的房子,却是"不受法律保护"的"小产权"!虽然法外的转让几乎无日无之,但笔者还是敢斩钉截铁地推断:没有合法保障的交易规模,永远小于潜在可交易的规模。

加到一起看,中国还远远没有充分释放市场化的潜力。由此产生的诸多后果,其中之一就是难以平衡不断被动超发的货币。根据中国改革的早年经验——"水多了加面"——比较合理的政策组合似乎应当是,或动员更多的资源进入市场,以消化源源不断超发的货币;或减慢市场化改革的步伐,但必须严格控制货币的超发。最糟糕的组合呢?就是既听任货币被动超发,又在市场化改革方面畏首畏尾、裹足不前。此中叙述的逻辑是否对头,望识者察之。

反正,中国的货币老虎越养越大。是货币总要出来购物,是老虎总要出来吃肉。既然人们对货币之虎冲入市场并抬升物价有很大的意见,那么在左拦右截之余,不妨考虑,究竟喂多大一块肉,才足以让这只货币老虎乖乖地呆在笼子里、不跑到街上来作乱?

2010 年 8 月 28 日

# 货币无侥幸

新年一件大事,是物价指数又爬到一个较高的位置。这距离上一波物价高企,只不过两年时间。从图上看,物价变动呈现出一个两头高、中间低的马鞍形:2007年消费者物价指数4.8%,2008年5.9%,2009年-0.7%,2010年当在3%—4%。2011年会怎么样?国家发改委提出的目标是把CPI控制在4%,不少行家认为真做到了会是不小的成绩。

这还只是消费者物价指数。大家应该同意,物价总水平不能只用CPI就可以度量。要是把"要素和资产价格"都放进来——还要考虑种种价格管制的效果——那就不难看出,这些年来中国的物价总水平其实是在爬一个长坡,甚至连2008年那场"史上最严重的"全球金融危机,也至多不过把中国的这个变化趋势打了一个折扣而已。

事情总有个原因吧?个人之见,直接成因是货币。直截了当地讲,只要货币供应量超过了经济增长的需要,物价总水平终究不可避免地要爬高。这是基于常识和经验就可以理解的逻辑,不需要扯上太复杂的理论。弗里德曼的那句名言("任何通货膨胀都只不过是货币现象")虽然被看做货币主义的箴言,但正如本书多处提到的那样,在中文语境里的"通货膨胀",本意就是流通中的货币数量膨胀。因此,不需要等到形形色色的物价此起彼落地爬升之后,再急急慌慌跑出来"反通胀"。管不住货币,物价之火上房是早晚的事。这方面没有侥幸的机会。

不妨结合个人的感受把这一波的经验再回放一下。话说2008年入秋时节,我到温州调查行业和企业,也见到上世纪80年代就结识的好几位老朋友。那次访问有两大收获。一是明白了温州民营企业由艰苦开辟国内市场转为大规模外向的逻辑。另一收获,就是对那年国庆长假前后惊心动魄的"价格跳水",有了非常直观的感受——美国金融危机对出口导向的中国实体经济的冲击,说来就来了。

从温州出来,途径上海参加《中国企业家》召集的一场小型讨论,主题是改革开放30年。不过大家不免议论当下的经济走势。会前看了一些言论,对危机影响的估计似乎越来越严重。最著名的一个论断,是说来年(2009年)的中国经济别说保八,就算是保零也够呛。自己刚刚看了温州的市场跳水,当然知道发达经济的危机对多年依赖出口的中国打击巨大。不过衡量再三,我还是把"中国经济衰退的几率等于零"这句话说出去了。根据何在?当时讲得多的,是30年中国的经验证明了的一个道理:危机逼出改革、改革推动增长。比较语焉不详的,则是到本文才细细写下的理由,这就是多年从人民币汇率机制里被动放出的天量货币!

不过,还是"保零艰难论"的影响大。是年年底,中国总理的"两拳战略"("出拳快、出拳重")出手。我请教一些地方行家怎样看,得到相当一致的判断,是多年中央政府要调控的就是压制地方的投资冲动。现在好了,两年财政4万亿,中央占小头、地方占大头,真正高度一致,"上下同欲者胜"。读者也许记得,当时有报道说,各地上报的投资总额超过20多万亿。那还有什么问题?"衰退几率为零"论,看来大可安然无恙吧。

物价却不买账。2009年2月以后,每月CPI都是负的。生产者物价指数(PPI)更是从年初开始就是负数。这里当然有向下"翘尾巴"的因素(因为上年同期物价指数偏高),但连月跌、跌、跌的价格走势,也着实吓着了一些人。于是,货币龙头开动。3月初"两会"的信息,是说2009年全年"增发信贷5万亿以上"。可是第一季度的数据出来,仅前三个月就增加了4.5万亿信贷,直逼2008年全年新增信贷4.9万亿的水平。也是在第一季度,广义货币(M2)同比增加了25%以上。

面目全非的货币环境,不需要继续检验"衰退几率为零"论了。2009年4月27日,我发表了"还算'适度宽松的货币政策'吗?",质疑大手放松货币对未来中国经济的影响。该文提出一个问题:为什么财政政策可以"积极",货币政策却只能"适度宽松"?答案是,只要守得住 1994 年人大法律定下来的"财政不得向人民银行透支"的铁则,财政政策再积极,也受到国家税收能力和发债能力的实际限制。比较起来,货币变量要"软"很多。"倘若政府不自我设限,发货币'积极无度',政策为祸的危险就增加了。"该文认定,比 2007 年中国 GDP 的增长率(13%)还高出 12 个百分点的货币供给增长率,无论如何也超出了"适度宽松"的范畴。"中国不是美国,没有那么多的'毒资产'——像有的行家建议的那样——需要泡入高通胀的药液才有望解毒(!)。(中国的)央行也学不成美联储,因为这里大手松出来的货币尚不能漫游世界,累积的货币压力主要还将作用于国内。"文章最后的建言是,"还是不要把 25% 以上的货币增长当做'适度宽松的货币政策'吧。其实它已属非常宽松。即使必不可免,也不宜加冠'适度'之名而放松应有的警觉。"(见本书第 249 页)

这些论点非常不合时宜。要知道,那时媒体头条通栏大标题是"保增长对贷款规模没有限制"(见 http://finance.sina.com.cn/roll/20090429/02526162609.shtml)。那可是银行监管部门领导人的政策宣示。至于电视台里的专家意见,就更有学术性了:中国是一个高储蓄率的国家,大量投放的信贷来自储蓄,所以不会引发通胀。如此氛围之中,2009 年上半年信贷增加近 6.7 万亿,全年 9.5 万亿!与此相得益彰的高论,则是"宁要通胀、不要通缩"。老天爷,"通货膨胀"居然成为一个可选的政策变量,似乎可以操纵自如,想多一点就多来那么一点。

掂量再三,还是说不通嘛。中国的高储蓄没错,不过其一,来自净出口的那部分储蓄,本来就是过量货币追不到商品服务的产物,强贷出去,必然压迫物价上涨。其二,除非实行"百分之百存款准备金"(奥地利经济学家有此主张),商业银行放贷的时候,是可以"创造货币"的(准确地说是"创造信用")。其三,我国利率市场化改革远未完成,信贷不受利率的灵敏调节,再加一个"保增长信贷不设限",流动性泛滥就不奇怪了。再看国际收支失衡带给国内货币的压力,即便是危机时期也未见减弱。2009年国家外汇储备新增4 531亿美元，每一块进入中国的外汇，对应都有好几块钱的人民币放出去了。

可是到了2009年年底，还是有那么多人主张"宁要通胀"。无计可施，只好录以备考。反正年终论坛活跃，我就要求到《21世纪经济报道》组织的年会上发言。记录稿传过来、完成修订的那一天，恰好是2009年的最后一天。这篇讨论"为什么后危机时代来得这样快"的发言，肯定地认为，"中国的增长速度不是问题"，"问题是救市的代价"。这是因为，"放出去这么巨量的货币，譬如比GDP的增长还高出20个百分点的广义货币，绝不会没有后果的。大量投放的流动性将继续在整个市场里漫游，集结到不同的产业部门、不同的资产领域，或者不同的商品上，由此带来相对价格较大的波动，最后或早或晚推高物价总水平"。

文中还回应了一个当时流行的观点，即"还看不见通胀，因为CPI不过刚刚转正而已"。我指出，"物价总水平"可不仅仅只是消费品之价，也包括生产资料和各种资产之价。按这个更准确的定义看问题，说"看不见通胀"怕就没有那么大的把握了。至于"宁要通胀、不要通缩"之类的高论，那是值得刻到石头上的，免得将来哪一天无人认领。

2个月后，中国CPI过2%；5个月后，过3%；10个月后破4%；11个月后破5%。至于"要素和资产价格"如房价和地价，不去说它们也罢了。倒是留在报纸和网络里的"宁要通胀"论，再也无人前来认领。此一时、彼一时，大家无暇他顾，正一起严肃地与通胀做斗争哩。

教训是，从货币超发到物价的全面上涨，有一个时间间隔，并需要随机的偶然因素来触发通胀和通胀预期。排除这些偶发因素，以健全的记忆把跨时间的现象联系到一起来观察和分析，我们就能得到经验里的一个重要教益：货币无侥幸。

2011年1月15日

# 政府投资与"货币创造"

本文继续讨论,为什么财政从紧是货币从紧的条件。最基本的论据,是在今天的现实条件下,政府投资可以杠杆出更多的商业银行贷款,由此也就创造出更多的货币。反其道而行之,财政的投资性开支从紧,减少的就不只是这部分货币购买力本身,而且有望减少连带的货币创造。这应该是当下抑通胀的一条有效途径。

先引一条相关新闻。据《广州日报》报道,中国工程院院士钟南山在广州市"两会"上发言,"说他查资料发现,广州亚运的直接投入和间接投入很大。'总投资2 577亿元,其中广州投资1 950多亿元,带来债务2 100多亿元。'他很担心,背着这么大的债务,广州搞民生的钱不知从哪里来",希望中央扶持(2011年02月23日,http://news.sohu.com/20110223/n279478029.shtml)。这里不清楚的地方是,如果总投资是2 577亿,其中的债务为2 100亿,那么资产负债比就是81.5%;但如果自筹资本2 577亿(其中1 950亿是广州筹的),外加债务2 100亿,那么资产负债率就是45%(或对广州而言的51.9%)。

再看一则新闻。据《21世纪经济报道》,铁道部及下属企业从2001年以来,已发行尚未到期的债券融资共计5 550亿元。其中,仅2007—2009年三年,铁道部负债分别为6 587.06亿、8 683.95亿和13 033.86亿元;若加上2010年至今公开披露已发行的1 850亿元债券,目前铁道部负债近1.49万亿(http://finance.ifeng.com/news/20110224/3476737.shtml)。又据民生银行发布《2010年中国交通运输业发展报告》,"目前铁道部资产负债率为55%以上,预计2012年有可能超过70%。从2014年开始,铁道部将迎来还债高峰"(http://news.sina.com.cn/c/2011-02-23/093722000352.shtml)。这是一个政企不分的国家部委的资产负债状况：总负债近1.5万亿，资产负债率55%以上，且很快会超过70%。

改制后的中央企业又如何？不妨看电力。据2010年3月29日《第一财经日报》报道，在中国电力企业联合会举行的"2010年经济形势与电力发展分析预测会"上，国资委综合局局长表示，"目前中央电力企业的资产负债率普遍超过了80%，今年2月份又出现了全行业的亏损，如果金融政策再紧缩，不少企业将面临比较大的经营风险"。该报道引用国家电网公司高管的"披露"："在中央企业资产负债率最高的前十位企业中，电力企业就占了五家"；其中，"目前国电集团的资产负债率为81.8%，……为五大发电集团最好水平"（http://biz.cn.yahoo.com/10-03-/136/wga2.html）。这说明，完成企业化改制的央企，资产负债的杠杆能力更为强大。

这些报道仅是一些"孤案"吗？我的看法不是。走进实际生活，举凡各级政府的直接投资、形形色色有政府背景的"平台公司"的投资、改制和未改制国有公司的投资，有一个共同特点，就是负债容易、资产负债率高、杠银行贷款的能力超强。2009年的也许是特殊年份里的一个一般例证：年度新增财政性投资2万亿，新增银行信贷近10万亿。这等于说，政府和国有部门每新增投资1元，就新增银行信贷5元。把贷给民营部门的去掉，政府和国有公司每投1元，杠杆出银行的3元信贷，怕一点问题也没有。这样算，在此背景下形成的政府和国有投资项目，平均资产负债率或在60%以上。

相当一批政府平台，负债能力更高。新门道也创造了不少。我也观光过"极其宏伟"的大手笔投资项目，其资源的动员能力超乎想象，可收益回报却不知从何谈起。想知道凭什么得到了如此巨额的放贷，通常没有答案。不过，现场多有大领导视察的巨幅照片。看多了，我也明白了几分："这就算项目的资本金了吧？"闻者礼貌一笑，不过当地的财政局长多半面露苦笑——他可是要负责还债的。

这里不讨论政府主导投资的前因后果，仅仅确认一个事实，那就是政府和国有公司的投资活动，能够以较少的自有资本就杠杆出较多的银行信贷。这是非常现实的经济机制,与政府主导投资与国有银行为主的信贷体系共存共生。是好是坏,人们见仁见智,当有不同的价值判断。至于应该不应该进一步加以改革,相信也会有不同的看法。本文的讨论取一个客观的态度:既然是现实的经济机制,那么在抑通胀的过程中,是不是可以主动地加以利用呢?

比较而言,民企扛银行信贷的能力要低一些。去年上市公司中报的时候,我在浙江看到当地 167 家上市公司的平均资产负债率是 45%。民企当然不是不希望有更高的负债机会,毕竟在通胀时代"更多借钱就更多收益"的道理,市场中人不可能不懂。问题是,看在以国有银行为主体的银行系统的眼里,借钱给民企的风险就是比借给政府和国企为大。对此,我也不倾向于说歧视,还是说"正视"比较对头,因为 45% 的资产负债率也不能算太低,过高的负债对真正有主的公司其实并没有好处。

至于居民家庭,利用信贷的杠杆能力就更低了。这些年的房贷、车贷增长很快,使居民家庭也能经由借贷形成资产,并提高财产性收入。不过,整体看,我国居民的消费信贷还处在"初级阶段"。2010 年全国金融机构人民币贷款的数据是,年末居民家庭消费信贷占全部贷款余额的比重不过 15.7%,其资产负债率一般也控制在更低的水准上。显然,与政府、国有公司和民营公司相比,居民家庭再带动银行信贷的能力最弱。

调查的结论很清楚。国民收入分配到政府、企业(又分国企与民企)和居民这几个不同的板块,不但具有不同的收入分配效果,而且具有极其不同的"创造货币"的效果。简略粗算,每增加 1 块钱在政府投资账户,可贷出 3 块钱,在大国企账户可贷出 4—5 块钱,在民企账户平均贷不出 1 块钱,在居民账户顶多只有几毛钱。在逻辑上,把更多的政府收入从投资开支转向民生开支,转到居民家庭收入,对抑制货币再创造,定有奇效。

本文的论点,是凡市场上高价卖出之物,其实都在回笼货币,都可以对抑通胀作出贡献。问题是,当高价售货的票子回笼之后,要有一个机制把其中的一部分"冻"起来,不准再花出去,更不准杠杆银行贷款、创造出更多的信用。这样盘算,为可能创造更多货币的收入寻找一个不得马上花出去的好去处,是抑通胀政策中的一个优先选项。

2011 年 2 月 26 日

# 银根与"土根"的纠结

政府和国企具有较强的信贷能力,这是中国经济的一个现实。大家也知道,商业银行(和其他金融机构)不断放出贷款,是"货币创造"的重要组成部分。这样看,要理解中国货币供求的全貌,少不了要探究政府和国企投资活动的货币后果。

今天无论是中央政府的部门("条条")还是地方政府("块块"),无论是央企还是地方国企,要向商业银行借贷,首要的条件是要有资本金。自有的资本金越雄厚,借贷的规模就越巨大。这就是说,政府和国企的自有资本是它们获得银行贷款的"支点",是放大贷款和货币流量的条件。

粗看起来,这与普通人家并没有什么两样。普通居民家庭买房买车,要是不能一把掏现金全额付完,也可以向商业银行借贷。车价10万,你先付6万,其余每月还本付息,这6万就是你借贷那4万的"支点"。房价100万,你首付30万,你等于凭30万自己的钱"杠杆"了银行的70万。这就是说,要有信用的支点,贷款才能发生。至于杠杆的力度——资产负债比率——那是由商业银行在监管政策下由竞争形势决定的。上文提到的,我国政府和国企的资产负债率普遍比较高,因为看在我们的银行体系眼里,政府和国企项目的风险比较低。

居民家庭借贷的支点,通常来自过往收入的储蓄。即便是家人亲友帮我们一起凑成的"首付",一般也来自他们的储蓄。回到最微观的个人行为,月入一万,开销九千,省下的那一千,积少成多,就构成借贷购车购房的自有资本。简单地说,个人和家庭的收入减去开支的"盈余",是日后发生借贷的基础。

政府和国企贷款的支点,当然也有一部分来自于收支的盈余。譬如2010年央企的年度利润高达1万亿人民币以上,除了10%上缴财政,其余部分据国资委负责人公开发表的谈话,大部分用于投资。央企的投资,按我们举过的电力案例,资产负债比可以很高,杠杆力度极大,不过就其获取信贷的支点而言,也可以来自其经营的盈余。

但是,政府和国企得以实现借贷的自有资本,除了它们的收支盈余之外,还有其他来源。其中最大的一块,就是舆论沸沸扬扬、社会高度关注的"土地财政"——政府通过出让国有土地,以及征收农民集体的土地再向市场出让所形成的净收入。对此我先注明两点:第一,"土地财政"的收益范围不限于政府,也包括国企,因为国企利用的国有土地,不论是过去就占有的还是新划拨或新购入的,也都进入土地资产增值的通道;第二,土地财政不全是地方性的,因为地方的土地出让收益要与中央分成,而在中央各部委——典型如铁道部——的自有资本项下,土地资产都占了不小的一席之地。

土地收益是政府自有的资产收益。政府拥有资产,就有收益,这没有什么特别的。各国政府多多少少都拥有资产,也多多少少都享有资产收益。至于政府资产在社会总资产中的地位,那是由历史、传统和法律架构决定的,反正政府资产的数量多、质量好,收益高就是了。我的看法,中国特别的地方不是政府拥有资产,甚至也不是政府拥有的资产比较多,而是在历史形成、尚未改革的现存法律框架里,政府可以在公益用途之外的广阔领域,动用征地权把农民集体的土地变成国有土地,再在已经相当发达的国有土地市场上,实现这部分土地资产的收益套现。

这套学问说来话长,怕要写完这个货币系列之后,另找机会与感兴趣的读者细细切磋。这里提醒一句,当人们把问题冠之以"土地财政"的名目时,可能忽略了土地问题对宏观经济更为重大、也更为敏感的影响。可观察到的现象是,征地权的实施不但把一块非政府的资产变成政府和国企的资产,而且成为政府和国企大手借贷的支点,构造了颇具特色的中国货币创造的一个必不可少的环节。

说起来,上述认识产生于2004年的一次调查研究。那年我刚把前一年到耶鲁法学院访问时开始的关于农地转让权的研究报告完成,北大中国经济研究中心也举办了专题研讨会,得到同行的鼓励,准备继续深入。恰在那时,"宏观过热"卷土重来,中央财经领导小组办公室的刘鹤要中心的老师做点调研,提供一些分析,于是我和卢锋等几位同事同学去了昆山、宁波、常州、芜湖、蚌埠和长沙,东看西看,问来问去。回来后消化调查所得,同天天看宏观数据的宋国青教授讨论,最后形成一份研究报告,送出去算是交了卷。自己感受最深的地方,是此次调查在常州遇到"铁本事件",在当地第一看守所与已遭牢狱之灾的铁本老板戴国芳长谈了4个小时。事后回顾,如果没有那次经历,我不会对所谓的宏观经济问题有今天这样的关心热度。

那次调研的主要收获,就是认识到"土地财政"有更大的宏观影响。不记得我们那份报告发表过,今天时过境迁,不妨引几段7年前写下的文字以飨读者。"调查发现,在我国现行土地制度下,建设用地的供给是社会总投资形成的重要条件。一般而言,建设用地的增加直接增加了机构和个人的自有资本金,从而增加了投资的本金;然后,经过土地的评估和抵押,又扩大了这些机构和个人的信用,把更多的银行信贷动员为社会总投资。反过来,建设用地供给的减少同样对信用规模产生紧缩性影响。我们把这个经济流程称为'供地融资'。"

描述之后,是我们的理解:"在中国现行土地制度下,政府供地却类似投放货币。第一,相对于可出售建设用地的巨大市值,政府征地的直接成本非常微小,实在与发行'低成本、高面值'货币的原理非常相仿。第二,'土币'本身具有财富储存的功能,在高通货膨胀预期下,'土币'的财富存储功能甚至优于货币。第三,在供地融资的经济流程里,'土币'可以抵押借贷,从而把银行存款动员为投资。"

接着点到了我国货币供给的特色。"在我国并行于货币发行权的,还有独具特色的政府供地权。虽然人们还不习惯将政府供地与发行货币并列考察,但是在实际经验方面,城市化加速推动的国民经济增长早就体现出'土币'的作用和威力。我们观察到的基本格局如下:扩张经济时期,中央政府在实施积极的财政政策与松动银根的同时,实际上还大幅度松动了'土根'——也就是显著扩大审批征地的规模,并对地方政府在竞争压力下增发'土币'的倾向眼开眼闭;紧缩经济时期,中央政府在收紧银根的同时,还运用'冻结批地'、'集中土地审批权'等办法,实际紧缩全国供地总规模。"

  这里的"土币"和"土根",相对于货币和银根而言,意在引起对特定制度结构下货币运动的关注。不料"土根"一词倒流传开来,演变为今天还有人在用的"地根"。不过,在政策选择方面,我们当时并不赞成——今天还是不赞成——通过行政命令控制土地供应量来实现"宏观调控"。个中理由,也要另外再谈了。

2011 年 3 月 9 日

# 货币运动两个圈

上文提到的"土根"与银根并举,带有鲜明的中国特色。如果要加以评判,我的看法是贡献大,问题也大。不过眼下的当务之急,不是见仁见智地评判,而是对发生于中国特殊背景下的货币运动的实际机制,有深入的探查和理解。

是的,流通中的每一张人民币钞票,都是中国人民银行出品。这也正是法定货币制度的含义。在这套货币制度下,除了央行,任何其他中央的和地方的政府机构都无权印钞。于是,当通货膨胀压力增加、货币供给偏多的时候,人们常常会多看央行几眼,并且多议论几句有关货币政策的问题。这实在是非常正常的,也是国际惯例,因为举世皆然,并非只有中国如此。

问题是,钞票固然是货币,但货币却并非全部由钞票组成。举一个例子,商品房刚刚出来的时候,居民购房都是现金交易,大家提着钞票去,数啊数的,好在那时房价还未上天,还数得过来。后来可以拿存折或信用卡"划款",不用点钞票了。再后来,购房人可以拿老屋抵押,向银行借贷完成购房,操办过程是银行评估购房人老屋的价值,然后打个折把贷款记到购房人名下,先把全额购房款"划"给卖方,然后由购房人慢慢还本付息。到了这一步,物业买卖基本不见钞票,大家以商业银行为中介,把款子划来划去,就完成了交易。

也就是款子划来划去之际,商业银行"创造"了货币。这么想吧:购房人用于抵押的老屋,并没有卖给银行,还在自己手里,只不过被评估出一个市值,抵押给银行罢了。这里抵押的含义,是万一购房人不能按照与银行的协议按期还本付息,银行有权收走他的老屋,卖掉以抵借款。反过来,借款购房人只要照约还本付息,他就是没有向市场提供商品和劳务，也可以通过借贷拥有货币购买力。是的，借到手的钱一样可以花，划到卖方那里的购房款，对方既可以付工人薪水，也可以付供应商的材料费，当然还可以花天酒地过瘾一番。

戏法就在这个地方。购房人的老屋还没有卖到市场上，凭借把老屋抵押给银行而得以在市场上购入新房。如果还是以物易物的时代，任何人要买入商品都必须卖出商品，否则何来货币购买力？但是有了抵押借贷这一套，买家例如我们的这位购房人，即便还没有向市场供应商品，也可以凭信用——就是以老屋为凭据承诺未来还本付息——先获得货币购买力。这样，没有商品供应的货币，就经由商业银行被创造了出来。这在以物易物的时代，是完全不可想象的。

这还只是小戏法而已。因为购房人抵押老屋借到的银行贷款，很可能是别人存在银行的款项。如果那位存款人向市场提供了相应的商品或劳务，有了收入却没有花完，为未来的某种需要而储蓄在银行里，那么银行把这部分钱借给抵押老屋的购房人，顶多是把原本已退出流通的那部分货币重新"激活"，整个市场里商品与货币购买力之间的平衡还不会有大问题。问题是银行可以继续做大，譬如抵押老屋的购房人把贷款付给开发商，开发商再存入银行，银行再贷放给其他抵押贷款人。这样贷了存、存了贷，最后不受商品供给约束的"纯货币"，就可能源源不断地产生出来。横竖商业银行有了存款就可以"划"出贷款来。要现金吗？也不难，凭存款资产向唯一有权发行钞票的央行换就是了。加总起来，商业银行创造的货币可能畅旺到如下的地步，以至于流通中的货币购买力总量超过了商品和劳务的供给量。这时候，物价总水平——不仅仅是 CPI——的上涨就势不可挡。

商业银行"创造货币"的本事，也是举世皆然，本没有什么稀奇之处。不过 2009 年中国应对危机放出天量银行贷款的时候，电视里有金融专家"阐释"因为我国的信贷来自高储蓄，所以没有未来通胀高企的危险，倒着实让人大跌一回眼镜。这说明，要把商业银行和其他金融机构"创造货币"的知识在公众中加以普及，多少还是很有意义的。

但是从探查中国货币运动的角度看，我们更需要关注独具中国特色的那个部分。这就是上文写过的,银币与"土币"共存、银根与"土根"并举的货币供求机制。这里最为特别之处,是政府——容我再强调一次,不仅是地方政府,也包括中央政府部门和中央政府——动用征地权取得土地,经由评估抵押给商业银行借贷,最后在市场上完成开发,不断生成政府、企业与居民家庭的资产与债务。特色之中有共性,因为大范畴还是商业银行和金融机构的货币创造。但共性当中确有个性,因为除了普通的企业、居民家庭和个人在与商业银行的往来中参与了货币创造,中国的显著特色,是央行以外的、俗称条条块块的政府机构,在货币创造中发挥着非常积极的主导作用。

从一个角度看,政府增加供地就是把原本不在市场里的资源投放进市场,从而增加对货币的需求,可以收到平衡商品货币、抑制通胀之效(详见"水多了加面",见本书第111—114页)。问题是,资源入场转动起来之后,不能再过度增加货币,否则水多了加面、面多了加水,永无止境,宏观调控怎么也忙不赢的。但是很不幸,"供地融资"不断创造货币的机制,恰恰是加面之后又放大加水。这样看,要抑制通胀,除了熟门熟路但长远效果不佳的物价管制,还有必要对独具中国特色的供地融资机制,有更深的认识。

概括起来,中国的货币运动有两个圈。第一个圈,是央行直接掌控的基础货币运动。举世皆然之中的中国特色,是受出口主导逻辑的支配,央行用基础货币服务于汇率稳定的政策目标,从而被动超发货币而后又不断对冲调控;第二个圈,是商业银行和其他金融机构的信用创造,其中最具中国特色的是强有力政府主导的"供地融资"。两圈的交汇之处,在央行与商业银行和其他金融机构的往来之中。如果说,无日无之的央行以基础货币向商业银行大手购汇,构成近年中国货币之水的源泉,那么政府主导的供地融资,则高能放大了注入金融体系的货币流量。这是中国经济强劲增长、通胀压力不时相伴的货币基础。

宏观调控吗?请在两个货币圈上跳舞吧。

2011年3月18日

# 货币调控的中国特色

中国货币运动的两个圈圈，各有一个重点。第一个重点，是央行不断以基础货币在外汇市场上大手购汇，为稳定人民币汇率而累积增加基础货币的供应。第二个重点，是条条块块的政府及其公司具有极强的土地融资能力，经由商业银行的放贷不断创造货币。这是近年中国经济高速增长的货币基础，也是国民经济运行中不平衡、不协调、不可持续因素的货币根源。

与此相对应，中国的货币调控也形成了两个着力点。其一，央行发行多种短期央票，以回收过量放出去的基础货币。其二，央行以数量型工具（即提升法定存款准备金率），作为抑制商业银行货币创造的主要手段。近年货币调控在两个圈圈上跳舞，挥来舞去主要就是央票和法定准备金率这两把刀。让我们分别点评一番吧。

先看央票。顾名思义，央票是中央银行发出的债券，通常短期，三、六、九月不等，也有更长的。无论哪种期限，都是央行以还本付息的承诺为条件，向金融机构借钱。一般认为，当市场流动性偏多、通胀压力加大之际，央行发出央票，把商业银行的超额准备金"借"回来，锁在央行内不解冻，是对冲流动性的对症之药。至于为什么选用央票而不是国债，主要理由是央行库存的国库券不够，2002年正是央行用尽了几千亿国库券，才让央票登场，并从此大行其道。

这当然有道理。但不妨多问一句：为什么有待回收的流动性居然越来越多？这些年央行发出的多少万亿的央票，又不是天上来的黄河水，到底是从哪里来的？查数据，2002年以来央行总资产中增加最快的是"外汇占款"，也就是企业和个人结算给商业银行的外汇，又被央行用基础货币买入，最后成为国家外汇储备的那一大块。撇开细节，央行不断发央票要对冲的流动性，原来正是央行自己购汇发出去的基础货币。

问过的，央行何苦这么来来回回两头忙？也回答过，因为央行在本币币值稳定的目标之外，还要顾及人民币对美元的汇率稳定。为了汇率稳定，央行有如愚公移山，大手购汇天天不止。哪天只要少买一点，人民币对美元马上升值。央行出手，人民币汇率倒是稳定了——甚至再固定十年也不难——可过量的基础货币放了出去，有导致流动性泛滥的危险。于是，再发央票回收流动性。

问题是，央票并不能完全对冲被动超发的基础货币。几周前央行的易纲副行长到朗润园做报告，提到为持有2.85万亿美元的国家外汇储备（2010年年底），央行用了约20万亿人民币购汇，其中80%已被对冲。这说明央行兼顾汇率稳定与货币稳定付出了艰辛的努力，也积累了在开放环境里调控货币的新经验。不过在我听来，他的报告可没有以下意思，即能够兼顾汇率稳定与货币稳定的货币调控方面的中国模式已经诞生。

首先，央票并没有做到百分之百回收超发的基础货币。困难应该不是技术方面的，因为再多发20%的央票，总量上不就可以做平了吗？我的理解，困难还是来自央行的多目标——当权衡要不要更多回收基础货币时，其他目标包括保增长、保就业、保财政，甚至保商业银行的生意等等，均可能构成央行决策的约束。一时低估流动性偏多带给物价总水平的压力，是很容易发生的。特别对一个习惯于超高速增长的经济体来说，收紧流动性很容易受到四面八方的质疑、批评和埋怨。唯有通胀压力显现，才能够抵抗几乎全社会"松货币"的持久冲动。可惜，通胀信息通常要滞后很久，例如2008年上半年和今年年初我们遇见的情形。加起来看，央行用左手发出的央票，要把右手购汇花出去的每一块基础货币全部收回来，实际上面临不少困难。

最近我的发现是，即便做到总量完全相等，央行干预外汇的基础货币也还有可能发生某种"泄漏"。我这里想到的是时间对货币创造的影响。大家知道，央行每天动用基础货币购汇，但是并没有——一般也不可能——每天发行等量的央票回收商业银行由此新增的流动性。这就是说,当基础货币已经脱离央行之手,经由购汇环节落入商业银行,要经过一段或长或短的时间,才被央行发出的央票非百分之百地收回。

恰在这段时滞当中,货币运动的第二个圈圈加速转动!不是吗?商业银行今天把一笔外汇卖给了央行,今天就得到央行付出的一笔基础货币——央行则增加了相应的国家外汇储备——并在今天就可以增加信贷投放。在央行日后发央票回收这部分货币之前,商业银行"创造货币"的程序早就启动,并"创造"出实实在在的货币增量。在逻辑上,就算日后央票的总量与事前购汇基础货币的总量完全相等,也挡不住商业银行创造货币的能量。规律是:央行从增发基础货币到发央票回收的时间间隔越长,"泄漏"到商业银行的"过路货币"越多,新创造的货币量就越多。是的,时间就是金钱——这是理解近年我国基础货币增加较快,但广义货币增加更快的一条基本线索。

商业银行要增加贷款放发,就要求借款人增加抵押的资产。这就是说,可供抵押资产的增量是货币创造增量的第一个支点。讲过了,在资产形成方面,我们的中国特色异常耀眼,其中的最亮点就是条条块块政府连同掌控的公司,都可以动用征地权把原本农民的集体土地直接变成国有资产,并以此满足增加向银行贷款的抵押条件。这是"供地融资"的关键环节,也是货币创造方面的中国特色的关键所在。

这样,我们就可以理解为什么"数量型调控工具"——直接提高法定存款准备金率——成为中国货币调控的一件主打武器。原本我对有关的说明并不接受,不过听多了,不由得想想处理此事的央行官员总有他们来自操作实践的道理。现在我想通的原理如下:在中国特色的资产形成、抵押和信贷发生过程中,由于政府主导的货币创造直接依托于行政权力、行政命令和行政审批——都是数量型手段,因此中国的货币调控手段也必须以数量型为主才比较对路。否则,在物价之火上了房的紧急情况下,用价格型工具调控本质上靠数量型手段加速创造出来的货币,不免远水不解近渴。行政长官一声令下形成的土地资产和由此增发的信贷流量,由央行官员一声令下提高法定准备金率来收紧,才比较对路和管用。讲到底,在几年前本文作者戏称"价格不管用的市场经济"里,向对价格不敏感的主体挥舞价格工具,不过是对牛弹琴而已。

　　小结一下。货币运动和货币调控,逃不脱"多中有一、一中有多"。值得我们关注的,不仅是所有货币运动和调控中那些共性问题,而且是独具中国特色的那些环节。依重要性排列,我以为是:央行的多政策目标,用基础货币干预汇市汇率,以总量有缺口、回收有时滞的央票对冲,政府主导的信用创造,以及数量型工具为主的货币调控。对这些环节多做些功课,有助于我们理解中国的货币运动和货币政策。

2011 年 3 月 26 日

# 政府主导投资的经济性质

几乎所有关于中国经济的重要文告,都少不了"政府主导"这个词。走进现实经济,与此对应的现象更是比比皆是。早年改革一度高举的"政企分开"大旗,也许是敌不过普遍现实的缘故,色调日趋暗淡。相反,高歌"政府主导"的理论和政策基调大行其道。不少理论家论证,"政府间竞争"不但是中国奇迹不可或缺的组成部分,还是中国模式的真正秘密所在。偏好夸张风格的,还说这是有史以来"人类最好的经济制度"。

或许他们是对的罢。我的一点保留态度,无非是顾及经济比赛的时间相当长远,因果联系复杂多样,特别是由非常抽象的原则组成的"体制",究竟对长期经济绩效的贡献几何,多看看有益无害,不必急急忙忙马上说个明白。本文一如既往,限于讨论"政府主导"特色对货币运动和货币政策的影响。

上文提出一个问题,为什么央行以存款准备金率作为货币调控的一件主打工具?答案是,这不但与汇率压住利率的开放形势有关,而且是政府主导投资与信贷行为的一个合乎逻辑的结果。关键的一点,是上文指出,"政府主导的货币创造直接依托于行政权力、行政命令和行政审批——都是数量型手段,所以中国的货币调控手段也必须以数量型为主才比较对路。"这句话点到为止,读者有不明白的地方,我再阐释几句。

统计说,直接的政府投资在全部社会投资中的比例早已大幅度降低。这是事实。不过进入财政预算的投资项目,只是全部政府投资中的小部分而已。在财政预算之外,尚有一片广阔天地。譬如各类国企的投资,要不要算入"政府投资"范畴,各国国情不同,算法也不同。中国一般不算,但从实际情况看,国企投资常常是"更自由的"政府投资,除了免受人大审议,行为逻辑与政府投资如出一辙。

以新任铁道部部长盛光祖最近谈及的高铁票价为例。盛部长说,高铁(京沪直达)的"票价,是企业根据铁路建设成本、运营成本来测算的,最终的票价,将按照价格法的程序,经过测算后报批"(见 http://news.xinhuanet.com/politics/2011-03/30/c_121247295.htm)。盛部长这里讲到的"企业",其实就是政企不分的铁道部自己。他提及的未来铁路客运票价,将根据各项成本加以测算,再经报批才能最后决定。听起来,成本低,票价就低;票价高,只因为成本高——反正铁道部并不赚乘客的钱,舆论和公众理应对铁路票价释怀。

问题是,"成本"又是怎样决定的?譬如高铁的"建设成本",到底由什么决定?说来话长,希望了解高铁故事来龙去脉的读者,不妨读一读财新网《新世纪》记者王和岩的长篇报道。主标题很吸引人:"节约10分钟多付几十亿"。读下来,这篇报道的事实依据来自京津城际高铁。据报道,2004年国家发改委审批这条城际轨道交通时,"设计区段旅客列车的速度:满足开行时速200公里及以下列车的要求",为此批准项目概算123.4亿人民币。但2008年建成通车后,发现概算总额超出了92.1亿,平均每公里投资达1.85亿元。"建设成本"大幅度上升的主要原因,是该铁路的通行速度从"时速200公里及以下",一下子提升到时速350公里。最妙不可言的是,"什么时候改成350公里"的,连铁路系统的专家也说"大家都不知道"!

于是,京津城际就从原来批准的"200公里及以下",一下子跨越到"时速350公里"。记者算了一笔账,"京津城际全长115公里,时速从200公里调整到350公里,实际运行时间差多少呢?不到10分钟"。我帮他复算,应该是通行京津全程快了15分钟,由此增加投资概算92亿。无论哪种算法对,"节约10分钟多付几十亿"的命题还是成立的。

时速"大跃进",以成本定出来的京津城际的票价,当然"一下子就上去了"。目前二等车厢票价58元,我坐过两次,感觉舒适而快捷,从北京到天津仅27分钟而已,比从北大到北京南站的时间还要快。不过

"曲高和寡",票价终究约束需求量。报道说,京津城际在2008年8月正式开通后,第一年客流量达1 800万人次,低于预期的3 000多万人次,"而这个客流量也是在铁道部停开了京津既有线上所有动车组后才实现的"。各界广为诟病之余,还嫌票价贵的就只好另选他途,好在铁道部还不能把其他交通方式一律都给关了。

按国际铁路联盟的标准,经历多次提速达到时速200公里的中国铁路,本来就已经是"高速铁路"了。不过,这并不符合铁道部的要求。要探究的是,如果铁道部欲建世上最快的高铁并不令人意外,那么此种要大手花钱的雄心壮志,究竟如何通得过国家审批的呢?

玄机据说只有几个字。原来,十几年前围绕京沪铁路,铁道系统内外就爆发过持久的激烈论争,究竟靠"磁悬浮"还是靠"轮轨",究竟高铁要高到多高的速度等级,到底是"急建"还是"缓建",各派意见吵到2006年才见分晓——"时速380公里的高速轮轨"。这也许预示,要把京沪高铁的模式推到全国,即便不是断无可能,也将难上加难。不料,时任铁道部长的刘志军只在《中长期铁路网规划》里写入"时速200公里以上的客运专线",就轻而易举绕开所有关于高铁的争议,并于2004年通过国务院审批,成为国家铁路发展规划。

这里的奥秘在于,"客运专线"不等于高铁,而"200公里及以上",到批下来还不是铁道部说了算?

再过5年,中国应对国际金融危机,4万亿计划外加天量信贷,中国高铁再次受益。在毫无不同声音的背景里,到2020年全国规划铁路营运里程从10万公里增加到12万公里,客运专线从1.2万公里增加到1.6万公里。2010年3月铁道部宣布,在2013年前全国建成客运专线和城际铁路1.3万公里,中国将很快成为全球高铁营运里程最长的国家。

各位看客,上述每一个数目字,从时速200公里及以下到350公里,从10万公里到12万公里的全国高铁路网,从京沪高铁到遍布全国四横四纵、总里程达1.6万公里的全球最大高铁网,都实实在在要发生相应的"建设成本与营运成本"。根据盛部长宣布的成本定价原则,未来中国铁路客运的票价水准也将因此被决定。

叫人看不懂的地方,是一个人均所得目前排在全球100位的经济,投下巨资修建全球最快铁路网,经济根据究竟何在?是有不少专家预测中国在不远的将来经济总量成为全球老大,这也是有可能的。但是谁也没有预言,在可见的将来,中国的人均所得将成为全球老大。人均所得远非第一,铁路客运速度非要排名第一,这两件事情加得到一起吗?从普通人的角度想,出门赶路,快一点当然好,可是倘若早到几个钟头的代价,远高于省下的那个时间所能挣到的钱,你会无缘无故喜欢全球最高速度吗?应该无人希望,春节大批民工骑摩托车回家的悲壮画面,成为未来全球最快高铁网下普通人交通模式的一个预演。

本文不厌其详讨论高铁投资的故事,为的是借一个实例,帮助自己和读者进一步理解政府主导投资的经济特点。无论如何,这类投资依据的不是市场的相对价格,不是猜测的未来需求,也不是预期的支付意愿和支付能力。更为要害的,是这类投资的决策与其最后的结果之间,没有可靠的责任关联。刘志军留下的教训是,当舆论和公众可以问责的时候,他本人早就负不了任何责任了。但是,如此机制下做出的投资决定,继续决定了未来客户付费的"成本",也连带影响未来的价格、需求量、替代消费的选择空间。

这就是中国宏观经济的部分微观基础。至少我们要想一想,这样形成的"需求"包括投融资和信贷需求,要怎样"调控"才可能见效呢?

2011 年 4 月 2 日

# 货币是怎样炼成的?

其实,高铁投资究竟成功还是不成功,要将来才知道。上文借用高铁案例,要讨论的并不是这类手笔惊人项目的未来效果,而是这类经济活动的当期影响。很明白,不论将来的高铁全盘开张之后,究竟客似云来还是门可罗雀,也不论届时铁路的财务盈利还是亏本,只要投资立项通过审批,它就立刻对信贷、货币和物价发生影响。

也是中国国情,投资项目通过审批的级别越高,项目实施就越通行无阻。仍以高铁为例,那是国务院批准的国家项目,一经通过,方方面面必开绿灯予以支持。民营草根项目这难、那难的麻烦,到了国家项目那里,一般就不存在——这也正是举国体制的魅力所在。实例可靠,2009年国家进一步扩张高铁扩张规划,2010年铁道部就宣布三年内建成1.3万公里高铁,以万亿计的项目一下子就火爆干开了。如果像京津城际一样,实际投资远超概算,那么年度之间中国的铁路投资突然冒加出几千亿来,完全不足为奇。

这对货币供求有什么影响吗?首先,它立刻推高了对银行信贷的需求。按惯例,投资项目只要筹够了自有资本,余下的就可以向银行贷款解决。符合国情的规则是,越是政府项目,越是审批规格高的国家项目,可借贷资金的比例越高。过去这些年铁路的"跨越式发展",主要就是靠银行信贷搞起来的。当下雄心勃勃的高铁规划,不过是进一步放大过去的"成熟经验"而已。简单讲结果,更高级别的国家投资项目,直接意味着更大数量的银行信贷。

这类贷款需求也总能优先得到满足。道理同样简单,在国情约束之下,投资项目是不是"重中之重",并不取决于对预期风险与收益之类的纯商业考量,而是取决于由哪个级别的政府做出的审批。国务院批准的国家大项目,拿到哪个银行还不是响当当的?何况我国的大银行都由政府控股和控制,在这个圈子里,实现国家项目信贷的供求平衡,"交易费用"实在是很低的。

于是人们看到报道,京沪高铁上马之时,财政预算投资不足,保监会就协调若干国家保险公司对该项目投资。当这家"仅次于三峡"的铁道部"企业"筹够了自有资本,就可以大举向银行借贷。从金融流程分析,那几笔原本也趴在银行账上的保险金,一旦注入京沪高铁公司,顿时就变得活跃起来,因为从此它们就有资格充当"支点",以便京沪高铁从银行里借贷出更大数额的贷款。银行可贷放的款项,当然来自机构和个人的存款。比较神奇的地方,是机构或个人的存款也可以来自从银行得到的借款。不是吗?假如商业银行贷给京沪高铁1 000亿,后者花掉100亿,余下900亿存入银行,于是银行的可贷资金又多出来900亿!

用货币银行学的术语说,这就是商业银行具有"创造货币"的能耐。当今世界,只要还没有回到金本位和百分之百的储备制度,举世的商业银行就都有放大存贷、创造货币的功能。中国的特色之处,在于"政府主导"的投资在全部经济活动中占有很大的权重,所以行政权力可以直接参与货币创造。如高铁案例所展示的,中国特色的货币创造还不是从一个法人机构正常的银行储蓄存款开始的。在更早的源头,一纸政府公文,甚至几个全新的概念及其论证,就可以开启源源不断的货币创造的川流。

"跨越式发展的高铁"不过是中国诸多产业部门中的一个。是的,"铁公基"、电力、能源、通信等等,有哪一个部门不争跨越式发展?又有哪一个大部门不是在"政府主导"之下,在对中国经济高速增长作出贡献的同时,也对中国式的货币创造作出了伟大的贡献?

中国又是一个幅员辽阔的国家,政府的层级很多。上行下效,支配着中央"条条"的机制,也一样支配着地方的"块块"。普天之下,哪里看不到"政府主导"的投资?差别不过是省政府、市政府、县政府和镇政府,或者是由明白人管着的政府,还是糊涂人掌控的政府而已。加总到一起——这是"宏观"的含义吧——中国特色的货币创造,动能极其强大就是了。

也举一个例,前不久《人民日报》刊发的一篇文章,说全国"有 655 个城市正计划'走向世界',200 多个地级市中有 183 个正在规划建设'国际大都市'"。文章还引用国家审计署对 18 个省、16 个市和 36 个县本级的审计结果,"截至 2009 年年底,这些地方的政府性债务余额高达 2.79 万亿元"。这里的投融资机制与上述大行业的如出一辙,都是行政权力从投资的源头开始,就强有力地推动货币创造。

条条块块政府以行政权力放大银行信贷,不断创造货币,并不是单靠商业银行就可以独立完成的。讲过了,在法定不可兑现货币制度之下,流通中的每一块钱都是央行的出品。离开央行源源不断地向商业银行注入基础货币,信贷放大中的"货币创造"就是无源之水。我们的系列评论已花费不少篇幅梳理过,在稳定人民币汇率的政策约束下,央行不断大手买入外汇,在积存全球第一大国家外汇储备的同时,也把等价的人民币基础货币注入商业银行。这就是说,以基础货币干预、影响人民币汇率的形成,为行政权力放大信贷、创造货币提供了条件。

中国货币运动的两个圈圈,连到一起才实现了货币供给的惊人增长。读者也许注意到,去年年末我国广义货币(M2)余额 72.6 万亿,比 2002 年年末的 18.3 万亿增加了 54.2 万亿——八年之间几近翻了两番!如此惊人庞大的货币是怎样炼出来的?本文认为,答案要到无处不在的中国经济制度中去寻找。也许是转型中的过渡性现象,既为国民经济超高速增长奠定基础,也为物价总水平的累积性推高,准备了货币条件。

2011 年 4 月 9 日

# 流动性创造流动性

去年之前,我国广义货币在八年内翻了两番,绝对额增加了54.2万亿,创下了一个纪录。货币川流汹涌澎湃,给物价总水平带来压力是合乎逻辑的结果。这里有一个问题值得探查:流来流去的货币越滚越大,为什么没有更多地转为其他资产而"消停"下来?

不难知道,货币是容易流动的资产。摸摸口袋里的钱——银行体系以外的现金是也——只要数量足够,各位想买啥立马就可出手,"流动性"非常强。比照在银行的存款,虽然也是阁下的资产,不过当你想取用的时候,至少要到银行(包括电子银行)办一道手续,转为其他资产形态,要多一点麻烦。其中,定期存款比之于活期存款,麻烦又略大一点。再比照房产,转手套现的麻烦就更大一点。

是的,一种资产转为另外一种,难度各不相同。一般排序,现金最自由,流动的麻烦最少,所以流动性最高。活期存款次之,定期存款再次之。接下来是金融债券、优先股、普通股、地产、房产,然后是只有少数行家真正识货的投资品,例如古董宝石普洱茶。在某种特别的状态下,资产的流动性也可能忽高忽低。前一阵子,报道说国人对日本原子能电站泄漏事件反应过度,出现过一位顾客一次购食盐一吨半的!那当然也算"资产",就是一旦风潮过去,那位仁兄再想把盐变现,就难于上青天啦。

资产难以变现,流动性降低了,在有的情况下还能对经济平稳作出贡献。倒回去想,当下70万亿以上的广义货币,倘若有一部分转化为国人持有的盐,或者转化为普洱茶、房产和地产,别的问题可能突出,但至少货币调控就不需要像现在这样紧锣密鼓了吧?推理简单,货币转为流动性比较低的资产,再变现、转为活跃购买力的摩擦系数上升了,冲出来争购老百姓须臾不可或缺之物的压力就减轻了。政府反正有的是事情要忙,没有通胀威胁是不需要整天调控呀调控的。

这就带出本文的问题:为什么流动性最强的货币没有更多转为流动性较低的其他资产,从而缓解通胀以及由此而来的宏观调控压力呢?请读者区别一下,先前本文集的分析集中于为什么货币过多,本文转一个角度,问的是为什么过多的货币没有转为流动性较低的其他资产?问题的重点,不再是我国货币运动如何在两个圈圈里不断转出天量货币来,而是转出来的货币为什么没有更多地转为其他资产。

一个现成的解释,是我国属于间接融资为主的经济,银行是金融的主打,股票等其他融资通道虽然已经有所发展,但在整个融资结构中占比还是小头。金融运作以银行为中心,机构与个人向银行借贷,完成各类交易之后,还是把款项再存入银行。是故,自循环的广义货币越滚越大,通胀的货币因素挥之不去。此论听来有理,不过基本上是现象描述,因为"间接融资为主"与"货币没有更多转为非货币资产",本来就是一回事。我们要的是增加对此现象的理解。譬如,银行为主的间接融资又是哪里来的?不见得刮风下雨晒太阳,它就会从地上自己长出来吧?

以我之见,出口导向驱动的中国经济增长,是间接融资模式不断强化的坚实基础。讲过的,庞大的中国出口赚回来的外国钱,企业向商业银行结汇,商业银行再把绝大部分外汇卖给央行,转为巨额国家外汇储备。在此流程里,央行不断出手购汇,基础货币不断流入商业银行。后者"不差钱",间接融资的头寸充盈,此长彼消,直接融资的不能不受到抑制。这样看,拿基础货币为人民币汇率稳定保驾护航,客观上强化了金融体系以间接融资为主的特色。

或有读者问,这些年我国的股市发展固然不尽如人意,但地产房产不是一直火爆吗?地产房产的火爆,难道不正是人们把巨量银行储蓄转化为非货币资产吗?当然对。房地产连年火爆是事实,快速增长的地产房产由货币变过来,也是事实。更重要的是,货币一旦变成房地产,再变回货币就没有那么方便了。显然,地产房产的流动性赶不上现金与存款,有理由列入货币以外资产的行列。

问题是,近年我国地产房产增加固然迅猛,但由于一位主角的缺席,其迅猛程度还是赶不上有如黄河之水天上来的广义货币量的增加。这位主角不是别人,恰恰是主导投资的条条块块政府。不是吗?近年我国预算内财政盘子大幅增长,预算外盘子增长得似乎更快,在投资拉动 GDP 的高速增长中,房地产让多少政府忙得个不亦乐乎。可是冷静观察,在房地产这项重要的资产形成领域,政府基本上是为他人做嫁衣裳。征地、拆迁、招拍挂、管制、调控,忙早忙黑,但房地产作为资产存量,却都不是政府的。政府自用的那些新建办公楼,招眼的不少,但算为资产存量,在价值上几乎可以忽略不计。

热衷于投资的政府,忙来忙去,主要是忙过程。这与普通市场主体追求资产存量的行为逻辑,大有不同。居民家庭和市场里的公司一般在意资产存量,因为那是日后收入流的源泉。可是我们访问天下的政府,从来没人刻意介绍他们的资产状况。也许行政权力本身就是政府收入的源泉,权力就是政府的"资产"吧。否则,为什么政府的税收机关或征地机关,其"收入"与世俗定义的"资产"之多寡,完全不相干呢?现在舆论批评的 GDP 至上,其实是流量至上。我的看法,政府组织的经济特性,决定了唯有它可以流量至上。

但是在如下情况下,政府也关注资产存量。这就是为了动员更多资源,撬动银行贷款投入条条块块基础设施投资的时候,倘若银行要求提供资产担保,政府就不得不在意可动用资产的数量。要注意,即使在这个场合下,政府重流量、轻存量的特性也并没有改变。倘若银行不要求或不严格要求担保,政府才对资产存量没有兴趣哩。批个条就可以套出贷款来,谁需要知道资产究竟为何物?别说这个毛病已经改掉了,2009 年以来风起云涌的"平台融资"里的精彩故事,说明有关基因不但强壮有力,还可以随环境变化发生与时俱进的变异!

在这种情况下,政府即便关注资产存量,着眼点也是为了撬动更多的信贷,最后还是扩张了间接融资的流量。讲到底,是间接融资以国有为主的体制特征,才使政府对商业银行体系有更大的影响力。这又是一种此易彼难、此长彼消,与间接融资资源充沛相得益彰,构造了流动性创造流动性的微观基础。

2011 年 4 月 23 日

# "不差钱"有什么不妥吗?

很佩服艺术家的直觉。多少年前姜昆在春晚说北京的广场过于空广,不如改为大市场以免出事。事后证明他的预见力超凡。去年春晚,赵本山的小品"不差钱",活脱脱点出了流动性泛滥下的时代特征。还真是的,晒晒公私账本,观察各种开销记录,大江南北、黄河上下,"不差钱"随处可见。

当然是中国经济搞起来的结果。2000—2009年间,中国国民生产总值从9.8万亿增加到34.3万亿,绝对数增加了24.5万亿人民币。从支出角度看,同期中国的投资从3.5万亿到16.4万亿,增加了12.9万亿;消费从5.4万亿到16.6万亿,增加11.09万亿。好家伙,不过九年工夫,中国的年度投资加消费就增加了23.6万亿,当然"不差钱"。在社会总消费中,城镇居民消费开支增加了6.98万亿,政府消费增加了3.26万亿,人数最多的农村居民最不济,但也增加消费开支8 270亿。这些总量和结构的数据,可议之处不少,但打下了中国经济"不差钱"的基础,却是千真万确的。

问题是,"不差钱"的增加程度,远比国民经济增长来得快。2000年年末我国的广义货币存量13.46万亿,到2009年年末已达60.62万亿,增加了47.16万亿。这是说,九年之间,我国现金和银行存款(M2)的增加额,比GDP的增加额(24.5万亿)和投资与消费开支的增加额(23.6万亿),分别高出了20多万亿!

这里话分两岔说。一是上述货币增长大大快于经济增长的现象究竟是怎样形成的?二是如何理解这个现象的含义?关于第一点,本书发表的评论已提出作者的阐释。中心论点是,人民币不是天上来的黄河水,总是在制度约束下人的行为结果。具体讲,近年中国的货币运动包含两个圈圈,其一是出口导向驱动的经济高增长,在国民生产总值中累积起数目惊人的"净出口"(2000—2009年中国的净出口累积达10.4万亿人民币)。这部分"国民生产"在中国境内完成,商品和劳务净输出到境外,但相应发生的工资、税收、利润和其他服务费用却作为人民币购买力留在了境内,成为追逐国内"不足额"商品与服务的货币力量。与此相匹配,央行不断以基础货币大手购汇,在形成过量国家外汇储备的同时,也向商业银行被动注入流动性。其二,过度投资拉动经济增长,特别是条条块块政府主导的投资,更偏好银行信贷杠杆,在"供地融资"机制下,加速商业银行的货币再造。讲到底,货币增长远超过经济增长,其实就是国民经济过度依赖出口和过度依赖投资在货币上的表现。

本文要讨论的是第二点,就是怎样看待远超过经济增长的货币增长? 最近看到一些评论,主要观点是"不差钱"何惧之有? 无非就是通胀,而中国的通胀并不十分严重,或由于经济高速增长,即便有5%—6%的通胀率也没有什么大不了的。我不能同意这些观点,讲讲自己的理由以求批评吧。

说中国通胀不严重,根据是CPI,也就是消费者物价指数的表现。从数据看,上世纪80年代的CPI比进入新世纪以来要高得多,1988年的峰值为18.8%,次年还是18%,平均算,1980—1989年间为7.45%。90年代的通胀更高,平均算7.77%,峰值是1994年的CPI冲到过24.1%。比较而言,2000—2009年间的CPI平均仅为1.87%,峰值不过是2008年的5.9%。以图形描绘,新世纪以来中国的通胀指数下了一个大台阶,似乎是一只已被降服了的老虎。

但是有两点情况值得注意。首先是新千年开始的头几年,中国还没有走出上一波通缩,由此2004年以前的CPI很低,其中有一年还是负值。到了2008年,CPI再次冲高,第一季度有8.7%的纪录,不料美国金融危机对实体经济的影响显现,过度依赖出口的中国经济首当其冲,物价纷纷跳水,结果2009年的CPI不但没有继续上行,反而又一次跌为负数( -0.7% )。这一头一尾共5年,当然把CPI的平均值拉了下来。

另外一个情况,就是最近十年平均的 CPI 虽然不高,但资产市场的价格却冲劲十足。上证指数在一年半时间里从 1 000 点冲过 6 000 点,就发生在这个时段。房地产就更不用说了,"房价必升、炒房必赢"的预期,是在这十年形成并不断得到强化的。否则,何苦发这么多管制房地产市场的文件?"史上最严厉的房地产调控"又岂不是空穴来风?至于其他投资品,从商业店铺、古玩首饰、红木家具、中外艺术品、邮票、园林树木、普洱茶、大红袍直到墓地,无一例外都在这十年之间出现了史上最牛之价。

这就带来一个问题,消费者物价指数(CPI)究竟能不能完全地度量出通胀的严重程度?我的看法是不能。因为通货膨胀的定义,是流通中的货币量相对于可应市的商品与服务量太多,所以引起"物价总水平"的持续提升。消费品物价呢?不过是物价总水平的一部分。上世纪 80 年代,国人平均收入水平低,花销结构单一,人们有了钱就消费,个人和家庭的投资活动限于教育和养儿育女,一般也表现为消费开支的增加。90 年代有点变化,但很多普通人家卷入日益多样的投资活动,却是新世纪以来的新现象。从这点看,越靠近今天,CPI 反映通胀程度就越不足。到底拿什么测量更准确,见仁见智,要统计专家下定论。我自己倾向于按中文的"通胀"定义,直接看流通中货币的数量变化。这一看,新千年以来我国货币和准货币的增加量惊人:2010 年年末高达 72.6 万亿,比 2000 年年末绝对增加了 59.14 万亿!

货币决定潜在的物价总水平。现金在手,想买什么,说出手时就出手。持币而不购物的,那也是为了将来购物的方便。前提是,行为者相信未来买不会比现在买要吃价格上的亏。这就是说,预期很重要,一旦通胀预期形成,人们觉得将来买不如现在买,流通中的现金量多大,市场的"买压"就有多大。至于"准货币"即在银行里的存款和储蓄,是不是冲到街上来也成为买压的一部分,关键看真实利率。讲过的,不喂上一大块肉,笼中之虎饿极了总想往外冲。还没有全部冲出来吗?我的理解是历史记忆还有作用,存款人相信通胀指数过一段终究会下来,忍一忍不悖理性原则。

  目前的情况是,远超经济增长的广义货币增量惊人,真实利率为负,通胀预期又已形成。在此情况下,以为"不差钱"舒舒服服的,并没有什么不妥之处,我以为是短见,且是危险的短见。

2011 年 5 月 7 日

# 第三部分 治理通胀之道

# 通胀没有那么多的类别

通胀起来的时候,有关通胀的议论一般也比较活跃。这是很自然的事情,毕竟关系每个人的切身利害,又是看来很复杂的经济现象。不同的议论,牵扯不同的因果联系,也引发不同的政策选项,多一点讨论,哪怕是不同意见的交锋,可能是必要的。譬如,这一波中国通胀究竟属于哪一种类别,就值得细加辨析。

最为流行的,是把这一波在中国抬头的通胀,归为"输入型通胀"。此说的重点,是外国发生了通货膨胀,引起商品或服务的价格上涨,本国输入这些商品或服务,连带就把通胀也一并带了进来。新的证据似乎明显不过,譬如大豆、铁矿石和石油,中国的进口量都要占到本国消费量的一半以上,而这几种大商品的国际市价,无论在 2008 年 8 月前,还是于 2009 年年底之后,皆大幅上涨。大豆价带起农产品和食品之价,铁矿石带起钢铁和基建品之价,石油带起能源之价,那还不是国际的通胀输入到中国!

开放时代,一国的通胀对他国有影响,确有其事。不过,为了真正明了事情的来龙去脉,我们还是要进一步探究,所谓的通胀输入,到底在什么条件下才会实际发生。不少教本上讲授通胀输入,照例会提到"国外商品价格的传导机制"。那是说,国外商品价格上涨,会拉动本国更多的出口;同时因为进口商品的价格上涨,本国企业居民转向更多消费本国的商品。以上两股力量一起发作,把本国商品的价格拉了起来,于是外国的通胀输入了本国。

问题是,听来逻辑井然的传导机制,要一个前提条件,那就是不同的国家使用的是同一种货币!譬如甲国油价上涨,从每桶油 1 个货币单位上升为 2 个货币单位,乙国会不会扩大对甲国的出口呢?会的,但条件是此时乙国的油价是每桶油同 1 个货币单位,或至少还低于每桶油 2 个货币单位。同理,乙国减少进口甲国油、消费更多本国油,也需要衡量油价的货币值与甲国一致。这样的事情过去有过,那是金本位下国际上的价格传导,当年休谟命名为"黄金价格定律"。

金本位去如黄鹤之后,各国货币本位不同,比价即汇率可变化,上述"定律"就失效了。还以甲国油价上涨 1 倍为例,乙国会不会因此减少从甲国的进口,又增加对甲国的出口呢?答案是不一定。因为甲国油价涨一倍,就是甲国的票子毛了一倍(假定该国票子只能买油),只要乙国的票子对甲国票子也升值一倍,甲国的名义油价对乙国来说就是文风未动,那就既不要减少进口,也无需增加出口。这就是说,放弃固定汇率,允许不同国家不同货币之间的兑换率充分反映其相对币值,就不会有通胀输入这回事。反过来,如果乙国的通胀也因此加剧,那一定是汇率变动滞后,给所谓的"通胀输入"以可乘之机。无论哪种情况,人们都不要把本国的不作为,说成是外来压力不可抗拒。

按常理,甲国通胀、票子发毛,看在乙国人眼里,便不会把对方的票子看得和从前一样值钱,更不值得再拿出像原来一样多的本国票子去交换甲国货币。这是说,国家之间相对价格的变化,引发货币之间汇率的变化,原本是极其自然的。有这个微观基础,"输入型通胀"云云,在逻辑上无法自圆其说。至于汇率升得足够——拒通胀于国门之外——引发了其他代价,譬如名义出口成本的上升,则是另外一重约束。即使因此抑制了汇率变化,再连带导致通胀压力上升,那也是对内的权衡引发的通胀,而不是"外来因素"所为,更不应该得出"除了容忍无法子可想"的错误结论。

回到现实世界,当下以美元计价的大商品价格超常上涨,反映的是美元币值下降,背后是如何在全球治理结构中有效约束美元的严重问题。在这个问题解决之前,美元的超发和泛滥当然对全球都有负面影响。不过我还是认为,在全球化时代,在可约束的全球货币框架形成之前,各国独立的货币制度和货币政策还是可以有所作为。作为一个迅速崛起的经济大国,中国唯有努力发挥独立货币政策的作用,以更灵活的人民币对美元的汇率形成机制,尽力抵消国际通胀的传导。

与此相似,"成本推动型通胀"也不那么经得起推敲。按照有的教本,"在没有超额需求的情况下,由于供给方面成本的提高所引起的一般价格水平持续和显著的上涨",是为"成本型通胀"。进一步分,还有工资推动型通胀、农产品价格推动的通胀,甚至"利润推动型通胀"等等。

这里要问两个问题。第一个是弗里德曼经常问的:某一项商品的价格上涨——不论因何而起——为什么能够推动物价总水平的上涨?弗老自己的答案是,唯有货币偏多,某项商品的供不应求才能传导到其他商品的价格表现上。否则,粮食、生猪、蔬菜、劳力、土地、房子、首饰等任何商品价格的上涨,都不可避免地引起其他某些商品价格的下跌。是的,口袋里只有10元钱,买糖多花几元,买糕就只能少花几元。样样涨价还能样样都买回来,除非家里有个印钞机。

第二个问题,"成本"就无关"需求"吗?在实际生活中,哪样成本不是由花销构成的呢?花销者,持币购物的行为也。说人工成本升得急,还不是一家又一家公司争相招工的结果啊?那是买方与买方相争,激烈程度超过了卖方之间的竞争。问各家公司为什么多招工?答订单多到做不过来。订单是什么?市场对产品的需求嘛。很明白,"成本"是需求的一种表达,没有需求,何来成本?如果真的"没有超额需求",哪里会有"成本提高"这回事?再追下去,需求还不就是"以货币表达出来的需要"?人的需要无穷无尽,仅受到货币的约束而从未感到自由。这是说,离开了货币这一关键条件,我们根本不知道成本本身又是被什么推动。

比较惊世骇俗的,是"停滞型通胀",简称"滞涨"。那是欧美经济上世纪70年代的一段经验记录,即高通胀与高失业相并存。正是这段历史,把与凯恩斯大相径庭的"凯恩斯主义",活活杀下了马来。我的疑问不是这段经验,而是"滞涨"何以成为当代通胀的一个分类?近年有意思的观察是,什么时候货币政策收紧,"警惕滞涨"的舆论一般就升起来,其主要功用怕是叫停货币紧缩,即使在货币偏多已经非常明显的关口。其实,"滞""涨"本不同源。引起长期经济停滞的根源是产权无效、法治不明、过多的不当管制压制了企业家精神,而通胀的主因概莫能外,都是货币当局在诸多压力下发出过多货币。治理通胀、稳健货币,不但不会引起停滞,还是长期健康增长的重要基础。

几年前还有一个滑稽的类别,曰"结构性通胀"。那是举证,由于一些物价上冲严重,但另外一些物价平稳甚至下跌,因此即使CPI高于7%—8%,也是所谓结构性通胀,有别于凡价皆涨的一般通货膨胀。当时实在读不下去,忍不住顶了一句:牙痛就是牙痛,不要以为满口好牙,只有一个出了问题,就编排了一个"结构性牙痛"来安慰自己。我的意思是,CPI也罢,PPI也罢,更不要说把资产价格一并考虑在内的物价总水平,已经处理并包含结构信息,再也不需要王顾左右而言他。

本文也是这个立意。通胀本不复杂,无非就是流通中的货币比生产增加得更快。无端端地把通胀分出很多类别,逻辑上讲不通,徒然增加记忆负担,还可能分散治理通胀的注意力和关注点,因此没有任何可取之处。

2011年5月14日

# 高价不抱无缝的蛋

上文的结论斩钉截铁,通胀就是流通中的货币相对于生产增长过多,不需要划出那么多不同的类别,含糊别人也含糊了自己。如果这个认识对,治理通胀的政策指向也简单,那就是坚决而稳妥地收缩货币、增加生产。

有朋友问:物价呢?那些高得离谱的物价,难道不要政府管一管吗?通胀高企之时,某些商品的高价劫贫济富,不出来压一压,政府怎么交代?于是,治通胀就有另外一个政策指向,即管制物价。表现形式也多种多样:限价、限购、说服,以及对通胀时期的涨价行为给予公众舆论方面的压力。

处理通胀的货币指向和价格指向,究竟有什么分别呢?在日常生活里,人们常常通过物价的上升才感到存在通胀。一般经验,猪肉涨价,家庭主妇减少买肉,多买点鱼;碰巧鱼价也涨,再去买鸡蛋买蔬菜,要是蛋价、蔬菜价也一起涨,这位主妇买啥啥涨,不免抱怨市道,说票子"毛"了。公众舆论、不少分析师和决策者,差不多也是这样看问题,反正唯有 CPI 升起来,大家才把通胀真当一回事。

问题是,单单一位家庭主妇,绝无可能把肉价、鱼价、蛋价和菜价统统买得涨起来的。即便她富可敌国,倘若别无他人与之竞购,她再有钱也无须对任何特定商品出更高的价。涨价是无数买家竞争购买机会,且此种买方间竞争的压力,超过了卖家之间争夺出售机会竞争压力的结果。没有买家相争的行为,断无涨价的结果。买家拿什么互相竞争?还不就是竞相出价,也就是出钞票。这样看,单一商品之价上升,是竞相购买、志在必得的购买力太旺;一连串商品之价上升,是竞购这一连串商品的买家们出价过高;"物价总水平"上涨呢?则是流通中钱的总量太多,超过了商品和服务供给的可能。在任何情况下,钱多于物,其价必高。

这是说,高价背后总有钱的影子。无论如何,离开了钱的推动,不可能有高物价。钱多为源,才生出高价之水;钱多为本,才长出通胀之木。问题来了:既然高价是通货偏多的外表,为什么处理通胀的时候,政府大手打压高价,就不能由表及里,收到抑通胀的期望效果?直观之见,老百姓对抽象的、浓缩在 CPI 里的"通胀"并无多少感觉,他们真正有意见的是具体的高房价、具体的高肉价和具体的高菜价。政府管价,顺应民心,为什么经济学家有意见?

别人的理由别人说,下面写的是自己认为对的道理。中心论点是,货币推动物价高涨,但从来不是"平推"——货币供应增加一倍,所有物价皆涨一倍。在货币推动下,物价会"鼓包",即一些价格涨个飞快,另一些物价却变动平缓,甚至还有下降。通胀改变了相对价格,最后再推高物价总水平。2009 年 6 月我发表"货币似蜜,最后还是水"一文,讲的就是这个观点(见本书第 250 页)。本文继续讨论,货币增发流入市场,为什么偏偏某些物价会特别显著地鼓出来一个大包?

先要明确一点,央行从来没有直接把货币"发到"居民和企业的口袋里。事实上,除了自己的雇员,央行不给任何个人或机构"发钱"——虽然美联储主席倒是讲过,急了可以用直升飞机撒钱,不过迄今为止他们尚没有实施过。你我绝大多数人,以及绝大多数企业,口袋里的钱都不是央行发的,而是自己挣的。这里有一个谜:增加的通货,究竟怎样跑入人们的口袋,变成可支配的购买力,从而奠定物价鼓包的基础?

谜底只一个词——借贷。原来央行只与商业银行和金融机构打交道,而打交道的基本方式就是借贷。央行可以借钱给商业银行,因为它才是法定的"最后贷款人"。央行也可向商业银行借入,例如连连上调法定储备金率,就是央行依法把商业银行从储户那里借来的钱,大笔存入自己的库房。也是讲过的,近十年来央行每天大手向商业银行购入外汇,所用的基础货币其实也是央行负债。所以,货币增发第一个环,是央行把基础货币源源不断"泵入"银行系统,后者再贷放给企业和居民,完成从新增货币向新增购买力的第一波集结。有机会得到贷款的机构与个人,如果投资成功,净资产增加带来更多的收入,那是购买力的第二波集结。再往后,"借贷—资产—收入"来回发力,我们就看到一部分人先发达了起来。

逻辑简单,借贷权的分布决定着物价鼓包的基础。毕竟总要口袋里有钱,买家竞相出价,才有价格鼓包这回事。本文的着眼点,是把货币增发与借贷权分配,加到购买力形成的分析之中。借贷权分布越不普遍,物价集中鼓包的基础就越厚实。在中国这个地方,向来轻普遍、重特殊,"政策倾斜"层出不穷,"重中之重"外加"急中之急",意图无懈可击,但效果永远是借贷权高度集中。别的不提,占全国人口大多数的农村居民,明明有房有地,却难以合法贷款,当然也与价格鼓包基本无缘。不少"新潮三农专家"还振振有词,居然说还农民借贷之权会损害农民利益。

高价鼓包还要一个条件,就是借贷到手或赚到手的收入,集中于某个投资(花钱)的方向。本来未来不确定,大家对机会风险的判断不一致,所以向一切可能的方向试试运气,风险就被分散了。但是经验说,在投资空间比较狭窄、从众心理流行的地方,追涨杀跌唯恐被拉下,就容易出现因投放集中而形成的高价鼓包。再加一条,凡大手决定"投资"却又无须对投资最后结果真正负责的场合,乱"投资"蔚然成风,傻钱集中导致高价鼓包,也不是罕见的事儿。

最后,市场上冒出的高价,一般是需求集中了,但商品与服务的供给却存在着严重的障碍。这些供给方面的障碍五花八门,有的因需求过于急促而起,例如非典时期的醋和口罩,说要一起要,厂家全力开工也赶不及,加设备要等时间。有的是体制性的限制,如我们这个在国际上争取市场经济地位的国家,无论公益用地还是商业经营用地,一律通过政府征地,指标不够,唯有把地价活活憋高。与此相关,城市的密度管制也有"贡献"。我自己是看了东京皇宫周围建筑的平均高度,才相信如果北京照章办理,我们的首善之地怕不用政府打压,房地产价也断然高不到现在这个地步。容积率宽一个量级,等于显著增加供地,其他条件相同,仅此一招就抽去了高价之基。

  小结一下。货币推高物价,但推出惹人厌烦的高价和超高价,却另有隐情。粗略调查,通货经由借贷来到世间,借贷权、投资眼光以及供给障碍的集中分布,决定了某些物价的急速鼓包。一个鸡蛋三条大缝,挡不住苍蝇死命飞来一抱。拍死一只,前仆后继者不绝于途就是了。

2011 年 5 月 21 日

# 货币稳健不应该是短期政策目标

通胀浪潮袭来之时,受损的可不仅仅是所有持币人手中的货币购买力。由于增发的货币经由借贷环节才进入机构与个人的口袋,更由于借贷权的分布、需求的分布,以及供给障碍的分布一时集中到某些领域,因此通胀下的市场价格会"鼓包",即某些物价出现戏剧性的大起大落。此种"相对价格的变动",引发一波又一波趋利避害行为的超级活跃,除了在可炫耀的增长率之下错误配置资源与恶化收入分配,不会有其他结果。这才是通胀带给经济的真正危害。

因此,通胀纵容不得,非反不可。问题是,反通胀不能靠时紧时松的短期货币政策的变换,而要把所有可以灵活运用的政策工具,置于一个长期坚持的政策目标的制度统领之下。这个长期政策目标,就是货币稳健。

何谓"货币稳健"?简单明了的答案,就是保持货币币值的稳定。1994年全国人大通过的《中国人民银行法》,总则第三条规定,"货币政策目标是保持货币币值的稳定,并以此促进经济增长。"很明白,货币政策可以是松的,也可以是紧的,但无论从松还是从紧,货币政策的目标是单一的,即"保持货币币值的稳定"。货币政策当然要服务于经济社会的发展,当然也要"保增长",不过它不能背离自己的根本使命,只能唯一地通过保持币值稳定,"并以此"——而不允许以别的什么——"促进经济增长"。

在一个差不多一切都变的世界里,为什么要保持货币币值的稳定?长篇大论读者不感兴趣,开门见山只讲一条:为了便利交易。这也是货币来到人间的原因——物物交换实在麻烦无比,直到发现了"一般等价物"充当交易的媒介,麻烦才得到解决。这"一般等价物",就是度量进入交易的各色商品与劳务价值究竟几何的一把公用尺,或者一杆公平秤。否则,读者要花多少时间上班挣到钱,才能换来一份报纸看,算起来的麻烦可不小。

有了货币,一切容易。周薪500,一份报纸2元,那么上班约10分钟的收入,就可换一份报纸来读。这究竟值还是不值,读者易作判断。不过,容易中也带来新的不易,那就是这货币本身的币值要稳定,因为周薪也罢、报价也罢,其代表的单位货币购买力要前后相同,才比较好算。好比我们拿一把尺子量形形色色之物,这把尺子本身的长短要稳定,否则人们会因为度量的紊乱而带来决策的紊乱。币值不稳,阁下以区区10分钟上班的收入买份报纸,到底是值还是不值都算不清楚,那市场里每天惊人庞大的交易,麻烦就更大了。

倘若货币的币值变动,对所有商品一视同仁,升也同比例升,降也同比例降,那还好办些。周薪与报价各涨一倍,阁下还是牺牲10分钟的上班时间换得一份报纸。可是,由于上文讨论过的原因,通胀下的市场物价会"鼓包",导致货币币值对不同的商品不同的、常常是莫测的变化,这样的币值变动就随机改变了交易各方吃亏占便宜的机会,人们为求自保,可能因为交易太麻烦而退出交易!各位看客,交易是分工的基础,分工又是生产率提升的条件。不要看眼下破口大骂市场经济的人士无数,要是他们厌恶万分的市场交易规模显著缩小,包括他们在内的所有人的收入水平,挡不住也要直线下降。这里的逻辑是,币值乱,人们的预期也乱,紊乱一旦收缩交易规模,最后威胁分工与收入水平的持续提升。

那么,能够做到保持货币币值的稳定吗?答案是,不容易。以美元为例,作为当今全球最主要的国际结算货币和储备货币,要是拿黄金来衡量,1971年之前每盎司黄金可兑35美元,目前兑多少?1 500美元!三十多年时间,美元对黄金贬了多少,读者算算就知道了。反正,这年头叫"美金"的少了,美元不过就是美元,币值再不如黄金一样稳定可靠。当然,比美元更丑——币值更不稳定——的货币还有很多。前几年一位朋友带回一张津巴布韦钞票,拿起来一看,面值是1后面加了14

个零！平生没见过这么大笔的钱。不过朋友说,这张钞票在他离开津巴布韦时,只能买到一枚鸡蛋。比美元丑多了吧:拿美元买鸡蛋,就是到今天在 1 后面也无须加零的。

是的,钞票的面值多少记录着该币的币值状况。日本是上一位全球经济的老二,日元又怎么样了？去过那里几趟,换出来的日元,面值动辄就是 10 000 日元。难道是日本朋友的算术好吗？不见得吧。查战后日本,高通胀率差不多与日本高速增长的奇迹形影相伴。前不久还读到专家意见,说后发优势国家通胀较高,经济增长率也较高,算不错的组合。有道理,不过最主要的"道理",我以为还是为后起之秀放弃币值稳定的目标打开舆论大门。

2009 年,全球金融危机风波未定,莱因哈特与罗格夫出版了《这次不一样》(*This Time Is Different*)。该书的副标题是 "Eight Centuries of Financial Folly",直译就是"八个世纪的金融胡闹"。书中搜罗 66 个国家最长达 800 年来由金融事件构成的历史,发现包括主权债务危机、国内债务危机、货币危机、银行危机和通胀危机在内的金融危机在历史上屡屡发生。其中,通胀作为金融胡闹不可或缺的一位主角,总是似曾相识君又来;从 16—18 世纪,"令人惊奇的是,该时期每一个亚洲国家和欧洲国家在很多年的通货膨胀率都高于 20%,而且大多数国家多年的通货膨胀率高于 40%";在 1800—2007 年,拉美与非洲有着更为糟糕的通胀纪录不足为奇,但"那种认为亚洲国家能够避免拉美式高通胀的观念,与 20 世纪 90 年代末亚洲金融危机前认为亚洲国家能够避免违约危机的观念一样天真"！

这无非是说,保持货币币值的稳定,从经济与金融史的角度来看是一项非常不容易达成的目标。当代法定货币(fiat money)制度,为通胀痼疾的屡次发作提供了开启印钞机的技术便利。即便在贵金属货币时代,君主们认为削减铸币的贵金属含量、试图以"劣币"替代含金量足秤的良币的行为,还是史不绝书。结果是殊途同归,更多的货币供给,毫无例外地带来币值下降的结果。

人民币又怎么样了？以票面法衡量,人民币的币值稳定差强人意——毕竟60年来最大的票面值还没有超过100元。当然,日常生活的经验说,像港币那样最大面值500或1 000元,也许在很多场合会让人民币变得更为方便,并为货币流通节省可观的纸张、保管、运输与点算成本。顺着时间的展开来看,人民币的购买力还是受到了岁月的侵蚀。历年统计局公布的物价指数,加到一起记下的其实就是人民币币值的不稳定程度。本书写的"民间的金本位"(见本书第134页)——农民以实物为基准签订土地山林的长期转包合同——则从一个角度反映了本国老百姓对货币币值稳定的主观评价。汇到一起,结论是人民币的币值稳定当然优于当代世界很多国家的货币,但是,以经济总量全球第二的位置来要求,人民币币值稳定的目标,还要坚持再坚持,努力再努力。

  本文的中心意思是,不要在令人眼花缭乱的货币政策工具的运用中迷失方向。所有政策工具都是实现货币政策根本目标的手段,这个目标就是单一地保持人民币币值稳定,并以此促进经济增长。我们将在这个总观点下讨论,为保持人民币的币值稳定,当下还有哪几项绕不开的改革有待实施。

2011年5月28日

# 水多了加面

讨论货币问题始终要牢记一点,货币别无他用,只能用来购买商品与服务。虽然有报道说,美国什么地方的心理实验证明,人们在点钞票时会感到格外的开心。那应该也是真的吧。不过我以为货币本身并不是令人开心的直接原因。人们不过是基于经验,预期钞票总能买到享受,人们在数钱的时候联想到了享受,欢愉之情才油然而生的。

上文我们谈到,出口导向加上汇率机制方面的问题,导致国内过量货币追逐不足量商品的情况发生。也提到,那不是一笔小数目,2007—2008年之间由于商品出口而净剩在国内的货币购买力,每年当在2.3万亿—2.4万亿人民币之谱,占年度国民生产总值的7%—9%。这个力量呈加速累积之势:改革开放30年以来我国净出口的总量略为超过10万亿人民币,其中7.4万亿是2005年以后创造的。这就是说,现在每年净出口的商品劳务,相当于2005年前25年中国净出口的总量。这带来的可不是小沈阳式的幽默——商品出国去了,巨额货币购买力却留在了国内,买什么去啊?!

一般之见,由财政压力驱动的"主动超发货币"带来的通胀,痼疾难医,因为那是大权在握的政府有意为之,谁也没办法。但是中国这些年的经验却说明,即使在法律上制止了主动超发票子,"被动超发"甚至可以造成更为严重的市场压力。难道不是吗?2005年以来累积起来的总量7.5万亿人民币的净出口,要多大魄力的"主动"才可能造得出来啊!

经济逻辑是不管主动超发还是被动超发的。横竖货币购买力一旦形成,持币人就有权购物。你我以及天下所有持币人,本来就无从分清手中的哪一块人民币是来自"净出口"。就算可以分得清,也不能总是禁止持币人花钱的权利吧?昔日那位罗马皇帝的创见——当他的儿子反对他征厕所税时,他应答"货币没有臭味"——至今还纠缠着我们。是的,累计净剩下的天量货币,一旦要一起"行权",市场大厦将倾的危险,不是说着玩的。

似乎是一道智力题:给定以上约束,要避免严重的通胀,或避免某些市场、某些商品(叫消费品、投资品还是资产,悉听尊便)的价格冲天而起,还有别的出路吗?中国的经验说,有的。这出路不是别的,就是将原本不在市场里、不受价格机制支配的资源,推到市场里来,任由人们买来买去,资源转化而成的商品就需要货币来流通了。

80年代到云南、广西等地调查,有一个现象到处可见——公路修到哪里,砍树就砍到哪里。原来"要想富、先修路",其中也包括修通了路才容易把乱砍滥伐的木头拉到市场上去卖钱。我自己下乡时也是砍过树的,深知砍树致富,可不等于"劳动"致富。不信打量一下砍树劳动的战利品吧:一棵轰然倒地的大树,在阳光雨水里生长了十年、数十年,甚至上百年,它在市场上卖得的大价钱,只有很小一部分与砍伐劳动的辛苦有关。当年可卖300元的树木,砍伐的人工不过3元而已。就是把工具折旧、运输等七七八八的花费都算上,砍树的"剩余价值"还很可观就是了。

买家当然管不到生产者的成本。他们的着眼点只在两处:一是所买之物可带来的享受(使用价值),二是要放弃多大的其他享受才能获得此项享受(花费)。买家的行为逻辑是,以较少的花费争取尽可能多的享受。因为很多买家互相竞争,大家被迫提高出价,直到在边际上他们的出价等于心目中"物有所值"的那个点位为止。买家以出价影响生产者,后者权衡的是自己的生产成本与买家意愿出价水平之间的差额。对生产者而言,以较低的成本获取较高的售价是上选。问题是生产者之间也面临竞争,于是大家被迫降低向顾客索要之价,直到在边际上价格等于成本。

这样来看,"砍树致富"一定发生在以下区间:市场对木头商品的出价,远高于砍伐树木的成本。修路在这里助了一臂之力,因为运输代价太高势必抵消砍树劳动能挣到的额外好处。在这个交易区间里,砍树所以致富，无非是砍伐者把大自然造物主的"成本"，顺利地转化成自己的收入。

举一反三。砍树可致富，挖矿也可致富，种粮种菜种果、养猪养牛养鱼皆可致富。推而广之，举凡在市场条件下能够把"自然生产率"变成生产者收入的一切行当，均可致富。这解释了经济增长的路线，差不多在工业革命之前先有农业革命或矿业革命，也解释了中国改革开放先从农业改革开始。"初级产品"的高附加价值率，率先吸引进入、激发竞争。问题是，初级产品的需求一旦满足，造物主的恩赐就转为消费者剩余，投资人和生产者就转到工业和其他方面去打主意了。

回到本文的话题。树木在山上生长无须货币，砍下来自给自用，也不需要货币。但是，把砍下来的木头运到市场上去卖，就与货币结下不解之缘。倘若每年砍伐的商品树木构成一个流量，源源不断砍了卖、卖了砍，那就需要一个增加的货币量为之提供流通的服务。这是说，自然之物一旦被需求吸到市场上，货币数量就要增加了。这提示我们，货币的平衡之道可能是双向的：或者根除主动、被动超发票子的体制毛病，或者用本文标题的办法——水多了加面——把原本没有支付货币成本的自然资源推到市场上来"消费"货币。多少年来，"变资源优势为商品优势"的口号响彻大江南北，代表的就是后一条路线。

再翻开国民经济统计表，2007年我国国民生产总值25.9万亿人民币，其中净出口的商品和劳务2.3万亿。讲过了，这笔净出口的商品劳务出国了，但工人、老板、政府和各类服务商在生产过程中挣到手的货币却留在了国内。如果不喜欢通胀，也不喜欢如此巨量的货币冲击某个商品或资产的市场，要怎样处理才对？理论的答案是：那就砍他市值2.3万亿的木头吧——砍伐的人工另算，砍下的木头不准出口，这超额供给的货币缺口应该就可以平了。

当然是夸张的回答，意在揭示国际收支的巨额出超，可以对国内市场的平衡带来极其严重的影响。事实上，当超量货币有如黄河之水天上来的时候，独木难支天下，光靠砍树是挡不住的。我的观察，这些年市价波动出大状况的商品，诸如前几年的生猪、这两年的房地产和人工，还有最近的蔬菜绿豆等等，多少都类似木头——造物主赋予它们很高的价值，需求上有空间，过去又从未趟入市场之河。这绝不是偶然的。

　　下文我们讨论，货币冲击大敌当前，这些包含较多自然资源成分的商品，在什么条件下才能够"吃"掉那过量的货币，成为平抑物价的中流砥柱。

2011 年 9 月 4 日

# "货币深化"与改革的风风雨雨

原本不在市场里、不受价格机制支配的资源,一旦投入市场,由人们买进卖出,就产生了对货币的需求。讲过了,货币别无他用,无非是交易的帮手。交易规模扩大了,需要更多的货币是容易理解的。我们这辈人有一件事很幸运,就是亲眼目睹了中国经济从很少用货币运转,转变成需要很多货币运转的历史进程。至于今天中国的货币存量对年度产出之比差不多居地球之冠,那是以前想也没想到过的。

1978年我考到北京来念大学的时候,广义货币存量占GDP的比例不过32%。这就是说,那个时代的国民经济里,要货币发挥作用的地方非常少。人口的绝大多数,所谓"十亿人口、八亿农民",生产出来农产品的大多数,在生产队范围内记个工分就直接消费了,那是完全不需要货币的。"商品粮"部分,看似穿上了一件交易的外衣,实质还是国家统购统销,而政府为了国家工业化,又把统购价压得很低。1斤粮食1毛钱,1 000亿斤也不过100亿人民币,哪里要多少货币为农业服务?工业都是国有的,生产资料靠计划调拨,消费资料在低工资、低物价、凭票凭证的架构里,是商品也消费不了多少钱。至于自然资源,任你地下埋的、河里流的、山上长的、天上飞的,皆在指令计划掌控之中,一切"非礼莫动",有货币也无用。

放权改革最重要的就是重新界定了产权,特别是放出了转让权即交易权。农民的粮食、棉花可以按市价卖了,工厂的产品可以按市价卖了,劳动力也是商品了,人民可以自谋职业了,国有工程师可以周末指导乡镇企业赚点外快,艺人可以上街市卖艺养家活口。当时《人民日报》刊发过一幅老汉卖粮大把数钱的照片,让人过目不忘。我自己读到过最传奇的故事,是刘晓庆"走穴"时每天演出后和她母亲一起点钞票点到半夜两三点——那时人民币的面值小,真的是要数钱数到手抽筋的。把这些微观图像加起来,1985年广义货币对GDP之比为54%,1990年为82%,1993年过100%,1997年达到124%。市场化改革让中国的货币深化势不可挡。

上世纪90年代初我刚到美国加州大学洛杉矶分校(UCLA)念书时,在英文的《中国经济评论》上读到易纲的一篇论文。该文起首提出一个问题,为什么改革以来中国货币供给的增加,远远高于GNP增加值与物价指数增加值之和?根据这篇论文提供的数据,1978—1992年间,中国的现金(M0)和广义货币(M2)分别增长了20倍,但真实GNP只增加了2.3倍,而官方物价指数和自由市场价格指数也只分别增长了1.25倍和1.41倍。易纲的问题是:为什么流通中的货币量大大增加了?那无法被GNP增长与物价增长解释的"超额货币"(excess-money),究竟因何而来,最后又跑到哪里去了?

易纲提出的问题对我有很大的启发力。整个20世纪80年代,中国改革开放如火如荼,但有一项困扰如影相随,那就是"货币超发"。货币少发了当然不成,流通不足、打击生产。但是货币供给超过了经济运行的需要——即货币超发——也会带来物价上涨的压力。严重的货币超发,一定带来严重的通胀。这是货币主义大师弗里德曼反复强调的,也被无数经验事实不断验证。1980年和1988年弗里德曼两次访问中国,恰恰都是中国通胀指数高企的年代,所以国际的经济学理论能不能影响中国人的思维,是要讲点缘分的。货币主义认为,法定货币时代最要加以防范的,是政府因短期的财政压力主动超发货币,带来通胀甚至恶性通胀,最后危害人民生活和经济增长。至于怎样才能做到货币供给可控,弗里德曼的主张是"准则高于权威",也就是美联储干脆像计算机一样,恒定让货币供给略高于经济增长率3—4个百分点,坚持执行,对任何经济、政治压力一概不予理睬。

美国那样的经济,究竟能不能以略高于经济增长率的速度供应货币,是另外一个问题。但是转型中的中国经济,从改革以来货币供给就一直大大高于经济增长。这就带出很多不同的解释,比如"物价指数低估"、"强制储蓄",还有什么"货币悬浮"等等。易纲的论文提出了一个新假说,即"货币化进程增加中国经济对货币的需求",并用1978—1992年中国经济的数据予以严格验证。这里,"货币化"就是指国民经济从计划统制、自给自足向市场体系的转化,诸如农产品市场化的发展、乡镇企业的异军突起、民营企业的增长等,都带来新增的、"额外的"货币需求,从而使经济运行中货币用量增加,也解释了"超额货币"的来龙去脉。

我认为这篇论文最重要的地方,是把制度变迁引入宏观经济分析之中。很清楚,根据"货币化增加货币需求"假说,恰恰是制度变动带来了对货币需求的变化。具体到上世纪80年代和90年代初,中国能不能仅仅按照"比经济增长略高一些"的水平来控制货币供给呢?答案是不行的。因为那样就满足不了货币化进程对额外货币的需求,不但抑制经济增长,而且抑制市场化改革的推进。如果对农民、农村和非国有部门的制度变迁熟视无睹,照猫画虎地套用成熟市场经济的"货币准则",那绝对要坏事。这不是说货币主义失灵,也不是说那时中国就不存在货币超发。要点是,脱离具体的制度约束条件,即使通行天下的货币主义原理也不能为转型中国自动提供制定正确货币政策的根据。

1995年年底我回国以后,看到中国经济的货币深化方兴未艾。经济逻辑很明白:随着一样样产品的商品化,生产出产品的经济资源就有了可预期的未来货币收入流。于是,资源就有了资本化的基础。农地资产、劳力资产、建设用地资产、城市房屋资产纷纷登场,也正是在这些资产不断流转的市场过程中,产生了更巨量的货币需求。以一幅城市土地为例,过去政府一道命令说划拨给谁就划拨给谁了,批件足矣,哪里需要多少货币?城市土地可以批租之后,大规模的土地拍卖要"吃"掉多少货币啊!城镇的房改房也是这样,过去单位分房子抓阄排号,麻烦是麻烦,但那是不花钱的麻烦。房地产市场化之后,同样的房子在很多居民家庭之间转手,人们消费房子,房子就非消费货币不可。

所以,易纲那篇论文抓住的问题不但延续下来,而且越发引人注目。还是货币增加的幅度高于经济增长与物价指数之和,只不过"超额货币"的绝对量和相对量都变得数目更加巨大。更具特色的,是中国与多数发达国家走过的路径不同,在那些地方,货币存量占 GDP 之比超过了 90% 的高点之后就掉头向下。而中国的货币轨迹是继续攀升,直到广义货币存量占 GDP 之比超过 150%,甚至达到当下的 180% 以上!我们也许需要新的验证,看看资产市场化是不是比产品市场化带动更高的货币需求?不过在得出结论之前,制度分析还可以引出另外一个方向的问题:如果货币深化的进程停滞或逆转,那么过多的货币存量将因此减少了"消费需求",就转而压迫一般物价与资产价格,引发通胀与某些资产价格的狂涨。

2011 年 9 月 18 日

# 转让权影响货币数量

把货币化或货币深化纳入宏观分析,意义重大。在真实世界里,没有谁可以不关心价格水平及其变动,因为所谓看不见之手分配人间的福利与财富,主要就是经由价格变化来进行的。由此,价格水平受什么影响而变动、由什么决定变动,就不能不成为人们持久关心的话题。

经济学回答这个问题,千家万派共同享有的一个理论基础,应该是"货币数量论"。此论把物价($P$)、商品与劳务量($Q$)、货币供应量($M$)以及货币周转率($V$)联为一体,认为这四个变化的经济变量之间存在着恒定的关系,即 $PQ = MV$,也就是货币量乘以货币周转率永远等于物价乘以商品和劳务的数量。如果货币周转率基本不大变化,被看做是一个常量,那么上述方程可以推断,价格总水平分主要受货币量与商品劳务量的反向影响:给定商品劳务量,货币供应量越多,价格水平就越高;给定货币量,商品劳务量供应得越多,价格水平就越低。

也许并不是每一个读者都喜欢把经济关系说得如此公式化。不过从经验科学的角度看,只有把一个命题表述得干脆利落、毫不含糊,它才容易接受可观察现象和可感知经验的检验。同意不同意没有关系,重要的是任何人都有机会推翻货币数量论——只要你观察到货币周转率和商品劳务量不变,货币供应量的增加没有提升价格水平,或者反过来,货币周转率与货币供应量不变,商品劳务量的增加也没有降低价格水平,你就可以大声质疑、大胆推翻,甚至提出新的假说,进行新的检验,由此提升关于价格变动规律的认知水平。

就我所知,首先提出货币数量论的还不是经济学家,而是 19 世纪美国天文学家西蒙·纽康（Simon Newcomb）。这位纽康先生是美国海军天文台的数学和天文学教授，也是全美天文学会的创始会员和首任会长。1885年，他发表了一部《政治经济学原理》，其中不但厘清了经济存量与流量的区别，用图示说明人们之间的金钱流通，还提出了上引货币数量方程。虽然非经济学家对经济学作出贡献的故事，在经济学的早年时代并不罕见——亚当·斯密发表《国富论》时甚至还没有经济学，他本人是一位知名的道德哲学家——但纽康先生提出货币数量论还是有点特别。因为在他之前，不但知名的经济学家林立，而且很多前辈早就关注市场景气发生波动与金块、纸币、信心和预期的关联。但是，后来被欧文·费雪命名为"关于货币数量的理论"（quantity theory of money）还是由天文学家纽康首创。这或许与天文学极其宏大的视野，同时又坚信万物运动都可以得到精确的数学描述有关，也揭示了后来大行其道的"宏观经济学"多学科交叉的来历。

真实世界究竟有没有 $MV = PQ$ 这回事？这就要靠验证。大体分为两步：逻辑检验与实证检验。学问史说，厘定货币数量论的基本概念、推敲其逻辑以及阐释理论的行为含义，是由费雪在1909年以后完成的。至于实证检验，则不能不提到始于上世纪60年代弗里德曼和他的合作者施瓦茨（Anna J. Schwartz）完成的巨大工程。在美国国民经济研究局（NBER）的支持下，两位研究者用1867—1960年间美国的经济与金融数据，系统探查了美国货币存量周期与商业周期之间的关系。他们得出的结论，是货币存量的变化，独立地、稳定地影响经济状况、收入和价格的变化。后来被称为"货币主义"的知名格言——"通胀不过是一种货币现象"——基础就是这本《美国货币史》及其姊妹篇（《美国货币存量的趋势与周期》）。这是说，经由费雪到弗里德曼的工作，才证实了当年纽康的天才猜想，才在政策制定者和公众的头脑里，开辟出一块"货币是重要的"新天地。

中国经验当然也验证了货币数量论。不论上世纪40年代末期的恶性通胀，60年代初在严厉的物价管制下顽强地以"短缺"变现出来的通胀，还是改革后数次进入两位数的通胀——凡物价总水平持续的上涨，都可以从货币存量大幅度增加的事实中找到原因。自己的体验，倘若不是1988年高达19%的物价指数，我们这等人也不是那么容易就被弗里德曼当时访华的讲演稿所说服的。

2011 年 9 月 25 日

# 加息的不同含义

当通胀压力增加,或者资产市场价格陡然上升之际,央行加息就成为应对的一招。为什么加息就能对付通胀和资产价格飙涨呢?道理或许是这样的:利息乃货币之价,加息等于给货币加价。一般地说,货币之价增加,对货币的需求量就减少,人们少借债、少花钱,购物或购买资产的"买压"降低,上冲的物价被釜底抽薪,市场就可平稳下来。形象一点说,加息等于给货币老虎丢出一块大一点的肉,好让那厮待在笼中,不要跑到市场上来乱咬一气。

这套"安虎策",说起来是国际惯例。不少读者看过格林斯潘的回忆录(《动荡年代:一个新世界的冒险》),对这位1987年新任的美联储主席,刚上任不久就做出的加息决定,不可能不留下深刻印象。那是美联储已经连续三年没有加息后的第一次加息,1987年9月4日做出的决定,加息幅度不过50个基点(从5.5%到6%)。最初商业银行的反应是相应调高主要贷款的利率———一如政策预期,"让借钱变贵"以抑制通胀。但接下来的反应惊心动魄:10月第一周美国股市急跌6%,第二周又跌12%,其中9月16日(周五)一天时间道·琼斯指数跌了108点。等到白宫派军用专机把原本要在达拉斯发表讲演的格林斯潘接回华盛顿,9月19日(周一)的美股创下比1929年大萧条还严重的史上单日最大跌幅:道·琼斯指数一天跌508点、下挫22.5%!

美联储接着又为"稳定市场"手忙脚乱。对此,格主席的回忆录里有详细的记载。他戏称自己必须像一条"八脚章鱼"那样行动,才可勉强应付局面。那也给天下所有央行行长们上了重要的一课。拜学习曲线之福,此后的美联储加息再也没有引发如此的超级震荡。格林斯潘任美联储主席18年间,多少轮加息、减息,操盘手法越来越娴熟。这也把"加息"工具,很自然地列入货币政策"成熟兵器"的武器库。

其他按下不表,这里单追一个问题:格林斯潘那一年加的究竟是哪一种息?不难回答,因为上引《回忆录》载明,那一次把美股闹得天旋地转的"加息",加的乃是美联储"贴现率"(discount rate)。这是各成员银行以尚未到期的票据向美联储要求兑现时,美联储要求支付的贴现利率。它有时也叫再贴现率,指各成员银行将已贴现过的票据作担保,向美联储借款时所必须支付的利息。

美联储控制的另一项利息,是"联储基金利率"(Fed Funds Rate)。那也是商业银行向联储借贷的利息,不过不需要以未到期票据为凭。根据联储是美国银行体系"最后贷款人"的制度安排,各成员银行就有权在头寸不足时直接向联储借贷。美联储当然永远有钱可借。问题是,一旦央行认定市场过热,就通过加息把自己的钱变贵,以抑制商业银行向自己借钱的需求。

很清楚,美联储的"加息",无论加贴现利率还是加联储基金利率,调节的都是商业银行与央行的借贷关系。至于商业银行与其客户的关系,联储加息并没有给予直接的管制。商业银行还是自行决定它们的存贷利率。这里的"决定",受客户与客户之间的竞争以及商业银行与商业银行之间的竞争的影响,不受联储直接干预。联储加息对商业银行只有间接的影响:如果商业银行从联储得到的钱变贵了,而市场上再也无处可以得到比联储"更便宜"(即利率更低)的钱,那么商业银行可放贷数目就减少,在竞争的压力下,商业银行的贷款利息也就要加上去。

这样看,联储加息对市场的影响既间接、又重大。为什么间接的干预反倒能带来重大的市场影响?我的理解,美联储加息虽然间接影响商业银行的贷款需求,但转回来抑制的却是央行自己的货币供给量。在金融发达的美国,金融机构"创造货币"的功夫再了得,央行也还是货币供给的主渠道。关小主渠道的闸门,货币供应流量从源头收紧,所以影响巨大。加上商业银行的贷款利率跟着上浮,"创造货币"的动力也下来了。

制度环境不同,"加息"的含义也不同。以本次中国人民银行宣布的加息为例,央行说得清楚,从今年10月20日开始上调的是"金融机构人民币存贷款基准利率"。这是央行为所有商业银行划定下来的吸收存款、放出贷款的官定利率。各金融机构以此为基准,在允许的区间里上下浮动,才形成实际的存贷利率。一般地说,基准利率上调,实际存贷利率也上升,反之则反是。因此,上调存贷款基准利率也是"让借钱变得更贵",也是紧缩性的货币政策工具的运用,这是没有错的。

但是,中国式加息却是由央行直接调节金融机构与客户的关系,而并没有调节央行与金融机构的关系。央行之所以能够直接干预金融机构的存贷利率,是因为利息管制尚存,也就是一般讲的"市场化利率"的体制还没有实现。

本来过多的货币供给形成的利息率变动,天生就会先降后升。第一个阶段,货币过多,其价自贬。接下来货币之价(利息)下跌,引起对货币的需求上升。当利率跌到物价指数之下时——"负利率"是也——对货币的需求急剧上升,因为此时借钱不但可保值,还有机会升值。到了大家都看明白,谁借得到钱,谁就拿到通胀条件下参与财富转移分配的门票时,这第二阶段就来临了。此时,借钱需求旺盛、存款意愿下降,竞争的力量会把存贷利率一起推高。

这就是说,放任利率自由,市场也会加息。在这个意义上,央行本次加息,带有松动利率管制的意味。央行提高基准利率外加浮动,就是更多地利用市场自我平衡的机能。这当然值得称道。个把月前我到杭州访问泰隆商业银行,一线业务员已发现,负利率正同时压低存款的意愿和拉高借钱的需求。他们问,为什么不能提高存贷利率?日前央行的加息决定,看来顺应了市场要求。在逻辑上,早加息可能早就可以消除负利率的严重状况。真正实现利率市场化呢?大范围的严重负利率就不容易出现。

问题是,消除负利率还不等于消除通胀的压力。道理简单,即使利率在物价指数之上,物价总水平也可以升到不被接受的高水平——后者才是通胀的定义。正而高的利率,不过有助于抑制高通胀预期可能转为恶性通胀的几率,但并没有根除通胀压力。再说破一点:作为货币之价的利率,本身也是广义物价总水平的组成部分。统计上对头的话,加息也是"加价"。物价总水平过高的根源是货币总供给过大,非到源头上下工夫,无从根除。从这个观点看,仅仅调控金融机构与其客户的关系还不够,正本清源,还要调节金融机构与央行的关系,特别是根除当下央行在开放条件下被动超发货币的机制。这是说,给货币老虎多喂块肉,当然有助于把它稳在笼子里。可是,货币老虎却因此变得体型更加硕大,胃口也更好了。问题尚未根治,同志仍需努力。

2010 年 10 月 23 日

# 央行与商业银行的关系

上文讨论"中国式加息"与美国加息的不同含义。对前者而言,加息是央行略微松动利率管制,允许商业银行提高对客户的存、贷利率。美国加息呢?也讲了,无论是联储贴现率(或"再贴现率")还是联储基金利率,加的都是各商业银行向美联储借贷之息。虽然中美加息都有紧缩货币供给之意,但影响的力度还是大相径庭。这么说吧,如果中国式加息收紧的是毛细血管的货币流量,那么美国加息直接压缩了货币动脉的供血量。

或有读者问,商业银行存、贷利息一起上浮,导致客户的储蓄意愿增加、借贷需求下降,商业银行的信贷供大于求,最后还不是把"余钱"存到央行,不也同样改变了商业银行与央行之间的关系?美国加息先紧动脉、再紧毛细血管,中国加息从毛细血管紧到动脉收缩,殊途同归,究竟有什么不同嘛?

要回答这个问题,我们需要更多地了解央行与商业银行的关系。这方面,我得到的观察如下:今天中国的央行已不限于"最后贷款人"的角色,因此也不限于只通过一条货币动脉与商业银行相连。正如本系列评论特别关注的,为了人民币汇率的稳定,中国央行不断拿出基础货币到外汇交易中心向商业银行购买外汇,形成了另外一条通向商业银行的货币大动脉。如此特别的"双动脉货币循环",单靠加息——或者降息——不足以实施有效的调节。

先看第一货币动脉。像天下所有央行一样,中国人民银行也为所有商业银行承担着"最后贷款人"的职责。文献说,最早提出"最后贷款人"(lender of last resort)概念的,是18世纪末赫赫有名的一位金融家巴林爵士。他认为英格兰银行是"银行的银行",主要职能是在普通商业银行遇到危机时借钱给那些问题银行,以保证支付、抑制恐慌,也就是充当"最后贷款人"。1802年,桑顿(Thornton)比较系统地阐释了这一理论,认为要对付金融恐慌这样系统性的风险,离不开"最后贷款人"的制度安排。因为不难观察到,即使资产质量良好、有清偿能力的商业银行,也可能应付不了突发的、因恐慌引起的金融风潮——存款人突然要求债权变现,如果得不到满足就加深所有存款人以为银行将要破产的疑虑,从而引发更大规模的提现要求。这时,最后贷款人可以保证被认为有问题的银行有能力付现,制止金融恐慌的蔓延。不过,桑顿也注意到由此带来的"道德风险",即商业银行认定反正有最后贷款人"兜底",贷款的风险控制可能变得马虎大意。桑顿的建议是决不要向没有清偿能力的银行提供最后贷款,并有勇气让那些经营不善的机构破产倒闭。

早期关于最后贷款人的实践与理论,已经隐含着现代银行体系的核心矛盾。一个简单的问题是:最后贷款人的钱从何而来?初级答案是"储备",即各商业银行事先在最后贷款人那里存上一笔储备金,一旦出现金融恐慌,就动用这笔资源来"灭火"。但是,当恐慌的能量大过储备规模的时候,如何找到更强有力的货币水龙头呢?30年代美国大萧条提供了难得的机会:最后贷款人的权杖终于从JP摩根这类市场大亨的手里,转到了垄断国家信用的央行的名下。很明白,国家比个别私人资本的规模更大,也因此拥有行使最后贷款人职责的规模经济。更直截了当之处,是国家垄断了货币发行,就意味着央行拥有不受限制的提供最后贷款的能力。

央行取代私人充当最后贷款人的优势,在于它可以合法增加供给法定不可兑现货币。这似乎是对付金融风潮、银行挤兑、储户恐慌的终极利器,因为无论局势多么严峻,政府总能够通过央行紧急征收货币主义者习惯称谓的"通货膨胀税",保证把市场恐慌遏制在萌芽之中。

但是,麻烦也在这个地方。因为央行要履行最后贷款人的职能,与央行另外一个使命,即稳定币值和货币体系,在某些情况下会严重冲突。如果央行在对付金融恐慌方面表现得无所不能,以至于金融机构的道德风险超过了一定的阈值,那么拯救金融市场终究要以滥发票子——未来的货币不稳定——为代价。这类事情在金融史上屡见不鲜,而其最新也是最夸张的例证当数本次金融危机以来由伯南克领导的美联储。概括一点说,以为强大的国家干预就足以消灭金融体系的内在不稳定,至今还是有待检验的理想。

作为后来者,中国的央行如何处理不同政策目标之间的内在紧张,也只有在充满矛盾的建议和批评中摸索前进。整体上看,中国至今并没有颁布确保存款安全的法令,虽然中国人民心照不宣地相信,中国政府一定会动用其财政的和货币的力量来保障储户的基本利益。中国人民银行也从来没有明确宣布过,发生支付问题的银行和其他金融机构一定会得到"最后贷款"的服务。人们凭经验和记忆,只知道一旦出问题可能得到完全不同的处理:有央行出手注资相救的,有任其破产的,有帮忙剥离不良资产、推进重组的,也有在严惩肇事机构负责人的同时却仁慈地保护储户的。如此"没准的"处理,带来一个积极后果,储户总要仔细挑选机构,而任何机构也不能肆意妄为。我们无从知道这一切是不是出自有意的设计和安排,只是从结果看,央行的策略非常接近于90年以来流行的"建设性模糊"(Corrigan,1990)理论。该理论认为,如果最后贷款人不在事前把自己的责任讲得那么明白,也许可以让市场里的行为者好自为之,从而对付最后贷款人存在下的道德风险。

事实上,当下妨碍中国央行维持稳健货币目标的,并不是它同时要扮演的"最后贷款人"的角色。由于90年代中国大刀阔斧处理了银行的不良资产,那曾经迫使央行放出过量货币以拯救商业银行和金融机构的压力,即使没根除也基本得到解除。今天威胁人民币币值稳定的压力,主要来自上述"第二货币动脉",即央行为了人民币汇率稳定的政策目标,不断动用基础货币在中国外汇交易中心大手购汇,从而源源不断地向商业银行注入流动性。我们写下过数目字的数量级:1999年以来中国累计的净出口——商品劳务出口了,对应的货币购买力却留在了国内——超过了10万亿人民币;2007—2008年每年2.3万亿—2.4万亿元的净出口;2009年是危机冲击中国经济之年,可是我们全年的外汇储备还是增加了 4 000 多亿美金,算起来仅此一项就增加 3 万亿左右的人民币供给;2010 年虽然贸易顺差的比例有所降低,但外汇储备、外汇占款的增长还是令人瞩目。简言之,第二货币动脉的流量非常充沛,早已成为宽松货币政策的主力通道。传统的货币通道(央行借钱给商业银行)呢？流量早已发生了逆转,今天的商业银行是央行的债权人,整体看完全不需要向央行借款。

由于货币通道的变化,在中国央行加息的作用与空间都十分有限。且不说通胀时期名义利率通常低于实际利率,即使没有调整的滞后,加息也不能直接调节第二动脉里的货币运动。横竖进入中国的每一块美元究竟带出多少人民币,首先受汇率机制的调节。汇率机制缺乏弹性,我们就不可能指望利率独挑大梁。

2010 年 11 月 5 日

# 黄金管得住超发货币的冲动吗？

本周实在热闹，美联储第二波定量宽松（QE2）出笼，加上G20峰会开锣，全球经济究竟怎么了，中国又当如何应对，引发评论无数。我读到英国《经济学人》杂志提出的辩护，是说QE2虽属非常规，但毕竟还是宽松货币政策中的一种。依那位作者之见，只要行货币宽松之策，长期国债的收益率下降，股价上扬，美元汇率走低，当然可以刺激经济增长。至于此举是不是引发通胀预期，那是以后的事，反正当下美国经济，与其担心通胀，不如担心通缩。

类似"宁冒通胀之险，也要先保经济增长"的论点，我们早就耳熟能详。金融危机以来，这也差不多是全球各主要经济体共同的主旋律。美国的麻烦，在于即使进入所谓后危机时代，经济增长还是步履蹒跚，特别是失业率居高不下。既然宽松货币已帮美国渡过金融崩溃的难关，再来一回，又有什么不可以的？

批评意见的主要着眼点，是美国又一波宽松货币对全球的影响。那可是好大一个"外部性"。因为美元一身二任，既是一个国别货币，又是全球最重要的储备货币。倘若美国只以本国物价指数为依归，在美国的CPI还没有升到令公众和政客不安之前不断大手宽松货币，那美元作为一种可以流出的货币（outside money），大肆流向增长较快、通胀压力较大的新兴市场国家和地区，会不会把别人淹掉了一大片、山姆大叔自己还毫无感觉呢？

另外一个外部影响，是美元走贬等于别国货币升值。这对增加美国出口或许有利，至少很多人是这样以为的，但对他国出口就有抑制作用。如果这些受影响国家还担心经济走弱或"二次探底"，那QE2也将造福美国、遗祸他人。

不过再次定量宽松对美国自己的影响究竟如何,在一流的专家那里也很有些不同的看法。本周二,格林斯潘的前任保罗·沃克尔在2010北京国际金融论坛上讲,美国的失业压力需要几年时间逐步化解,大手松货币无济于事。这位前前任的美联储主席,前文专栏曾经推介过的,是上世纪80年代美元与黄金脱钩之后,以坚定的货币紧缩力挽美国通胀狂澜的了得人物,当然知道高失业是对付高通胀的一种代价,害怕付出必要的代价,就没有美国经济的未来。芝加哥期货市场的总裁也认为,在QE1的效果尚不清楚的情况下,急急推出QE2实属不智之举。

比较根本的,是世行行长佐立克关于重回某种修订过的金本位制度的意见。不谈细节,重建金本位的建议在每次重大的全球性金融危机后都出现过。其实奥地利学派的经济学家,多少年前就坚持非金本位不足以解决法定纸币的主张,因为管不住货币当局超发货币的冲动,市场经济的根基动摇,那就万事皆休。①

从这次危机及应对的经验来看,仅在货币政策层面的确不够,有必要到货币制度的层面观察现象、讨论问题。这当然不是说,货币政策是松还是紧,特别是各国货币松紧力度之间的协调不重要。问题是,靠开会、辩论、投票等等来决定货币政策的松与紧,定对了好办,定错了又如何?货币政策有时滞,等到发现后果不佳,再评论、再开会、再辩论、再投票?至于各国之间的货币协调,像最近美联储的第二波宽松,选在G20之前出台,摆明就是一个不交付国际讨论的事项。对他国有影响吗?影响到谁,谁去对付就是了。

于是世行行长诉诸某种形式的金本位,以此约束各国货币当局。道理简单,倘若各主要国家的货币都受到黄金的约束,全球金本位卷土重来,金融麻烦当然少得多了。以QE2为例,如果还是19世纪80年代的经典金本位,主要西方国家的货币直接就是黄金量的表达,那么除非美国财政部突然多出一大块黄金储备,伯南克就算有天大本领,也发不

---

① 例如,哈耶克早年赞成金本位(见 Hayek,1937),而后来坚定坚持金本位的则是罗斯伯德(见 Rothbard,1974)。关于这一点的概述,可看马克·史库森的《朋友还是对手》(Skousen,2005;中译本见上海人民出版社2006年版),第5章。

出6 000亿美元来购买美国的长期国债呀！即使在承诺与黄金挂钩的货币制度下，例如1971年以前的布雷顿森林体系，美联储也不容易如此宽松货币，因为持有美元的各国，不但可以口头问责，还可以凭手持美元到美国财政部兑换黄金，看看山姆大叔的承诺究竟有多少含金量。

金本位也根除了汇率战。既然各主要货币都以金为本，或与承诺金本位的货币以固定汇率相联，那就无须做什么动作也可维系汇率的稳定，国际上又何来汇率的纷争？在此环境里，国际贸易可由"黄金—价格机制"调节，甲国若对乙国有了贸易顺差，等于多赚到乙国的钱（黄金是也），钱多导致甲国物价上扬，直到贸易品成本增加，把顺差减下来；反之，逆差国的货币外流，物价下跌，在逻辑上无须逼他国升值也可恢复市场平衡。

简言之，金本位有效约束各国政府对内无从乱抽"通胀税"，对外不能通过操控货币汇率以邻为壑，以此构造和平发展经济的环境，当然是上佳的货币制度。这也是长久以来，"重返金本位"的主张屡屡出头的原因。

像讨论其他经济问题一样，良好的愿望不但令人尊敬，而且也拥有格外强大的感召力。不过，为了真的能够通向天堂，我们还是要重视实现此种愿望的条件和机制。对于种种金本位的构想，我要提醒一点，千万不要以为是黄金的物理特性，才约束了人类超发货币的冲动。

没错，黄金和其他贵金属储藏有限、开采不易，充做货币的本位，随便多供应货币的想头就受到了约束。不论多么大事不好，打别的主意可以，开货币笼头大肆放水是没门的。因为货币币值稳定，所以物价稳定，不会动不动就让市场的相对价格风起云涌，物价总水平上落无度，弄得投资者、生产者无所适从。这也是金本位制度最明显的优势。人们赞美金本位，要求回到金本位去，根据也在这个地方。

但是，黄金并不是因为不易增加的物理特性，才成为金本位货币制度的主角的。让黄金充当货币，讲到底还是人类选择的结果。要不是人类有意愿，至少愿意接受保值程度高的商品来充当交易媒介和储存手段，黄金的物理特性又有什么用？是为了交易的方便和公道，人们千选万选才从很多不同自然物质中选中了黄金的。这是说,选可靠的交易媒介是因,黄金被选中是果。倘若造物主从来没有"造出"过黄金,会不会没有其他东西跑出来满足人类关于货币的要求?我想还是有的,货币史上充做货币的物品可以开出一张单子来,而货币史并没有终结。

可是,废除金本位的也是人类。远的不说,古典的金本位那样尽如人意,为什么坚持不过第一次大战?布雷顿森林体系费了那么大的力气达成协议——据说是第一个靠国际协议运行的货币体系——为什么仅仅二十多年后就漏洞百出,最后以美国食言、布雷顿体系崩溃告结束?黄金的物理特性并没有改变,而金本位却"成也萧何,败也萧何",我们有没有一个统一的理论可以解释货币制度变化的命运?

通过这次危机,我以为关键在于人类有害怕疼痛的倾向。作为斯密认定的天生倾向交易的动物,人们需要交易媒介(货币),又担心货币币值不稳定损害交易的进行,这一种"怕痛"心理,引发了不断寻找更可靠、更保值货币的持续努力。但是,在某些情况下,超发货币——让货币贬值——也同样成为减轻短期疼痛、避免经济调整代价过大的一种手法。当企业破产、机构转型、工人失业以及政府从现存经济结构收取的税收和其他利益的难度陡然加大,超发票子能够一时减少"结构改革"的痛苦的时候,"准则至上、不通人情"的金本位就容易遭到抛弃。

这样看,实际的货币制度取向,似乎服从"两痛相权取其轻"定理。货币和物价不稳定的痛苦更大,货币制度就向金本位靠近;经济调整的痛苦更大,则向易于放水的货币制度演变。当今世界的麻烦在于,虽然全球化把主要经济体联成一气,但各国经济的"痛点"尚有不小的距离。缺乏对不同的痛点加以权衡的大体一致的感受,全球重回金本位的难度极大。如果这个判断对头,货币汇率的协调恐怕还要另辟路径。

2010年11月13日

# 民间的金本位

　　去年一月上旬,我和几位同学在都江堰一个叫茶坪的山村里小住数日。当时调查的题目是"灾后联建"。那是成都市在汶川地震后推出的一项地方政策,要点是开放城市居民和工商企业出资参与受灾农村农户住宅的灾后重建。我们住在一家刚刚建成的二层楼的农民新宅子里,房子的建筑质量、外观和内装修都相当够水准。户主说盖新房投资的大头是外来联建人出的,自己仅负责内装修。原来这家的老房子在地震中受损,按联建政策以宅基地的一小半面积的使用权为条件,找到城里的一位合作者,先修盖农民住宅,再修建归外来联建户的房子。在这所农民新居之侧,我们果然看到还有一处住宅的外壳已有了模样。这就是灾后联建:受灾损的农民户出让部分宅基地40年的使用权,换得建新居的投资。难怪我们的房东谈到联建,有份发自内心的高兴。

　　在茶坪结识了不少村民。印象最深刻的,是刘明福。老刘是茶坪的老支书,为了"培养年轻人",刚刚退了下来。在我们到达前不久,他又被推选为村长——反正是一位颇有威信的村庄领袖人物。别看老刘初中尚没毕业,他关于农村社会经济的知识可是一等一的。格外了得的地方,是他那风格鲜明、生动活泼的语言能力。譬如他赞美自己的家乡,说茶坪山好、水好、空气好的时候,就冒出了这么一句:"在这个地方要是活不过100岁,那完完全全是你个人的责任!"

　　与老刘相谈甚欢,什么问题都可以提出来向他请教。那几天的交谈得到不少宝物,今天要秀给读者看的,是与本系列评论有关的一件。那是老刘闲话家常中提到的一项承包合同,他讲得随意,我听得入神,完了还特地到他在河沿坡上的家中翻找出这份合同原件,征得老刘同意之后,把每页都拍了照存档。

故事简单。1999年刘明福承包青峰山背后莫家坡的100亩山地种植银杏。承包期从2000年到2049年共50年,双方商定的承包费总金额为3.5万元,其中前10年每年交费500元,后40年每年750元。这里有一个问题:双方当时议定的承包费,要经受得住长达半个世纪未来岁月的考验。最关键之处,是当时双方约定的承包费,几十年后究竟要交多少才算对头?

双方"多次讨论、反复协商",终于找到了解决办法。该合同第六条如下:"承包费贬值率与升值率按(19)99年12月份24K黄金价普通工艺品115元/克为标准,以后黄金价按银行售价浮沉在20%以上时才计算等值24K黄金量计算当年的承包费。"这里,"普通工艺品115元/克"这几个字是手写的,看来是合同打印好后,在签字当日查询了黄金市价之后才填写上去的。

这项条款的意思,是每年交纳的承包费,要按金价的变动给予"贬值或升值"的调整。具体的办法,就是以1999年签订合同时的金价为准,确保未来承包费的黄金平价不变。1999年的金价如合同所载明的,每克115元人民币,故500元可购黄金4.348克(=500/115)。要保证未来的承包费不贬值,无非就是确保以后每年的承包费也能购得等量的黄金。如2010年的金价为每克280元,那么要交的承包费就应该是1 217.4元,因为从黄金平价的角度看,这笔承包费恰好等于1999年议定的500元。要是2010年还是只交500元,那出让山地的那一方就亏大了。

我问这么精巧的合同条款,是谁想出来的?老刘的神情告诉我,当然非他莫属。我又问,你是要交承包费的一方,按黄金平价调节未来每年要交的承包费,对你有什么好处?老刘教育我:交易可是要讲公平的呀,再说,以后我也可能再转让,那时我就要收别人的转包费啦。他说得多明白:一是合约公平,二是买家也可能当卖家——为什么那么多公式化的"合约经济学",能明明白白说出这两点的凤毛麟角?

当然,以黄金平价来应对货币币值可能变动的合同模式,并不多见。这也正是我对他那包括了黄金条款的承包合同刮目相看的地方。

不过,我可不是为了猎奇才紧追到他家里去的。这几年在成都考察城乡统筹,看过与土地相关的合同也算不少,发现以实物商品来约定合同支付价格的,还真的很普遍。凡是涉及未来多少年的土地转让合同,通常都以粮食标价,比如每年每亩土地转让的对价是800斤到1 000斤的黄谷,或600斤到800斤的中等大米,等等。为了避免交实物的不便,这类合同一般也写明,以秋后某一时日的市场价格把实物折成货币。这么说吧,比较短期的合同(如两三年就完成的联建合同),直接写货币价;十多年的土地转包,以粮食实物计价定合约;更长期的合同则选黄金平价。

这就带来本文的标题——"民间的金本位",意思是无论法定的货币制度为何物,民间总会冒出自发的努力来维系币值的稳定。道理也简单,货币作为交易的媒介如果自身价值起落变动很大,陡然增加交易的障碍,势必抑制交易意愿、损害市场合作。市场中人趋利避害,维系币值稳定当然是他们追求的目标。

问题是,影响币值稳定或不稳定的因素实在太多了。老刘当之无愧是中国农民中的佼佼者,不过对他而言,那些影响币值稳定的因素几乎都是不可控制的。老刘当然不能决定谁当美联储主席,当然也无从控制究竟是毕生研究大萧条教训的伯南克主导美国货币政策,还是对通胀危险更敏感的其他人——例如最近公开撰文批评 QE2 的泰勒——有资格成为全球最主要储备货币的政策掌门人。老刘也无从控制美国超发的流动性究竟有多大一个量会流向中国,构成所谓"输入型通胀"的滚滚波涛。老刘甚至都不知道,在上海外滩的外汇交易中心,中国的央行年年月月日日要动用多少基础货币收购外汇,然后又要在兼顾增长和通胀种种复杂影响的情况下,决定动用多少政策工具来回收流动性,以及还有多少没收干净的流动性还在市场里流淌。还有其他等等。老刘不可能控制、影响这一切,因为他是普通人。这里普通人的定义,就是他无从控制影响币值稳定的所有因素,但币值不稳定的结果,却终究要影响他手持货币的购买力。

普通人自有普通人的办法。于是,就有了可观察的民间金本位:人们以某些商品实物,甚至以黄金为本位,重新为法定货币标价。初看起来是无法回答的问题——10年或50年之后,今天的100元人民币究竟相当于多少元?——以商品实物或黄金变动的市价来算,就能找到大体可靠的答案。这样,任凭风浪起,稳坐钓鱼船。普通人与普通人还是可以缔约做生意,还可以签订长达数十年的合同。至于实物商品和黄金的市价变动,应该是反映了供求的。更根本的,是反映了人们关于货币币值变动趋势的预期。这是在全球官方金本位制度终结之后,黄金市场仍然活跃的一个原因。

民间金本位的顽强存在,表明法定不可兑现的货币制度(fiat money)终究还是要受到一道"体制外的"约束。其积极含义,是货币当局维系币值稳定的政策取向,总会在民间得到最大多数普通人的衷心拥护。毕竟,令我辈赞叹不已的"黄金条款",讲到底也还是合约过程中的一个麻烦,要是法定货币能够保持币值稳定,这种麻烦还是能少则少、能免则免的。

2010年11月20日

# 从海外代购到境外直购

货币与物价的起伏,直接影响民生。普通百姓趋利避害的行为,常常包含深刻的经济逻辑。上文写到的民间金本位,是农民在签订山林、土地转包的长期合同时,选粮食、黄金为货币的本位,以调整法定货币的"贬值和增值"。从这个现象的分析中,我自己得到一点见识:只有本国的普通人把货币看得像黄金一样贵重,人民币才有机会实现其远大的抱负。

本文讨论另外两个现象——海外代购与境外直购。先看海外代购,这个现象并不复杂。先是国内消费者委托有机会跑外国码头的亲戚朋友,捎带买回比较稀罕的商品。慢慢地,产生了可以为陌生顾客提供服务的"代购一族"。拜网络经济的发达,境外代购成为中国电子商务市场里非常红火的一个分支。三年前,在杭州阿里巴巴总部听马云和他的年轻同事们的生动介绍,我明白海外代购势不可挡。

转述一个代购商的故事吧。主人公小优,在深圳工作,下班后在网上开店,专长代购香港商品。她的本事是熟悉香港市场和大陆客户的需求,通过网上接单、到港代购、带货入境、委托快递送货等环节,业余就把生意做了。小优是 2005 年 10 月在淘宝网上开代购网店的,几年下来,好的时候她的月销售额可达 8 万元人民币,一般也有两三万元,按代购费 10% 计,兼职月入 3 000 元至 8 000 元。

还有一个"飞飞海外直送店",创办于 2004 年,在淘宝网上也小有名气。据报道,店主陈晓飞是北京一家国际旅行社欧洲部的导游,带团游欧洲之余,为自己网上的客户代购化妆品、服装、皮包。她讲解海外代购的秘诀是差价:一款雅诗兰黛的面霜,国内专柜销价 2 600 元,但加上打折、国外出境退税等,网上代购的报价可以平到 1 600 元。这样,

"飞飞店"拥有的网上会员达3 000人。

这两例都是买家在国内、卖家也在国内。还有卖家在海外提供代购服务的,譬如一些留学生,读书之余在网上开店为国内顾客代购。听起来还真不错,逛逛商场、买买名牌就把留学的学费和生活费赚下了,比早一辈留学生靠刷盘子、送外卖、剪草地可要强多了。当然,国际大品牌也通过它们的官网,为各式中国人的海外代购提供极大的便利。我交谈过几位代购网商,她们并不需要亲自出境跑商场,而是代国内顾客到国际大品牌的官网上浏览、订货,再代办货运,就把商品直接快递到消费者手中。

海外代购,发展迅猛。淘宝网海外代购业务量,2008年第一季度达5.2亿元,比2007年第一季度增长481%。据易观国际的数据,2008年中国海外代购业务总量近29亿人民币,同比增长691%。而《2010年中国电子商务市场数据监测报告》披露,到今年6月底,海外代购市场交易总额达78.2亿元,年底可望过110亿元。

不敢说这些统计不如网下的统计可靠,但个人还是认为,海外代购的规模可能还是被低估了。10月1日我在东京开会,当晚出席东京经济大学百年庆典之前,顺道走进银座的苹果旗舰店,结果与全国工商联并购公会会长王巍先生不期而遇。问他也来看苹果吗?王答:买两台iPad送朋友。这里要确认一下,王兄当时买走的那两台iPad,应该没有计入任何海外代购的统计。那一天,我给自己买了一条接投影仪的iPad连线,当然也没有列入统计。

不管海外代购的实际规模究竟多大,惊动了国家海关可是真的。作为进出口相当于国民生产总值60%以上的外向型大国经济,中国海关总署的工作压力不可谓不惊人。可是,8月份海关下令调整进出境个人邮递物品和携带入关物品的税收政策,说明乍看像玩儿似的海外代购,在海关眼里已不再是可以眼开眼闭的小事了。记得当年请教淘宝网店店东们怎样看海外代购的兴起,她们讲的一条理由就是"商品从那些国家出来有退税,入中国没有税"。我当时就知道这里有点"失衡",因为正规入口是要抽税的。我料不到的地方,是海外代购不几年就达到媒体大标题"井喷"的程度,终于引来国家海关的关注。

我以为推动海外代购的主要动力,是人民币对美元的升值。大家看明白了:请人代购国际品牌产品的,是中国人。他(她)们口袋里的购买力,是人民币购买力。那些代购来的商品呢?一为外国货,二以美元欧元日元标价。这样的买卖,受人民币汇率变化的影响当然很大。如果人民币对外币升值,中国人口袋里的钱比照外国商品就更加值钱,就可以有更多的代购;反过来,要是人民币对外币贬值,全体中国人口袋里的货币购买力,比照外国商品就一起缩了水。统计说,2005年7月汇率开始略有浮动以后,人民币对美元升值20%多。仅此一条,对海外代购就是利好。

民间自发的海外代购行为,有教育意义。我认为首屈一指的,是海外代购表明普通的市场中人也认识到人民币升值具有多方面的含义。那流行的"人民币升值恐惧症"——这是余永定教授把脉发现的一种症状——看到的是升值增加中国出口产业成本这一面,却忽略了升值还有增加中国人购买力的另外一面。只见其弊、不见其利,以为人民币升值一定损害中国经济,甚至把人民币升值看得十恶不赦,看来并没有对人民币升值的利弊得失,作出全面和客观的衡量。

或有读者反驳,海外代购得益的尽是些白领"小资",从事出口行业的却是农民工。所以,人民币升值不利于劳苦大众。我以为这样的认识也错。白领的需求也是市场需求的一部分,而任何实际的需求都会带来市场机会,其中也包括增加农民工的就业机会。不是吗?海外代购增加的包装、发货、递送,还不是会增加国内的就业?区区在下了解的劳动者,干什么可以养家糊口、改善生活,就干什么。我不认为有哪一位劳动者生下来就赌咒发誓,除了把廉价商品源源不断生产出来输出给发达之邦,任何别的营生贵贱也不做。那年也是在马云那里,我了解到淘宝的兴起带动巨量的物流,认定扩大进口、服务内需有着巨大的带动国内就业的潜力。

不料海关加税的效果吵得沸沸扬扬之际,海外代购又发展成了境外直购!新的现象是这样的:邻近香港的深圳居民纷纷到境外直接购买消费品。这回可不是受"小资"青睐的名牌包、化妆品、时尚服装,而是老百姓居家过日子必需的菜蔬、酱油和日用品。新现象给我们上的是一门新课,要点是过大的贸易顺差终于显示出对国人福利的负面影响。在打通的市场上,国内通胀的抬头不过是真实汇率在强制性地调整。当境外商品之价低于国内市场时,有条件的普通人通过境外直购来保卫自己的货币购买力,就不足为奇了。

新现象也有重要的政策含义。它提醒决策者,抑制国内物价上涨过猛所要采取的种种措施,千万别忘了短期即可见效的一招:大手增加进口。

2010 年 11 月 27 日

# 扩大进口　抑制通胀

"通胀是一种货币现象",这实在是一句老生常谈。追根寻底,时任美国海军天文台数学和天文学教授的纽康先生(Simon Newcomb),在1885年出版的《政治经济学原理》里写下的"交易方程"(equation of exchange),就揭示了这个道理。后来,耶鲁大学的费雪教授(Irving Fisher)概括提炼的"货币数量论",讲的就是若给定货币周转速度和商品为常量,物价总水平由货币数量决定。上世纪60年代以后,美欧高居不下的物价指数造就了货币主义经济学的英雄,弗里德曼坚持以货币数量论解释物价高涨现象,让这一名言传遍天下。

中国读者理解这个命题应该没有多大的困难。在字面上,中文的"通货膨胀"直指问题的根本——是"流通中的货币"太多,才造就了物价的普遍上涨。根据中文的通胀概念,货币超发的当时已造成了"通胀",不需要等到看见物价上涨才大喊大叫的。喊也没什么用,因为那放出去的货币购买力,总要把商品追到了手里才算消停。困难的是,何谓货币超发见仁见智,非到众怒难犯的境地,人们的认识不容易"统一"。这是处理通胀问题常常滞后的原因。

虽然货币超发是所有物价高涨的共同原因,但货币超发的成因却各个不同。从中国经验看,如前文讨论过的,1995年应该被看做是一道分水岭。在那之前,财政缺口由人民银行透支,构成所谓主动超发货币的类别。90年代前半期,在承受了又一波高通胀之苦后,中国痛定思痛,由全国人大通过人民银行法,定下了央行再不得对财政透支的法则,在制度层面终止了货币的主动超发。1995年以后,加入了世贸协定的中国经济开创了史无前例的开放局面,也带来"被动超发货币"的新问题。日益庞大的贸易顺差、外国对华直接投资以及怎么摸着也不热的"热钱",一起汇成进入中国的外汇洪流。在人民币稳定汇率目标的硬约束下,央行不得不动用基础货币大手购汇,一方面形成巨量国家外汇储备,另一方面就对内转成越来越多的广义货币存量。

看在货币数量论者的眼里,超发货币打下的地基既宽又深,"物价大厦"一座座冒尖就不足为奇了。比较"反常的",倒是除了个别年份,中国的消费者物价指数并没有表现出特别恶性的状态。这又是为什么?容易想到的答案,是政府顾及民生,一旦物价异动,就出手直接管制物价,不准物价上涨。但是实际的观察,偌大一个市场经济,持续而普遍的物价管制从来就不可能有效。风口浪尖时的"金牌十二道",常常过不了多久就不了了之。真正起作用的,恐怕还是货币数量公式里的那个"$Q$",即商品数量。物价都变了,商品供给量怎么可能不变?!菜价涨刺激供菜,房价涨刺激供房,古董价涨刺激古董供应的增加——其中当然也包括假的。作为一个转型经济,中国尚没有投放到市场里来的资源有的是,市场形势危急,加大投放就是了。这就是我们讲过的"水多了加面":90年代以后,国有土地拍卖、城镇居民房改、农民工大规模离乡进城,加上土地转包和山林权转让,多少资产投入,把那被动超发的货币"积极平衡"了不少。

这样来理解,通胀就不单只是一个货币现象,而且也是商品——或广义的资源——的供应能不能对价格上涨作出灵敏反应的制度性现象。货币超过经济需要幅度的超发,固然构成物价总水平上涨的基础,但终究还要受到潜在的商品和资源对物价作出反应的能力的平衡。读者检查一下这个命题的逻辑吧:货币多、物价涨,要是紧接着有更多的资源和商品应市,价格是不是可以趋于平缓?反过来,货币多、物价涨,要是潜在的资源被关起来不许应市,那价格是不是趋向涨了还要再涨?

以近期菜价为例,民怨沸腾之际政府出手限价是标准动作,但从效果看,如果压价连带压制了供给那可是愚蠢之举。我比较欣赏的办法,是发改委下令全国运菜车辆过高速公路——有的地方连一般公路也算上——一律免收过路费。此绿色通道政策有刺激供菜之效:菜价上扬本来刺激生产,但也可能激发多放几天再卖更好价钱的念头。限期之内免过路费的办法一来，菜贩的算盘变了，因为公路运费不是个小数，抓紧机会享受优惠，不要过期作废！当然，更周全的是政府要给提供免费的高速公路补价，免得公路的供给受影响。

这说明，物价上冲时段的商品供应量不是不变的，而是可变的。很明显，变多了有助于抑通胀，变少了就是火上浇油。所以，在抑通胀的各项措施中，要特别注意刺激商品的供给弹性，万万不可压制商品的供应。这里顺便也对喜欢"举国体制"的朋友提一句：政府之举既可造福，也可为祸，端看举的是不是个地方。举对了，四两或可拨千斤；举错了，面子里子丢个干干净净。

不妨修订一下，叫"货币—商品数量论"吧。没有任何原创的新意，就是根据多少次通胀的经验，看到关键时刻商品供应量变化对物价形势变化的重要意义。商品（资源）量的变化，无论长期短期，总与政策、制度状况息息相关。

也正是这点心得，让我对上文讲述的海外代购、境外直购，有非常正面的评价。本来，出口导向战略带来的国际收支不平衡，不但对外"失衡"，而且对内也失衡（见"出口导向的国内平衡"，本书第55页）。根本的解决之道，不是人为压缩中国出口，而是主动扩大进口，在更充分发挥自己与贸易伙伴比较优势的基础上，达成国际收支的基本平衡。

那么，是什么力量影响了中国进口的扩大？讲起来因素颇多，我们以后还要讨论。其中比较根本的，我认为还是人民币汇率的形成机制。因为从进口的角度看问题，人民币汇率的水平决定着中国人花美元买国外商品劳务——进口——的机会成本。以2005年前的汇率为例，中国人每花1美元，就要放弃人民币8.26元。放弃者，成本也。2005年7月后人民币对美元升值20%以上，那就是国人花美元购洋货的成本降低了20%。经济逻辑说，代价降低、需求量上升。这样推理，人民币汇率升值定有扩大进口之效。

果不其然，人民币汇率一升再升（今年6月19日）之际，国人的海外代购、境外直购就流行了起来。除了国内外部分商品的相对价格变得利于国人购买外国货之外——这是汇率升值的直接后果——进口税费的设置和服务是否便利,对进口流量有非常灵敏的影响。无数普通网商在关税未加注意时就率先自发行动,才显示了新潮流的重要含义:对外有助于平息贸易保护主义,对内增加商品和劳务的供给,有助于抑制通胀。从这个角度看,对海外代购、直购严格税收的做法虽出于维系不同贸易通道之间的税负公平,但更为可取的做法,却是审时度势,适度平减进口税费和进一步提供进口服务便利。毕竟,每增加一块钱国外商品的进口,就是为平息国内通胀压力增添了一份积极力量。

2010 年 11 月 4 日

# 通货膨胀与农民

每次物价大幅上涨,都免不了扯上农业与农民。上世纪80年代我在杜润生领导下做调查研究工作,就受到过这个"联系"的困扰。最近物价趋紧,相关论调又起,似曾相识,决定为文略加分析。

以今年11月份的物价为例。国家统计局公布的指标数据是这样的:居民消费价格同比上涨5.1%,其中,消费品价格上涨5.9%,服务项目价格上涨2.6%。在消费品八大类商品中,食品价格同比上涨11.7%,居住价格同比上涨5.8%,医疗保健及个人用品类价格同比上涨4.0%,其余涨幅不高,有两类消费品的价格还下降了。统计局发言人因此说,11月我国物价指数上涨的主要推手是食品,因为"11月份全国食品类价格同比上涨了11.7%,拉动CPI上涨3.8个百分点,贡献率是74%"。

此条新闻,大有讲究。我注意到,央视在播发国家统计局发言人公布并解释上引物价指数的时候,屏幕上显示的"贡献"一词,打上了引号。各家平面媒体的报道,我看到的也一律给"贡献"打引号。很可能,国家统计局发出的新闻通稿就是这样处理的。

很明白,对物价上涨作出了"贡献",可不算什么好事情。不打个引号处理,似乎就把通胀之责,归给了食品和农产品。农产品又是农民生产的,于是,通胀责任的链条就追到了农村、农业和农民,似乎通胀就是由农产品推动,通胀的受益人就是农民。现在,"贡献"加上了引号,追究农业和农民责任的含义减轻了一点,但农民与通胀究竟是个什么关系,还有不小的模糊。在城镇居家过日子的,菜篮子、米袋子之价涨了,钱袋子就瘪了。涨瘪之间,居民骂商人,商人说进货成本,用不了几下子就追到了农业和农民。

那么,农业和农民对物价总水平到底有没有贡献呢?看来是有的。原因简单,离开了物价统计,谁也无从观察物价总水平。成千上万的消费品和服务,林林总总要在限定的时间内公布出一个物价指数,可行的办法只能分类加总。目前我国就是把八大类消费品外加若干服务项的价格变动,合成出一个消费者物价指数(CPI)。统计局另一位发言人今年6月讲过的,中国目前CPI中,食品占比在40%左右,居住类的权重约为15%。食品占比最高,变动一小点的影响就很大。像今年11月份的情况,食品本身涨价幅度最高(11.7%),又是物价指数里最高的权重(40%),一起拉动了CPI同比上涨3.8个百分点,占整个消费者物价指数同比上涨5.1个百分点的74%。此贡献,真材实料,应该不需要加引号的。

但是,说食品和农产品价格上涨对物价统计指数作出了贡献,绝不等于说食品价格就是CPI上涨的原因,更不等于说食品和农产品就是通胀的祸首!问个小问题吧:食品价格又因何而涨?农产品价格又因为什么而高?按照很流行的"成本决定价格"的思维,农产品价格上涨是被农产品的成本上涨"顶"起来的——生产农产品的人工、化肥、农资、燃料、物流等等的成本,今年以来不也是升得很急吗?

是的,在市场之中每个人的产出都构成别人的成本。要追通胀的源头,买米的举报卖米的,卖米的举报卖化肥的,卖化肥的举报卖化肥原料的,卖化肥原料的说那是人工贵啦,工人则说还不是因为他们吃的米贵啦!这样来回转圈的游戏,我从上世纪80年代就经历多回。反正每遇物价上涨、人言滔滔之际,各部门众君子都非常谦虚,非要把"贡献"算到别人头上才算完。转来转去,查成本的成本——哪项生产是没有成本的呢?——才发现每个环节都很"无辜",所有产出品的价格上涨是因为各自上游的成本价格在上涨。

把所有供求连到一起,也许从另外一个方向比较容易走出来。试试看:米价上涨是因为买米者互相竞争,你不出价我出价,斗来斗去就把米价拉上来了。买米者敢出价是因为他自己的收入涨,那又是因为雇工的需求旺盛,谁在"招工难"中出价高,谁就得工人。再追上去,是市场的订单多，才拉动了多招工；订单多又是因为市场需求的拉动。如此一律向下游产出品的方向追，追来追去就发现每一个环节都是因为需求的拉动——别人对你产品的需求旺，导致你对上游产品的需求也旺。这样看，所有成本之价都是被需求拉起来的。

那么，何谓"需求"？我喜欢用的定义是，"以货币表达的需要"。人类的需要永无止境，受到的实际约束主要就是货币购买力。照此定义，货币才是需求的要害，也是物价总水平变化的真正关键。个别商品的价格上涨是因为对此商品的需求超过了它的供给，物价总水平的上涨是因为——也仅仅只是因为——总需求的上涨超过了总的供给。任何一个经济，货币供应量高于商品和服务量的增加，总会带来通货膨胀。说什么"成本型通胀"或"输入型通胀"，离开了货币和需求都是天方夜谭——横竖口袋里没钱，或有钱也死不购物，那是任什么价也是涨不起来的。

忍不住再次肯定中文"通胀"的准确性。通者，流通也，"货"就是货币。没有流通中货币过多这个条件，物价总水平不可能上扬。英文的 inflation 不过是说膨胀，至于究竟是物价膨胀，还是货币膨胀，可以见仁见智的。中文的通胀，有助于直指根本，发现流通中的货币偏多就可定断通胀的出现，并从货币层面采取措施。要知道，价格涨起来的时候像发疹子一样，这一点、那一点的，开始都是个别的、少数的，各有特别的成因，或按流行之说，是所谓"结构性"的。但是，只要流通中货币总量偏多，早晚会把物价拉上来。到了能够"看见"的时候，常常物价之火就上房了。

因此，说农民、农业和农产品对通胀作出了贡献，是无稽之谈。加引号也不行，因为根本就没有这回事。准确地说，农产品和食品的价格上涨"反映"了通胀，因为在现行的物价统计体系里，食品价格占 CPI 的比重高，一旦食品价格上涨较快，物价指数就显著上涨。食品价格像任何其他商品价格一样，是市场供求在竞争中决定的。总的货币供给偏大，会一个接一个地把物价拉上来。在任何情况下，农产品和食品本身都没有能力推动通胀。

以上分析也反对另外一个观点,即通胀有利于农业和农民。虽然可观察的通胀与农产品和食品的价格上涨有关,但并不意味农民可以在通胀中受益。第一点理由上文讲过,农产品的成本在通胀中也在涨,农民也要承受生产成本上涨的压力。第二点理由以前讲过,由于今天不少农民也在市场上买米、买菜、买肉,因此农产品价格涨得凶,农民的实际收入还有下降的一面。11月份的数据说,城市CPI上涨4.9%,农村上涨5.6%,其中食品和农产品的"贡献"也不小就是了。

要补充的是第三点。在经验上,对通胀导致的货币贬值,人们可以持有实物资产——特别是土地资产——来趋利避害。李嘉图当年"通胀有利于农民"的立论基础,是英国农民拥有土地财产权,所以通胀下市场对土地的需求上升,农民作为土地的所有者或有利可图。今天的中国农民虽然也拥有土地房产,但财产权利还不充分,特别是合法的转让权远没有发育起来,要享受"李嘉图效果"又从何谈起?什么时候,像成都那样高举"还权赋能"改革纲领、系统确立农民土地房产转让权的地方多了,我们再来讨论这个问题吧。

2010年12月18日

# 伊拉克蜜枣与治理通胀

通货膨胀的本质是流通中的货币过多。但是,表现出来并引起公众高度关注的,则是物价的上涨。这就带来了一个问题:究竟怎样处理物价问题,才能比较有效地抑制通胀?流行之见,管物价就是治通胀,反过来治通胀就是管物价,讲来讲去是一回事。

似乎是无懈可击的结论。不是吗?货币的主要用途是购买商品与服务,居民、企业和其他机构拥有的货币资产别无他用,主要就是用来花的。可是在通胀环境里,钱多商品少,人们一起花钱势必抬升物价,降低货币的购买力。这不但显示出通胀,还会加强通胀预期,进一步鼓动人们购买商品或其他实物资产,从而进一步推高物价。

一个办法是加息。讲过的,那就好比给货币老虎多喂块肉,让它乖乖趴在笼子里别出来乱晃悠。在逻辑上,只要加息足够,再凶的货币老虎也会趴下的。1988年大陆通胀高企之时,有重量级智囊到香港向有关台湾财经人士问计,对方的经验之谈就是大幅度加息。说"利息不管用",那是因为加息不到位。加息到位,岂能不管用?

问题是加息要产生其他代价。譬如当下的情形,中国加息将进一步拉高与欧美日本息口之间的差距,结果"钱往高处流",进入中国的货币老虎不小反大,令人头痛。还有加息会冷却经济增长的速度,很多人是不是承受得了,也是一个问题。因此在现实世界,加息不到位的事情是常常会发生的。至于今天中国的货币运动为什么令我们难以模仿美式加息,我在"加息的不同含义"以及"央行与商业银行的关系"两文中已经有过探讨(见本书第122—129页)。

另外一个办法,是管制物价。直接管价,谁涨价就找谁的麻烦,横竖"哄抬物价、扰乱市场秩序"是自古以来的现成罪名。虽然自斯密以来,经济学家支持直接价管的少,批评的多,但到了风口浪尖的关头,无论东方西方,执政者多半不加理会就是了。一个原因,是公众也常常支持价管,或干脆要求价管。我以为,这是价格管制挥之不去的原因。毕竟,政治家执政靠的是数人(即人民的支持),而不是任何经济学的逻辑。只不过在经验上,直接的价管既打击供给,也加大行政成本,所以任何长期实行价管的地方,经济不可能有起色。

比较新鲜的招数是"管理需求"。说白了,就是以行政、立法或其他措施,限制消费者购买商品与服务的数量,通过管束需求的量,把物价水平压下来。这其实是一种间接的价格管制,但着力点不是管卖方的要价和成交价,而是直接限制买方的购物数量。反正在市场里,价格升降影响购买量;反过来,购买量也影响价格升降。通过限制购买量,总可以把某种商品的市场成交价格压下来,这在经验上是成立的。

本文要说的是,以限量压制某些商品之价格,虽然一时可以达到限价的目的,但并不等于因此就压住了通胀。搞得不好,一波未平、一波又起,把物价上涨从一个商品"撵"向另外一个商品。忙来忙去,就把整个物价水平都运动上去了。

为什么出现事与愿违的反效果?追根溯源,通胀还是因为流通中的货币过多。人们受通胀预期的驱使,持币在手,欲以购买商品和资产来保值、免受通胀的损失。这里包含的行为逻辑像铁一样硬,不是轻而易举就能废除的。政府出台限购甲物的禁令,当然可以"平稳"甲物之价。但人们的货币资产还在,市场的货币购买力还在,不准购甲物,人家就转向购乙物。你再禁购或限购乙物,人家又转购丙物。移来推去,货币购买力在市场里"漫游",物价上涨此起彼落,一道道的禁购令有可能成为物价总水平上涨的积极推手。

换个角度想问题。给定流通中的货币偏多、加息又不能一步到位的现实,较高的市场成交价不但"反映"通胀,其本身也会"释放"部分通胀的压力。先这么想吧:人们花钱买了米、买了面,或者买了车、买了房,这部分花出去的钱就转为商品实物,或转为实物资产。到手的米、面、车、房当然可以再卖,再次转为货币资产和货币购买力,但一般不是那么容易。因为商品或需要马上消费,或资产再变现有交易费用的麻烦。更重要的是,既然因为不看好货币的保值功能才加入花钱者的行列,这部分买家一般就不再偏好持币,而宁愿持有商品和实物资产。这样一来,原来他们手持的流动性,是不是就"消停"了?

有读者会说,那可不一定。买家付钱持物,那卖家不是正好倒过来,售出物品、收回货币吗?那些卖米、卖面、卖车、卖房的,他们收到了钱再花出去,存量货币资产继续流动,市场里的货币购买力并没有减少,买方以货币购买力压迫物价上升的压力岂不是依然存在吗?

好问题,终于点到了货币的迷人之处。货币(currency)者,流通中的钱是也。所以货币的显著特点是不断地在市场里转、转、转。买家付账、卖家收钱,完成一次流通。轮到卖家花钱的时候,他又充当买家,付出货币得到商品,钱又完成一次流通。如此生生不息,钱在市场里不停地打转,协助专业化分工的社会生产体系实现商品、服务和资产的不断换手。

明白了这一层,再深想一个问题吧:当货币不断在天下无数买家卖家之间转来转去之际,是不是存在某种可能性,那就是处于某个流通环节的卖方,收入的货币很多,再花出来的钱却比较少一点?这一多一少货币购买力之间的差额,是不是可能暂时地,甚至永久性地退出货币流通,以达到让货币老虎"变瘦",从而根本降低市场的通胀压力?

让我以经验来说明,这样的"好事"还真的是有的。那是上世纪60年代的故事,我在上海读小学、升中学。记忆之中,每天上学的路上都要受到美味食物的诱惑。那是"三年困难时期",粮食和副食的供应极度紧张,政府松动政策,允许"自由市场"开放。于是通向学校的街道两侧,摆满了各式食品摊位。什么吃的都有,就是价钱不菲,比凭本计划供应的,要贵上很多倍。可惜家母教育孩子的准则,是从来不给零花钱,唯有她认为合理的需要才酌量拨款。这样,我对路边诱人食物的需求当然"刚性为零"。好在家里还有网开一面的地方,就是妈妈买了一大罐伊拉克蜜枣,锁在大衣柜里,每过一段时间,拿出来发孩子几个过过瘾。那时的伊拉克蜜枣,进口的,每市斤要卖5块人民币——那可是

20世纪60年代的5块钱!

  后来读《陈云文选》,才懂得这是处理60年代通胀的措施之一。陈云说:"一九六二年货币流通量达到一百三十亿元,而社会流通量只要七十亿元,另外六十亿元怎么办?就是搞了几种高价商品,一下子收回六十亿元,市场物价就稳定了。"(《陈云文选》第三卷,人民出版社1995年版,第377页)。这里的"几种高价商品",也包括本文作者当年吃过一个就永远记住一个国家名字的伊拉克蜜枣。

  计划经济下也有通货膨胀吗?有的。成因也一样,"钞票发得太多,导致通货膨胀"。当时钞票多发的原因,是"一九五八年以来四年(国家财政)账面上收大于支的数字'显然是有虚假的',实际上,'四年来国家有很大的亏空'。'初步估算,可能有二百几十亿元,或者更多一些。'其中,一九六一年国家亏空五十七亿七千万元。一九六二年,……实际上有一个相当大的赤字,计五十亿元"(见《陈云传》,中央文献出版社2005年版,第1300页)。

  结果是,"这几年挖了商业库存,涨了物价,动用了很大一部分黄金、白银和外汇的储备,在对外贸易上还欠了债,并且多发了六七十亿元票子来弥补财政赤字,这些,都是通货膨胀的表现"。"原因很简单:一方面支出钞票多;另一方面,农业、轻工业减产,国家掌握的商品少,这两方面不能平衡。"治本之策,当然是增加农产品和轻工产品的供应,同时控制货币供应,并想办法把已经在流通中的货币存量收回来。

  这里非常重要的一课,是千万不要以为把所有物价都冻结起来,就等于控制了通货膨胀。要明确,稳定物价绝不等于稳定通胀,正如管住了温度计并不等于管住了气温。把当年每斤5块人民币的伊拉克蜜枣放进物价指数——测度物价的温度仪——当然会提升物价的读数,但经验说,那正是治通胀的有效措施之一。要害是,这部分带高了物价指数的商品物价,是不是像上文点到的那样,卖方收回的货币量多,再花出去的货币量少?如果做得到,通胀时期部分物价的上涨,也可能避免物价冲击社会更敏感的领域,直到最后把已发出去的过多货币引向根除通胀的正确方向。

今天中国经济的情况与半个世纪之前不可同日而语。陈云当年用过的伊拉克蜜枣的办法,今天还管不管用?在目前的情况下,还有没有伊拉克蜜枣?如果有,或更多,那要怎样选才算对?还有在当下的结构里,究竟怎样才能实现所谓的"货币回笼"?这些问题,有兴趣的读者一起来想想吧。下文我们再切磋。

2011 年 1 月 29 日

# 管价限购无助于治理通胀

上文援引"伊拉克蜜枣"的故事,说明为了有效应对通胀,政府不但不能实施全面的价格管制于市场,而且要主动网开一面,选出几个商品来,让价格机制发挥更大的作用。骤眼看去,那是一个与流行之见完全相反的论点。通胀当头,政府不严管价格和市场,怎么向老百姓交代呢?

所以我用了经验来说话。可惜那历史比较"久远",发生在半个世纪之前。我这个年龄算是亲身经历过的,但当时也不过刚上初中,对经济现象记忆虽然很深,却说不出个所以然。要日后再做功课,查阅文献和向有识之士请教,才有一点理解的心得。读者之中,对那个伊拉克蜜枣不甚了了的怕有不少,让我再说几句吧。

1962年后在国内市场上出现的伊拉克蜜枣,是政府动用外汇进口,然后以每斤5元人民币之价出售的。那时的5块钱,差不多是城镇职工平均月薪的十分之一,当然属于高价,可以敞开供应,不需要任何票证的。类似的还有20元钱一斤的奶糖,以及似乎更贵的精美点心。

这些蜜枣和糖果点心的后面,有一个大背景。我引用时任中共中央副主席陈云的论述,告诉读者以下三点:第一,"大跃进"之后,国家财政连续四年出现了亏空;第二,以当时的办法,由人民银行多印了六七十亿票子去弥补财政赤字;第三,由于农业和轻工业减产,国家掌握的商品少,发出去的票子又多,结果就引起物价上涨,市场供应紧张。在此背景下,陈云被重新请出来解决经济问题。他采取的措施之一,就是"搞了几种高价商品,一下子收回六十亿元,市场物价就稳定了"。

以今天国民经济的规模看,60亿人民币的事情,不过是小菜一碟。但是当年全部流通中的货币也不过130亿,陈云用伊拉克蜜枣、糖果点心（还有海产特产）等高价食品，"一下子回收了"年度货币流通量的一小半，魄力很不算小就是了。

我认为更值得今天借鉴的，是对付通胀也要讲究利用价格机制。归根到底，通货膨胀还是流通中的货币太多，短期应对之道，唯有把过量的票子收回来，才能做到真正的物价稳定。这里价格机制的含义，是供求定价、随行就市，政府既不刻意限价，也不人为限量。反正给定当时的市场形势，只要能买到食品，就算价格贵些，对一些居民家庭来说也比啥也买不到强。市场有人问津，一手交钱、一手交货，国家"一下子收回"了过量的货币，就稳住了物价。

不知道当年的伊拉克蜜枣之价，是不是计入CPI？不过，那并不重要。计入还是不计入的，无非是我在上文所说的"温度计"上的读数有些不同罢了。重要的是，放开价格的伊拉克蜜枣、高级糖果这些商品，并不是每个居民家庭非消费不可的必需品。这类商品，低收入家庭无力光顾，价格再高也"杀"不到他们头上。能出价，也肯出价的，收入水平一般不太低。由此可以看出，当年陈云的选择，也有收入分配方面的考虑。说"劫富济贫"可能过了，但让高收入家庭对回收货币作出更大的贡献，却是真的。这里留下的启发是，通货膨胀其实是一道税。既然是税，抽谁不抽谁的，就大有讲究。陈云网开一面放出高价食品回收货币，谁多买，谁就多交了通胀税。打的愿打、挨的愿挨，是经济学上"帕累托改善"的理想境界。

今天的情况当然大不相同。首先是市场规模、货币规模，以及流通中超量货币的规模，绝非50年前的中国可以想象。春节期间，复旦大学韦森兄发来电邮，对年前本专栏的"大文"写下一句感慨："在目前天量M2的情况下，别说进口伊拉克蜜枣了，就是把南非的钻石全买来，也难收回这流动性呀！"我想了一想，觉得还是要问一问南非钻石究竟是个什么价？在逻辑上，货币定需求、需求定价格，只要价格足够高，天下应该没有什么流动性是收不干净的。不妨做个游戏：你给市场投货币，我给商品加价——你乱投多少我就胡加多少，那应该不需要南非钻石也可以做到供求平衡的吧？

问题在于,经济逻辑在政治上不容易被接受。因此,真实世界里从来就没有"价格全放开"这回事。在通胀当头、民怨四起的情况下,"价格全放开"就更没有现实的可能性。退而求其次,政府只干预部分商品和市场的价格和交易,而对其他商品和市场交易,则取开放的态度。这就带来一个历史经验里遭遇过的问题:究竟选哪些商品和市场来开放,才能兼顾资源配置与收入分配,收到治理通胀的较好效果呢?

不知道读者会怎样选。我自己的首选,还是进口消费品。讲过的,阿里巴巴的网商们把境外代购的生意做得风生水起,启发了本文作者看到消费品进口对抑制国内通胀的实际意义(见本书第138页)。回头理解,还是市场中人对国内外商品的比价变动更为敏感。当商人们发现,一件又一件境外的商品之价明显便宜过国内的时候,他们往国内市场"倒"这些商品的"宏观合理性",就变得不容置疑。

是的,当下扩大进口消费,利国利民。不是说"刺激内需"吗?扩大消费品进口刺激的正是国内消费。不是说"提高居民收入"吗?让居民买得境外物美价廉之物,那名义薪资就是不涨,人们的实际收入也会增加。不是说"控制物价总水平的过快上涨"吗?进口商品吸收国内没着没落的"纯购买力",恰恰有利于抑制通胀。会"冲击国内市场"吗?实际情况是可喜不可惧。举一个例,放手"洋奶粉"进口,那些疑似三聚氰胺的产品,不要政府发文也会从商场里下架的!

个人之见,也不需对"奢侈品"特别以礼相待。我当然看不懂LV手袋怎么就值那么高的价钱。不过市场里有人偏爱、愿意出价,纯属"愿打愿挨"的范畴,丰俭由人算了。至于天价购物是不是动用了公币,大款们的收入是不是合法,所购之物是不是用来行贿,需要管也应该管,但要管在相应的发生环节才比较对头。当年江西副省长胡长清的教训,是贪腐来的钱一个子都不敢花,两口子关起门点钞票过瘾——那对纪律检查部门查案办案,可是一点好处都没有。

其实,国内的消费与服务也应该分开来处理。原则是政府实在要管价限量,最好是划下一个真正涉及民生"必需品"的范围。举凡衣、食、住、行、用,凡高于某种质量界限的消费品——从"伊拉克蜜枣"到

"豪宅"之类——一律划到管制圈圈以外的地方去。对这些商品的交易与消费,政府一不限价、二不限量,眼开眼闭、放任自由。唯一要动心思之处,是怎样把高价成交的货币有效收回到笼子里来。这个关键点,春节期间有几封读者来信谈及,但"英雄所见不同",我们下文继续讨论。

2011 年 2 月 12 日

# 财政稳健是货币稳健的条件

话说上世纪60年代初,为了应对当时的通胀,主政者选了若干收入弹性较高的食品,既不限价、也不限量,放手高价出售,"一下子收回六十亿元,市场物价就稳定了"。这条历史经验,看在80后读者的眼里,差不多是陈年老黄历了,难道还有值得今天借鉴之处吗?我的看法,还是有的。不过,我们先要把时代特征分清楚。

是的,今非昔比。当年中国的经济叫计划经济。其体制特征,按列宁在十月革命前的构想,就是把整个国民经济作为一个超级大公司来对待。反正资本主义高度发达的地方,大公司内部从来讲行政权、讲集中、讲命令、讲计划,只是在公司之间还是"无政府主义的"市场关系。布尔什维克夺取了国家政权,把整个苏俄当做一个超级国家公司来运营,岂不就一下子建立起全社会范围的计划经济了吗?列宁掌权后,执行这套构想遇到挫折,向后退却搞了一段"新经济政策"。后来斯大林接手,推行全盘国有化和高度集权的中央计划体制,框架还是那个超级国家公司。

超级国家公司政企合一、权力高度集中。就算什么人一时心血来潮,权力下放捅出了娄子,也常常靠重新集权来解决问题。以我们关心的历史经验为例,就是"大跃进"捅出了财政亏空的娄子,又向人民银行透支多发票子引发通胀,迫不得已才请陈云出来收拾局面。历史的结论,从货币着眼,也要从货币下手,才是处理通胀问题的明白人做法,重点是收回市场里过多的货币。

关键的问题是,"一下子收回"来的钱,是不是又花出去了?要注意,那是可以花出去的。因为不管卖蜜枣还是卖高价糖果形成了收入,天经地义就可以花费。想当年那些销售高价蜜枣的商家店铺,大把收钱再大手花钱,进更多的货、发更多的奖金、翻修更新的门面,应该没有什么不可以的。问题是,倘若由他高来高走,回笼的票子重新出笼,抑制通胀就无从谈起了。

"伊拉克蜜枣"的真正秘诀在于,政府高价销售的几十亿所得,自己一分钱也不能再花出去!反正那时的商店都是国家的,无论卖了多少高价商品,收回来的钱,国营商店不可以自己花,要上缴的。这样,国营商铺卖高价的所得就进入财政库房。那么,库房有了银子,政府能不能再大手花出去?也不允许。因为那一波通胀祸起财政亏空。要治理通胀,不收缩财政开支,那是南辕北辙。看那个时期的财经文献,大方针叫"调整、充实、巩固、提高",核心还是收紧政府支出。例如当时最著名的"2000万人回农村",实质就是超级国家公司裁减雇员,以省开支。还有大批国家建设项目下马,也是紧缩财政的投资性开支。至于政府自己的消费,楼堂馆所之类,更从严控制,谁建办谁。

这里的关键环节,是政府经由国营商店卖出高价商品,财政增收,但同时又要财经减支。这就等于借助财政的收支通道,对货币流通完成了一次"截留"。否则,政府一只手卖出高价伊拉克蜜枣,另一只手将销售所得又大把花了出去,流通中的货币毫不见少,收不住货币,就不可能取得"市场物价稳定"之效。这说明,在计划经济体制下,把超级国家公司的"超用"管住了,才管得住货币和物价。

今天中国经济改成了市场经济。既然叫市场经济,其运行的基础就是不同的经济主体各讲各的权利,协调关系要靠利益交换,不能靠行政命令。虽然法定货币还由政府发行,但进入市场之后覆水难收,不是谁下一道命令说收就可以立马收回来的。列在金融报表上的广义货币,数目大得惊人,但走进现实里看,每一块钱也都早就"名花有主",谁也不能随便想动就动。这是为什么标准教科书上的"货币政策",来来回回就是央行买进卖出债券、调高调低利率那一套。连"法定储备金率"这样看似央行行长可以言出法随、令行禁止的事儿,受严格程序的约束不算,还要记在央行负债栏目下,提醒各位当事人那是央行欠着商业银行的钱。

搞市场经济就是这般婆婆妈妈的，干脆利落不得。在这种环境里，计划时代"一下子收回"大量流通中的货币，从而很快平稳市场物价的老经验，还有用武之地吗？我的回答，政府对待非政府的经济主体，无论居民家庭还是各类企业，不应该，也不可能靠直接下行政命令。举凡消费、储蓄、投资，是民间财产权利范畴内的行为，政府要保护，才能给经济增长添加源源不断的动力。乱发行政命令横加干预，有侵权之嫌，会破坏市场中人的预期，引发行为紊乱，对经济不利。像现在这样，政府开个会发个文件，说限价就限价，说限购就限购，恐怕还都是转型时期的急就章。再过些时日，居民和企业会不会还如此给面子买账，是一个问题就是了。所以在政府对待非政府拥有经济的范围内，下道行政命令就回笼票子的老法子，早晚去如黄鹤，没有用武之地的。

但是，在政府对政府的场合，直接的行政指令和严明的财政纪律，可以，也应该派上大用场。这倒不是说不要人民约束政府，或者不要人民经由各级人民代表大会来约束各级政府。都要的，只不过一下子还做不到。靠市场竞争能约束政府吗？论者不少，我尚存疑，因为看不到可靠的证据。于是，麻烦就来了：民主和市场都不能有效管束政府，谁来管束？看来看去，比较现实的还只好靠政府管政府。春节后铁道部长刘志军被撤职调查的新闻，就不是铁道部几百万员工和几亿铁路乘客管得了的。能管住中国铁老大一把手的，非比他还大的官不可。

货币问题是一样的。当今流淌在财政预算内和预算外的银子，数目巨大；在形形色色政企不分、政资不分机构里滚动的银子，数目也巨大。对这类性质资金的实际用途和来往流向，老百姓管不了，人代会管不了，市场管不了，舆论管不了，怕也不能指望货币政策就完全管得了。还可以指望的，就是对政府行为做出政治决定和下达行政命令，以财政纪律硬性削减政府开支，特别要把那些老百姓早就民意滔滔的公车公差之类的费用，以及那些"豪华建设项目"，着实砍下一块来。历史经验说，那样才能有效实现货币回笼，从速抑制通胀。

2011 年 2 月 19 日

# 第四部分 货币制度重于货币政策

# 大刀阔斧改汇率

像对付其他疾病一样,治通胀也要对症下药。通胀的表现是物价,但根源在货币。因此,处理通胀问题非从货币着眼不可。通胀起来之时去管制价格,难以治标,更不可能治本。至于把价管的动静闹大,甚至变成某种程度的反商业、反服务,那根本就是歧路一条。讲过的,打击供给对治通胀有反作用,能免则免是上策。

这些年来,我国货币运动两个圈。首当其冲第一个圈,是出口导向战略带来越积越多的顺差,数万亿美元的外汇由企业和居民卖给商业银行,后者又把绝大部分外汇卖给央行,转为国家外汇储备。在这个圈圈里,央行大手购汇,把基础货币源源不断地"泵"入商业银行系统。商业银行再积极从事货币创造,构造货币运动的第二圈。两个货币圈互为表里、相得益彰,练就了惊人庞大的市场流动性。讲到底,这其实就是国民经济过度依赖出口、过度依赖投资的货币表现。

本文讨论第一个问题的解决之道。症状是清楚的:源源不断进入中国的外汇,转眼之间就变成基础货币的投放。这里的症结何在?个人之见,在于分派给央行的责任过多、过重。本来央行的责任是维系人民币币值的稳定。历史经验说,这本身就是一个很重的任务,因为法定货币制度在各种压力之下坚守币值稳定的目标,本身就很不容易。现在要求央行拿基础货币不断购汇,是把另外一项责任——维系人民币对美元的汇率稳定——也加到了央行头上。

维系人民币的币值稳定与维系人民币的汇率稳定,是能够同时完成的任务吗?逻辑的答案是:只要人民币与美元的币值分别都稳定,那么人民币对美元的汇率就一定稳定。在这种情况下,维系币值与维系汇率,两项职责不过只是一件事情。问题是,人民币与美元之间只要有一个货币的币值不稳，还要维系人民币对美元的汇率稳定，那就难上加难矣。不是做不到，而是此时欲守汇率稳定，必定要以币值不稳定为代价。这是另外一个"不可能定律"——只要一只货币的币值不稳，它与其他货币的汇率就不可能稳定，除非其他货币的币值与它同样不稳定！

当代全球金融环境的显著特征，恰恰是美元作为最主要的国际结算货币与储备货币，其币值极不稳定。拿黄金来衡量，1944年每盎司黄金值35美元，2000年值200美元，眼下是多少呢？过了1500美元！俱往矣，今天的美元再也不是"美金"了，这是不争的事实。这件事情，不是区区在下长他人志气、灭自己威风，还真不归中国管，更不归中国人民银行管。美元的币值走贬，我们又管不了，非要中国央行维系人民币对美元的汇率稳定，结果只能是把人民币的币值稳定也搭进去，让人民币币值跟着美元一起走贬。区别也有一点，美元是国别货币，也是全球货币，所以美元走贬的后果全球持有美元的人一起分担。人民币呢？基本还是中国自己的货币，人民币币值贬损，倒霉的只是本国全体持币人。

后果严重，但成因简单，即央行承担稳定汇率的职责，不断动用基础货币，以一个稳定的汇价大手向商业银行购买进入中国的外汇。按此诊断，解决问题的思路也简单，就是要求央行以坚守人民币币值稳定为第一要务。在不违背币值稳定的前提下，兼顾汇率稳定当然更好，但是，一旦购汇的基础货币投放超越了经济增长的需要，央行就要知所适从，回归坚持币值稳定的立场。在汇率稳定与币值稳定互相矛盾甚至冲突的情况下，央行只能守正不能出奇，人民币汇率的稳定再重要，也让别家去管好了。

批评来了：不管人民币汇率的稳定，中国的出口怎么办？就业怎么办？税收和增长又怎么办？我的回答是，除非全世界各国有办法把美元重新变成美金，或再安排出一个可靠如黄金的全球货币体系来，所谓的"汇率稳定"，不过一厢情愿的一个美好愿望而已。中国的出口当然重要，就业、税收和增长也重要，但是为什么非要把如此重要的事项，统统放在飘渺不定的"汇率稳定"的基础之上呢？全球多少国家的出口——至少从 1971 年以来——不都是在汇率浮动的环境里完成的吗？为什么唯有中国的出口，只能在汇率稳定的条件下进行？难道汇率一旦有变，中国的比较优势就真的荡然无存，出口就必定人仰马翻了吗？

在汇率无从完全稳定的环境里，成本和市场需求不断变化，企业唯有以变应变，提升决策和行为能力，才能竞争图存。国内市场如此，国际市场也如此。这当然不是说，政府就不需要采取任何政策措施防止汇率的大起大落，就不需要努力维系汇率的相对稳定。问题是，政府究竟以什么手段来维系汇率的相对稳定，要根据经验细加选择。中国的教训是，以基础货币为稳定汇率的主要手段，牺牲本币币值稳定，代价过大。但是，除了要央行大手投放货币，再也没有任何其他途径和手段来为"稳定汇率"的目标服务了吗？

回到总部设在上海外滩的中国外汇交易中心，我们知道答案是否定的。因为吵得全世界沸沸扬扬的人民币汇率，就是在这个交易中心形成的。那是一个会员制的高级市场，几百个有外汇交易权的金融机构每天在这个市场里买卖外汇。说人民币汇率是以市场供求为基础，就是说它是在买卖中决定的。

当然这个市场富有特色。其一是只此一家、别无分店。反正纽约、伦敦、法兰克福和巴黎都买不到人民币，弄得要求人民币升值的老外满世界高声嚷嚷——其实他们只要多拿美元买人民币，且不断地买下去，总可以把人民币买得升值的。问题是在人家那里无处可买，因为人民币还没有走到那么远去。于是国际贸易就转化为国际政治，人民币升值的文章天天上头条。其二更为关键，央行是中国外汇市场里最大买家，即不断以基础货币大手购入外汇，以此维系人民币汇率稳定的政策目标。兵来将挡，水来土掩，进来一个美元大头兵，央行开价 8 元人民币拿下，人民币对美元的汇率就是 8∶1。开价 7 元呢？汇率就是 7∶1——要守任何一个汇率水平，央行都要投放相应的基础货币。说"央行被动发出基础货币"，指的就是这件事情。

问题是，在这个外汇市场上，如果央行不拿基础货币购外汇，而由任何其他机构拿出同样数量的人民币来购买进入中国的美元，人民币汇率是不是可以继续"稳定不变"呢？我以为答案很肯定：给定其他条件不变，买入美元的人民币数量不变，人民币对美元的汇率就不变。至于大手笔购美元的人民币究竟出自央行的基础货币，还是自有其他别的来源，对汇率水平在逻辑上没有影响。毕竟历史上有一位罗马皇帝说过，"货币没有味道"——我们只看结果，不问货币英雄们的出处就好。

这就是本文题目的含义。改汇率是指改革人民币汇率的形成机制，因为经验证明，央行不惜动摇币值稳定来守汇率稳定，代价过大，非改不可，否则在经济上国无宁日。大刀阔斧的意思是，央行干预汇市的货币动员规模已经很大，小来小去远水不解近渴，实在于事无补。不过，只要动员等量的人民币进场，替代央行拿基础货币购汇，汇率水平可以不变。这就是说，大改汇率机制不等于大变汇率水平。

2011 年 6 月 4 日

# 用什么把基础货币换下来?

上文建议,要维系人民币币值稳定的目标,就不能再要求央行天天动用基础货币不断大手购汇。如果人们担心汇率因此失稳,损害出口、就业与增长,那就想法子寻找替代性资源进场买外汇好了。反正在逻辑上,只要有 $N$ 元人民币把进入中国的每一美元买下,人民币对美元的汇率就可以稳定在 $N:1$——至于这 $N$ 元购买力究竟出自央行的基础货币,还是出自其他门户,对汇率水平没有影响。

本文讨论,选什么样的资源来替代央行购汇,从而逐步把基础货币换下来?不知道读者是如何考虑的,让我选的话,我会选财政性资源。要交代一下,这里讲的财政性资源,是指基于财政收入的所有资源,包括财政收入、国债、各类国有资产的权益等等。

先阐释理由。我以为比较根本的,是政府的政策目标一定要有足额的财政性资源作为支撑。如果政府提出了很多政策目标——无论是发展、投资,还是民生,却没有足额的财政性资源作为实施的财务支持,那就会出现以下两种无法令人满意的情况。其一,政策目标沦为空谈,讲得动听但口惠实不至,因为根本没有实现目标的财政条件;其二,把政府逼得找米下锅,为落实政策目标而"自行开发"资源,结果难免乱象四起,因为唯有政府掌控的合法强制力可能因此而被滥用。当下我国的实际状况,是各级政府的政策目标一个比一个雄心勃勃,但支持性的财政资源,却相对不足。举凡投资、环境、教育、医疗、社保、各类民生项目尤其是保障性住房,政策目标的预算缺口,差不多是普遍的常态。

稳定人民币汇率是不是一项政府的政策目标呢?当然是的。既然是一项政策目标,那么要不要备下足额的财政资源给予实施的保障?说起来应该要。可是这些年的实际情况,是我们这个世界头号出口大国的稳定汇率政策，从来不需要动用财政资源。用什么呢？来来回回就是央行的基础货币。

基础货币是央行的负债。这就带出一个有趣的问题：央行的负债从财政上看是什么性质？从道理上讲，央行是国家机关，因此央行负债当然也就是国家负债。但是在实际上，央行负债与一般国家负债大相径庭。随便问一句吧，你我什么时候见过政府向人代会报告央行的负债状况的？国债情况总是要报告的，人大也照例要审议。但是央行负债——譬如那日长夜大、现今已过22万亿之巨的"外汇占款"——究竟有谁认真地把它看做公共债务的一个组成部分呢？

央行负债明明是国家负债，却不纳入国家的公共债务监督管理，究竟有什么道理吗？我的猜测，这多半与央行举债和偿债的独特性有关。一般的公共债务，举债的财务基础是政府的未来收入，包括未来的政府税收、国有资产权益和其他收益，偿债就是把原本归政府的收入用来还债。这里的风险，一是债权人高估政府的未来收入，以为债权安全但实际上政府可能面临偿债违约的危机。但是更大的风险，则是届时政府可能把偿债压力转嫁到纳税人头上，反正政府只此一家、别无分店，不能随便关门破产就是了。因此，在国家债务方面屡屡吃了亏的债权人和纳税人，一般要对国家债务实施双重监督。

央行有所不同。基础货币固然是央行的一种负债，但其偿还的方式却并不一定真要减少央行自己的未来收入。由于央行可以征收一种极其特别的"税"——通货膨胀税——因此央行可以通过直接减少所有持币人——即央行最终债权人——的未来收入来"偿债"。这使得央行的负债虽然也记在其资产负债表上，但央行的门外却从来没有真实的债权人要求偿债的。每位持币人——不论他或她是否与央行缔结过债务合约——都在给央行缴税，只要物价水平因为多发货币而上涨。不过，这部分税收极其隐蔽，根本无须公开讨论，也无须派人征收，因为每位持币人在花钱的一刹那，同时就成为非常尽职的稽税员。

通胀税似乎看不见，基于通胀税的负债似乎不用偿还，所以央行的负债似乎就不算公共债务。这导致了一个结果，那就是"方便地"以央行负债来充当政策目标的财务工具。当然很方便,因为本质上是公共债务的央行负债,却可以基本不受公共债务的麻烦约束。读者不妨像我一样试一试,拿近十年央行的资产负债表一行一行细读,并默想一个问题:倘若这张表上的每一行负债都要经受人大审议,这些数目字还会不会像现在我们看见的如此之大?

方便也有代价。这里的一个教训是,看似无成本或低成本的工具,用到最后才发现奇贵无比!经济学道理很简单,代价低的需求量必定大。譬如很多经济学家喜欢说温和的通胀税无伤大雅,听起来似无大错。可是以通胀税来充当实现政策目标的财务工具,"便宜的"债务举过了头,日积月累、年复一年,累积的通胀压力就大了。

具体说人民币汇率稳定。本来美元与黄金脱钩之后,各国货币与美元挂钩、以此维系汇率稳定的客观条件已不复存在。在此情况下,继续维持汇率稳定,总要拿出真金白银大把干预汇市才做得到。这正如在水往低处流的世界里,总要筑坝、安泵、耗电才可能实现"水往高处走"的构想吧?同样道理,那每天花花流入中国的大把美元,无论来自贸易顺差、外国直接投资还是所谓"热钱",总要市场上的各家拿出真金白银把人家买下,才有人民币对美元的"市场均衡汇率"。

市场的各家之中,可不可以包括政府呢?当然可以——真实的市场从来少不得政府,经济学家在黑板上宣布不可以又有什么用?但是政府参与汇市,正如参与任何其他市场一样,要照一定的规矩来。譬如,拿真金白银买东西,就是政府也不能例外。政府既然把汇率稳定作为一项政策目标,就一定要动员相应的财政资源,使政策目标的实现有可靠的财务基础。

这些年的教训,就是没有为稳定汇率准备足额的财政资源。不想隐瞒自己的观点,我以为靠央行负债得来的基础货币,只有在与经济增长需要相适应的限度内,才是真金白银。超出了限度,通胀上来了,就算不得真金白银了。政府不用真金白银买东西,违背市场经济的最一般准则,一定会带来其他方面的扭曲和损失。正本清源之道,就是把央行的基础货币替换下来,让其他财政性资源上场。

剩下的问题,是当下我国的财政状况,究竟还有没有余地动员其他资源来代替央行的基础货币?财政有赤字,虽然放在今天的世界上不是那么大,但政府的钱怎样也总不够花,却是环球同此凉热的现象。要是动员不了足额的替代性资源,人民币汇率又怎么办?

2011 年 6 月 11 日

# 财政购汇的三条筹资通道

骤眼看去,在维系人民币对美元汇率稳定这件事情上,国家财政是拿不出钱来把央行的基础货币替换下来的。原因简单:增速连年远高于经济增长的财政收入的增长,却怎么也赶不过财政支出的增长。说来不容易相信,超高速经济增长的中国,在财政上多少年都是赤字。读者翻翻统计年报就可以知道,除了2007年算例外,近十多年来我们的财政每年都是赤字。有变化的,只是赤字规模随国民经济增长而增长。1997年前的百亿量级,变成后来的千亿量级。2010年的财政报告,摆明赤字第一次达到1万亿人民币。

以此看来,陈云先生当年斩钉截铁讲过的"永远不打赤字财政"(1988,见《陈云文选》第三卷),怕是早就被与时俱进掉了。倒也不难解释,公共资源没有硬约束,那是永远"生者寡、食者众",出赤字是必然的结果。可以聊以自慰的,倒是中国的财赤水平放在当今世界里还算低的哩。东邻日本国,上一个全球经济的老二,公共债务超年度国民生产总值200%。全球老大美国呢?快100%了。

财政赤字,还要出手购买外汇,钱从何来?何况还不是小数目:央行账上22万亿以上的"外汇占款",倘若倒在财政账上,中国的财赤岂不要直追发达之邦的水平?不算存量算增量,这些每年增加几千亿美元的国家外汇储备,差不多就是数万亿人民币。要财政出粮,有那样容易的吗?

个人认为,国家财政赤字固然构成了筹措财政性购汇资源——以此支持人民币汇率稳定政策——的现实困难,但并不是无法筹措财政购汇资金的理由。财政购汇的筹资通道是存在的,让我分三点申论一番吧。

首先,哪些开支能够挤入财政开支序列,是由其相对重要性决定的。所以,问题不在于财政有没有赤字,而是维系人民币汇率稳定的政策目标,相对于其他公共政策目标而言,究竟有多么重要?影响重大,也就是开支后收益巨大、不开支后果严重的项目,理应列入财政开支的范围。

维持人民币汇率的稳定到底有多重要呢?讲起来,重大无比。经济上一目了然:人民币对美元升值,中国庞大的出口部门的成本立马上升。那可不是一个小部门,而是创造了相当于 GDP 30% 以上产值、涉及几千万工人就业的最大的非农产业部门。沿海诸省的地方财政、就业与经济增长,从统计上看到今天也还是中国经济的发动机。以此而论,汇率对中国可算牵一发、动全身。再以当下中国经济在全球的地位而言——这是国内外媒体常常喜欢放到头条说事的——中国增长一旦减速,还不把全球闹他个人仰马翻的?

社会意义呢?中国出口部门的几千万就业,绝大部分是农民工。他们可没有签得终身劳动合同,下岗就要回家的。2008 年美国金融海啸的冲击波到达中国的时候,据农业部门的一份调查,说 2 000 万农民工一下子回了农村。狭小的耕地与不可比较的农业收入,如何容纳得下这么一支失业大军?容纳不下,社会还能保持稳定吗?

国际政治的意义更加伟大。须知,"人民币升值"是美国政客挂在口头的要求。倘若中国真的允许人民币对美元大幅度升值,那岂不是屈服于美国的压力?一位著名财经评论人在去年 6 月还义正词严地指出,"中国应顶住人民币升值的压力"(见叶檀,http://www.ibtimes.com.cn/articles/20100619/renminbi-yetan_2.htm)!事情严重到关系国家主权,此论当然很快就成为舆论的主旋律。

把以上几点加到一起,维持人民币汇率稳定当然有资格列为我国最重大的公共政策之一。以众所周知,又被上上下下广泛接受的尺度来衡量,我以为与此公共开支,差不多应该排到仅次于国防的地位。毕竟,财经评论人再著名,也不可能仅靠文字就顶得住任何压力。真要"顶住人民币升值的压力",非真金白银地掏出人民币,然后把进入中国的美元一律按目标汇率统统买下才成。国家战略由国家财政出粮,名正言顺。

财政预算不够,还有第二条筹资通道。大家知道,我国财政性资源并不限于预算收入,尚有大量国有资源的权益,如国企利润中应归国家股东分配的部分。粗粗看去,把国有权益纳入财政购汇基金,潜力还真的不小。

这里有一段公案。现在的国企不是改革后的国企,经历了结构性改制的风雨,大凡经营亏损和资不抵债的老国企,基本上都已经改掉了。存留下来的,特别是中央直管的大国企,不但不再亏损,而且盈利数在全球都排得上号。年景好的时候,仅央企利润就高达万亿人民币。这就引来一个热点问题:央企利润要不要上缴财政?

吵来吵去,结果是从国企上缴利润10%开始,逐步体现国家作为出资人的权益。不少批评者认为实在缴得太少,还应加大上缴的力度。国资委回应,没上缴的那部分就算全国人民留在国企的储蓄,什么时候国家要用,什么时候拿出来就是了。

笔者从来没有呼应过要国企上缴利润的舆论。不是不该缴,而是以我有限的观察和理解,国企之所以能够产生大把利润,其中一个关键的制度安排,就是经由"利改税"等一系列改革措施,允许国企利润可以不上缴。长话短说好了:正因为利润可以不上缴,国企才创造出今天的利润!看到人家腰缠万贯,高举国家权益的旗子要求把那些银子拿过来花花,不是不可以,只是我担心,"创利上缴"制执行不了多少年,国企的利润也许就没有这么多了。因此之故,不要说利润上缴,就是对国企收入福利的种种干预,我以为也没有算好账。

但是,全民分享国企利润的潮流又不可阻挡。那么,有没有可以兼顾国企创利动力与国民权益的两全之策呢?现在有了,这就是让国企把尚未上缴的利润打入财政购汇基金。不过讲好还是两权分离,国企用利润购入的外汇,所有权是全民的即国家的,但使用权、控制权还归国企。如此安排,汇率稳定目标多了一份财政性资源的支撑,而国企的创利动力多少还保留着,至少比利润悉数上缴要强。大国企有了自己可用的外汇资源,有助于它们走出去。我的观点,在国内多少还具有行政垄断地位的大国企,唯有走出去,一直走到没有行政垄断保护的环境里参与国际市场的竞争,才知道能不能真正打出国家队的威风。

第三条筹资通道,是财政专项发债,譬如就叫"稳定人民币汇率债"好了。设计好期限、利率和交易场所,国内任何机构和个人都可以掏人民币来购买。别人买不买我不知道,大名鼎鼎的蒙代尔教授怕是一定是要买的吧?作为"人民币绝不升值"论的理论旗手,在实际上表达一点切实让人民币不升值的意思,总不为过。当然蒙教授可能没有人民币收入,那就算了。但是其他有人民币收入的名家们,包括上文提到的著名财经评论人,那就请不要客气,带头多买以证明主张与行为的一致,总可以的吧?

以上三大筹资通道,能不能凑够财政购汇所需的资金呢?算不出来。公共财政的事情,要经由程序才能决定,才知道最后的结果。至于究竟多少机构和个人愿意买下稳定人民币汇率的债券,也要卖出后才知道。经验说,打口水仗的英雄,轮到掏钱表达主张的当口,临门一脚把球踢入自己门里的事儿,还是可能发生的。不过天无绝人之路,即便财政购汇的款项筹措不齐,还有别的办法。且听下回分解吧。

2011 年 6 月 25 日

# 人民币汇率问题的重心所在

上文建议,开启三大财政性筹资通道,备下实在的经济力量,把基础货币从外汇市场上替换下来。在逻辑上,只要筹资量足够,能把新进入中国的外汇悉数买下,那就可以在人民币对美元汇率水平不变的前提下,解决十几年来我国不断动用基础货币购汇维稳,因此动摇人民币币值稳定的老大难问题。

是的,倘若进入中国的外汇就是1 000亿美元,那么出手7 000亿人民币全部买下,人民币兑美元的汇率横竖也就是7∶1。至于这7 000亿购汇资金由谁来出,对汇率水平没有影响。央行拿7 000亿基础货币来付账,汇率是7∶1;财政拿7 000亿来买单,汇率是7∶1;民间凑得出这7 000亿,汇率还是7∶1。可以比较的,是动用不同资源进入汇市对经济带来的不同影响。

可惜,这些年人民币汇率的热闹辩论,不少远离了重点。譬如很多辩论,集中于所谓"人民币汇率的均衡水平"。究竟哪一种汇价才算是均衡汇率呢?人们吵个不休。接着就是"主张"大战:认定人民币汇率被低估的,主张人民币升值;认为已经是均衡汇率的,又主张人民币汇率绝不能动。

其实,到底什么是"均衡汇率",只有天知道。"均衡"是从物理学里借来的概念。一个钟摆,左晃右晃最后停了下来,可以观察得到,命之为"均衡",不算离谱。但经济现象特别是市场价格的变动,又有谁人见过"均衡"的?家乡小集市上的豆腐,原料、工艺40年未变,当年每块1毛2,前年我回去看时1块8。其间变价无数,哪一款价格才算"均衡"?李嘉图以后有一派经济学相信"成本定价",以为终于给市价找到了"客观的"基础。可所谓的"社会平均必要生产成本",虽然可定义、可测算,但就算你算得出来,写到纸上的瞬间,它们可能却又变了——反正概念脱离了可观察现象的"纠缠",才叫那个自由,想怎么说就怎么说,吵一万年也没有结论的。

所以,"均衡汇率"是连上帝也不知道的事情。我的观点,正因为上帝也不知道,才轮到用市场来解决问题。举一个例,老王做出口创下1美元收入,究竟值多少人民币,老王有老王的看法,即他的"个人估值"(personal worth)。但是老王并不知道,所有其他人对这1美元的"估值"是不是与他的一样。如果他真想知道,他就要上市场,因为市场是一个以出价表达各自估值的场所。倘若有人表达出对1美元的估值高于老王的,机会就来了:老王把美元卖给估值较高者,会导致双方受益。

对同样的商品、劳务、资产(包括不同的货币),究竟有多少不同的个人估值,究竟每个个人估值的根据是什么,究竟这些个人估值依什么而变化,只有市场在交易过程中才知道。某一个时点所记录的价格,无非是无数个人估值之间交流、交换、成交的瞬间信息。这带来一种期望:根据以往的价格信息,预测未来价格水平的走势。无数市场中人相信这一点可以做到,而"科学"——例如天体物理学——似乎正是以预测的准确程度来比较高下的。这是不可抗拒的期望,特别是当代经济学、金融学、财务学取得了看起来不输于物理学的"科学"外观。麻烦的是,市场好像比天体物理还复杂。大科学家牛顿当年买股票失败后发过的著名牢骚——我可以计算天体运行的轨道,却无法计算人性的疯狂——到今天依然没有失效。

我的观点是,市场预测也是一种对未来的个人估值。市场真正有规律的地方并不是价格运动,而是交易活动的规则。例如,"不同的看法才使一档股票交易发生",这是巴菲特的老师讲过的至理名言。没有不同个人估值,没有彼此差异的关于未来的看法和预测,哪来交易,哪来市场,又哪来价格?

这样看,"人民币均衡汇率"本身就不是恰当的辩论题目。个人之见,说2005年7月前8.26:1的汇率是均衡的,有道理;说2005年7月以来缓缓升值的人民币汇率是均衡的,也有道理;说由于一、二、三、四、五,人民币对美元汇率只有升到(或贬到)某一个水准才是均衡的,还是有道理。横竖有不同的看法才是交易之基,非要舆论一律,把大家的看法调校到一致,岂不是把真正形成均衡汇率的市场基础颠覆了吗?

对所有不同的汇率分析和预测,以及基于各自心目中均衡汇率的各种"汇率主张",市场并不需要它们一律统一。市场要统一的只有参与者的行为准则。这就是,任何一方都要"put your money on your mouth",也就是"把钱放到你的嘴上来",以出价行为来表达你的主张!君子动口不动手,文雅固然文雅,但汇率的实际形成却失去了基础。至于抗击国际压力云云,就更谈不到。抗战者,总要买点枪炮,要不出钱那出力也行,帮着把能够实现人民币绝不升值主张的枪炮子弹,运送到外汇交易中心去好了。

这正是这些年来人民币汇率辩论有点偏颇的地方。主张很多,可是吵来吵去,就是不把钱放到嘴上来。人民币汇率当然是稳定了,但真正达成此稳定的,却恰恰是什么主张也没有的央行基础货币!正是基础货币天天、月月、年年在外汇市场上大手购汇,正是"外汇占款"的惊人增长,才实际地维系着当下的人民币汇率水平。

真正值得研究、分析、比较、衡量的,是继续动用基础货币大手购汇的机制,究竟还能不能持久?我们必须看到,央行的基础货币只是看起来"成本低廉"而已。由于央行负债一般不列入公共债务,因此基础货币的动用既没有扩大公共负债要遇到的程序摩擦力,也不受公众舆论的特别关注。可是,受代价低廉刺激起来的过度需求,却带来物价方面的压力,构成通胀的货币基础。出口重要、增长重要,因此汇率稳定很重要。但正确的问题是,为维系汇率稳定,难道仅仅只有被动放出基础货币一条途径吗?能不能找到把汇率稳定与人民币币值稳定分开来处理的办法?

为此我们探索,能不能动员其他资源,逐步把大手购汇的基础货币替代下来?看来是可以的,因为所谓货币存量过多、流动性过多,总发生于我们这个经济体当中。认真分析,把这些资源动员出来,购买并持有外汇,不但可以减缓市场压力,还可能改善收入分配。具体讲,从中央和地方的财政预算中留下一块,从国家股东权益中拿出一块,再发他一个稳定人民币汇率债,是可见的三大购汇筹资通道。

三管齐下还不够,尚有其他门路。但要明确一条,只能在现有的收入和财富里打主意,绝不再走超发基础货币购汇的老路。这么想,资源总还是有的。随手举一例,最近几个部门清理公路收费,要对早已回收贷款和投资的公路项目叫停收费。这当然是对的。但对于那些收费还拥堵的路段,停止收费可能带来拥堵加剧的新问题。解决之道,像伦敦城那样加抽拥堵税也许不可避免。但是,这笔收益不是政府作为投资人的回报,而是作为公共管理人利用价格机制治理拥堵。这样的收费,可不能随便给花了,用于购汇,应该是不错的选择。

所有办法想尽,财政性购汇基金还是不够怎么办?一般说不会不够的。真的还不够,所有力量都使出来了还是维系不了人民币的现有汇价,怎么办?也好办,那就让人民币汇率升值吧。因为,各参与方都用真金白银买东西的市场,才是真正的市场;在真正市场里产生出来的汇率,才是真正的均衡汇率。

2011 年 7 月 2 日

# 在真金白银的约束下利害计算

本系列评论的汇率体制主张,概括起来就是一个要点,这就是政府入市购汇,必须受其预算收入的硬约束,用真金白银,而不能靠央行被动超发基础货币。个人观点,这样形成的汇率,才是所谓的"均衡汇率",才对经济的正常运行有益无害。

说明一下:在中文语境里,"真金白银"这个词,包含了对贵金属货币制度的全部记忆。毕竟,以法定货币全盘替代银元铜钱,在中国是1936年以后才发生的事情,满打满算到今天也不到80年。中国货币制度的"正统",是贵金属货币,主要是银币加铜钱。历史上也有过不少时段,流通过形形色色的纸币。不过市场中人一旦发现,纸币不过是皇上和朝廷收取额外税负的一道隐蔽工具时,人们就纷纷弃之如敝屣,迫使货币向贵金属制回归。如此顽强的货币传统凝结在一个词汇上,于是,"用真金白银购物",就成为中国人从事交易活动最起码的要求和道德底线。

政府不能例外。以当下讨论的外汇交易为例,政府可不可以入市大手购汇呢?可以的,因为政府也需要保有外汇来履行自己的某些职责。譬如政府要向国际市场采购,没有外汇在手,老外怕是不认账的。国家借了外债,政府也要拥有适量的外汇储备,才能及时偿债。还有就是为了实现某种政策目标,政府通过买卖外汇,实施对汇价的干预。

关于最后一点,不少读者朋友有保留意见。这难道不就是行政权力干预市场吗?那还叫市场经济吗?我的观点是,政府能不干预市场最好,万不得已非要干预不可,也要区分不同的干预手段,因为不同的干预方式对市场运作的影响不同。举一个例,稻谷丰收,谷价下跌,对买米过日子的百姓有利;但谷贱伤农,农人受损减少生产,来年谷价可能大涨。这个时候,政府要不要干预谷价呢?经济学家说不干预,因为干预的结果是谷价更大的起落,正如这两年我们看到的猪价大起大落一样。但政府一般不会听,理由之一是因为街上喊政府出手者众。政府数一数人头就知道,还是干预为上。

但是政府干预谷价也有多种选择。一是下道死命令,既不准谷价大涨,也不准谷价大跌。谁违背价格稳定法令,政府就找谁的麻烦。这个办法听来管用,也常常在用,因为只要业者涨价落价的收益,抵不过所受惩罚的损失,涨价落价的行为就会绝迹。问题是政府执法有代价。半个月前我在一个会上听夏斌兄讲演,论及房价,他说不妨学德国,政府规定房价的上下限,超限作违法处理。我边听边想,这一套到底会不会管用呢?轮到我发言,我说单项、短期的价管可能有用,但全面、长期恐怕还是不行,因为至少有一个价格管不住——凡涨价政府就"拉人",监狱之价一定暴涨!后来网上报道,说我俩拌嘴辩论。哪是哪呀?我与夏斌当年在黑龙江同一个农场下乡,吃的是同一口大锅里的饭。老友见面,不过切磋一下经济而已。

还有一种办法,就是政府入场干预。谷价过低之际,政府以高于市价的价钱收购,保护种粮人的利益;待到谷价过高之时,政府开仓卖粮,把市价连同粮价预期一起拉下来,不让买米人家为难。这也不是当代的新玩意,古代不少君王就懂。"平粜"、"平籴"的记载,可是从春秋战国就有了的。

比较而言,政府入场买卖比下达限价命令,还是技高一筹。个中道理,我以为是政府以公共财力参与市场买卖,通过影响交易量进而影响价格,对价格机能的破坏比较小一点。但是这里有一个前提,那就是政府要拿真金白银入市。这是因为,政府的真金白银受到预算的硬约束,横竖给定政府的财力,要多买黄米,就不能同时多购白面;要多收粮食——无论为了什么——就必须减少其他政府项目的开支。加总起来,市场的总需求没有变化。当然,政府多多抽税,把本来属于国民的购买力集中于政府之手,"溢出效果"如何是要细加分析的。但政府抽税总也不能无限进行,以上文"监狱之价因过度管制而大涨"的思路看问题,政府抽税也要受到制约就是了。

受预算约束的需求终归是有节制的。这么想想吧:如果这些年来中国容易庞大的"外汇占款",在体制上不准占基础货币,只准占财政预算、占国企利润、占专项公债,结果将会是什么?我的推测,第一个结果就是冷静的利害计算与权衡抬头,大家会把人民币汇率问题上的因果联系推得略微远一点。

比方说,没有人不知道人民币升值将加大中国出口企业的成本。这些年反对人民币升值的政策主张,最主要的根据就是这一条。当然也可以讲得更动人,比如出口行业是中小企业主打,有大量农民工就业,所以人民币升值危及中国的穷人,而"绝不升值"就是为穷人而战。这没有错。但是仅仅言及升值之害,没有讨论升值之利,就谈不到全面权衡利害。人民币对美元升值,中国人的人民币收入在国际上的购买力提高,难道不是升值之利?人民币的国际购买力提升,所谓"输入型通胀"的压力难道不因此就减轻了?由于经济环环相扣,那些即使不直接出国采购的国人,难道真的就不能享受人民币升值的好处?出口增加制造就业,进口增加服务就业,莫非只有制造就业才算就业?那些帮国际代购的网商送货的物流工人,难道不同样挣到了可以养家活口的钱?

再看"升值有利美国论"。不错,给定其他条件不变,人民币对美元升值可缓解美国同业的竞争压力。但是,另外一些美国人——"中国制造"的美国消费者——却因为人民币升值而受到物价上涨的损害。这是同一事件的另外一面。究竟哪部分美国人多呢?我看还是消费者吧。所以,人民币升值对更多的美国人有害,仅对一部分中国制造的同业竞争者有利。唯有全面权衡,才可以把"主张人民币升值就是替美国张目"的热门指责冷却下来;唯有冷静权衡,我们才能全面判断自己与贸易对手的利益关系。

更一般地说,每一种市价的变化都会带来利害关系的不同影响。价格涨起来,卖家高兴买家愁;价格掉下去,买家高兴卖家愁。要求市价变化"讨好"所有市场参与者,那是不切实际的幻想。价格机制配置资源与分配所得,总是在几家欢乐几家愁的情况下实现的。这里有一个我注意多年的主要现象,那就是市场中人表达高兴与忧愁的方式很不对称。举一个实例,最近猪肉市价涨得比较凶,买家叫苦不迭,破口大骂的也所在多有。卖家又怎么样了?从利害分析上他们似乎得利了,但阁下有没有看见人在市场上得了便宜就上街游行,高举标语"拥护猪价大涨"的?没有哇。

这是说,价格变动有利有害,但人们永远只能听见受损者的叫骂。市场里的受益者呢?永远得了便宜卖乖——不出声低头数钱罢了。遇到领导体恤民情,他们一般讲自己也是消费者,所有进货价格也涨得凶,自己也是市场的受害人——"成本推动型通胀"原来就是这样无师自通的。

人民币汇率又何尝逃得出这个规律?2005年前汇率一动不动,受损方是"中国制造"的美国同业竞争者。他们大叫人民币必须升值,美国部分政客也跟着叫。但是,美国那里的受益者——包括每一位美国消费者——叫不叫呢?才不叫呢。格林斯潘算不错的,下岗后写的回忆录里认了一句:幸亏物美价廉的"中国制造",让他大手降息却没有引起美国通胀。部分美国人叫,人民币汇率不为所动,美国方面的损益阵线没有变化,总是"人民币升值"的呼声更高,闹得中国这厢的一些不明事理之辈,以为要人民币升值真就是美国的"国家利益"!好好升一把就知道了:部分美国生产者也许可以缓一口气,但他们的消费者就要狠狠多掏腰包了——届时你再看他们国会议员们叫喊什么吧。

这是说,靠舆论定经济政策不靠谱。其实,不是人们真的不懂利害分析。关键在于,理性计算是被硬预算约束逼出来的。有央行拿基础货币顶着,谁当"坚决顶住要人民币升值压力"的大英雄都容易,反正不当白不当。轮到真要掏真金白银来作决定,我不相信我们的政府、企业和居民会算不清其中的利害。这样看,汇改要改人民币汇率的形成机制,就是要包括政府在内的汇市参与方,在真金白银的约束下考量汇率变动的利害影响,并做出基于个别理性估值的决定。

2011年7月16日

# 人民币以何为锚?

如果政府、企业以及居民家庭,一律拿真金白银在市场上购汇,那么人民币汇率稳定的目标,并不难实现。更重要的是,如果央行不再以基础货币大手购汇,那么,维系人民币币值稳定与汇率稳定的两难局面,也就从此结束。余下的问题,人民币要如何约束自己的供给量,才能维系币值稳定?人民币究竟以何为"锚",才能最大限度维系货币购买力的"含金量"?

货币好歹总有一个锚。"良币"就不用说了,金本位制下的货币,受到贵金属储藏、勘探和冶炼的硬约束,货币供应量被"锚"得个严严实实的,不可能"自由增长"。货币史家称赞"黄金是最诚实的货币",就是因为其锚可靠,大风大浪也不能将之掀翻。"劣币"是不是就完全无锚呢?也不尽然。魏玛时代的德国马克以及"蒋委员长"治下的民国金圆券,当是近代史上最劣的两只货币。那样胡来的货币,为什么没有印得更多、发得更烂?是印刷速度跟不上吗?如是,"印刷速度"就构成这些劣币之锚。

其实,货币是因为大家都接受才成其为货币的。天下持币人没有那样蠢笨,会没完没了接受越变越劣的货币。劣币跑出来了,打个折扣标上劣价继续用,这种事情是有的。毕竟两害相权取其轻,完全废掉一种流行的货币,对交易的损害太大。但人们总不会放弃寻找替代之物,来抗衡劣币化的趋势。这是说,持币人的接受意愿是约束货币的最后底线。在这个意义上,至少从长期看,天下没有完全无锚的货币。

真正的困难,是怎样选一个可保币值较少贬损的货币之锚。毕竟,从响当当的真金白银到被持币人弃之如敝屣的最劣币之间,还有不小的空间。自金本位制以降,多数货币呈两极化的命运:或被劣币化趋势所席卷，连同其显赫一时的发行者一起被请出历史舞台；或成为对抗劣币化的赢家，在熙熙攘攘的市场流通之中历久弥新。这样看，选锚的高下决定货币的命运。

但是选锚的困难，绝不仅仅是技术性的。贵金属货币本来没有选锚的问题，因为贵金属的开采、冶炼和铸造，天然约束着货币供给量的增加。或者说，贵金属货币之锚，就是它们自己。但是，货币史还是告诉我们，"选择"无处不在。比如给定矿产的储藏，究竟哪一种金属当上了货币，就是选的结果。已选定金银为货币，要不要耗费——以及耗费多少——资源来勘探、开采或干脆掠夺更多现成的金银呢？也要权衡利弊、做出决定。更普遍的是，怎样决定铸币的成色？毕竟，通过减少铸币的贵金属含量来为君主入不敷出的开销"融资"，早在罗马时代就有过记载。

甚至贵金属货币的存废，也是选的结果。至少在中国的货币史上，纸币早就起起落落好多回——其实也是金银货币被废了好多回。掩卷而思，人类并不总是为了寻找更锚得住的货币才发明纸币的吧？那是"逆向淘汰"的结果，贵金属货币遭废黜，没有别的道理，恰恰是因为其锚太牢靠！

法定纸币的兴起，使货币锚的问题变得空前严重起来。讲起来，中国发明的造纸和印刷技术对此有大贡献——印钱的成本如此之低、货币的潜在供应量如此之大，究竟怎样加以约束，才能保证经济既享受货币提供价值标准、交易媒介和储藏手段之利，又免受严重的通胀、通缩和预期紊乱之害呢？

这就是诞生现代中央银行制度的"问题背景"，也是现代"货币政策"越闹越复杂、"货币政策工具"令人越来越眼花缭乱的原因。以中国为例，《人民银行法》清楚地规定了货币政策的目标，即"保持货币币值的稳定，并以此促进经济增长"。但是究竟要如何操作，才能切实做到保持人民币币值的稳定，就不是一道容易解答的题目。

这就是为法定纸币选锚的问题了。第一可选之路，是实物锚。这就是选一种或几种本身市价不易变动的商品，充当约束人民币供应量的基准。比如选上黄金白银,那就要以央行储备的黄金白银为准,只有在增加储备的前提下,才能相应增加人民币的供应量。如是,人民币就被央行储备的黄金白银"锚"住了,人民币的币值就相当于真金白银的购买力,因此不会轻易"变毛"。当然,也可选其他商品,如石油、煤炭、木材等等,也一律以储备的实物为准,增加了储备才能增加货币供应。

此锚的问题是,实物储备有巨大的耗费,付得起还是付不起?像人民币这样自诞生之日就从不依赖实物储备的货币,突然哪一天要重建自己的实物储备,又谈何容易?以当下 M2 高达 70 多万亿的人民币为例,按市价买任何一种实物商品来充当储备,耗资都是天文数。还不要说,央行真要出手购置实物储备,其市价可能翻到天上去了。抛开这点不谈,倘若充当货币储备的商品之价波动,货币的币值也跟着波动,那又何来币值之稳定?放眼看,包括黄金白银在内,所谓"市价稳定"的商品,现在还真的是举世罕有。

所以,除非有天大的意外,人民币不会选实物为锚的路线。余下的,就只有在信用货币的框架里打主意,选一个抽象的货币准则好了。这里"货币准则"的意思是,究竟遵循何种原则,来决定不以实物储备为后盾的法定货币的供应量?

抽象的准则,讲起来可以是很多的。删繁就简,可以归为两大类:直接约束货币的供应量,或着眼于货币影响物价的后果,以某种物价指数倒过来约束货币的供应量。前者以弗里德曼在世时的一种主张为标杆——干脆在美联储放上一部计算机,预设一个美元供应的年增长率——譬如在美国常年平均的 GDP 增长率之上加 1—2 个百分点——直接控制美元增长。后者的应用就多了,譬如当下欧美多国的"通货膨胀目标制"(inflation targeting),就是锁定通胀指数或所谓的"核心通胀指数",以此为基准来调节货币政策的松紧。

弗老对美国货币史下了过人的工夫,所以其建议有扎实的学术研究为基础。他最主要的发现是,在广义货币供应量与物价指数之间存在着可靠的因果联系。由此,为争取物价的稳定,非把货币置于非人格化准则之下不可。问题是,科学发现的逻辑,难以剥夺相机的货币调控所带来的巨大权力。更麻烦的问题是，管制引起货币的不断创新，以至于最后连"什么是货币"也难以清楚定义。说不清楚货币的定义，"货币准则"又从何谈起？

以物价指数间接约束货币量，在理论和实践方面倒有不少发展。比较重要的，是随着全球开放步伐的加快，能不能以国别货币之间的价格指数——汇率是也——来约束某些国家的货币供应量？蒙代尔不遗余力、大声疾呼坚守固定汇率，出发点恰恰是货币准则。他相信，与美元挂到一起的固定汇率，能把绝大多数国家的货币供应量约束住。既然谁也不能在固定汇率下把货币发得超过美元，那其物价指数就不会超过美国的物价指数。

这点很重要——货币准则才是汇率辩论的重点。重读蒙代尔与弗里德曼的"诺贝尔对决"，知道他们共同的关注并不是汇率对贸易的影响，而是货币准则。其实，早就论证了浮动汇率无可避免的弗里德曼，其实也赞成在发展中国家实行固定汇率。他的理由与蒙代尔一样，也正是在那些自己管不住货币的地方，固定汇率也许可以强制约束通货的滥发。

问题是，在经验上能不能证明，固定汇率或"盯住"美元的汇率制度，真的就有约束一国货币权力的效力？本系列评论依据人民币汇率的经验说明，外力不但没有成为有效约束人民币之锚，还为摆脱有效的货币约束"开辟了"新的可能。讲到底，连自己也想摆脱约束的美元，有可能把别国的货币锚住吗？

2011 年 7 月 29 日

# 美元之锚的历史变化

美元曾经有过非常可靠之锚。否则,这么一个国家的国别货币,怎么有资格成为全球的结算货币与储备货币?按照上文提到的观点——汇率问题的要害是货币准则——假如美元自己没有可靠的锚,它又凭什么充当其他国家货币之锚?

历史上最可靠的美元之锚,是黄金与白银。1792年美国国会通过的《铸币法案》规定:每一个美元(dollar)等于371.25格令纯银,或24.75格令纯金(格令是英美制重量单位,每格令等于0.0648克)。法案还规定:任何个人或群体都可以把金块银块送到铸币厂铸成美元硬币,铸币厂"应对送来的"金块银块进行检测,"一经接受,应尽快铸成硬币,并免收加工费用"。这就是"自由铸币"制的由来。不过,铸币厂必须按法定的金银比例(15∶1)铸造美元。很明白,美元来到世上的时候,是响当当的以金银为本位的货币。

美元铸币响当当地可靠,缺点是不那么方便。于是,纸币应运而生。不过,到1934年之前,除了因应战争而发生的偶然例外,美国政府发行的纸币主要是"金币券"(Gold Certificates)和"银币券"(Silver Certificates),都是以黄金或白银为储备的纸币。最早美国政府要"发行"金币券,必须在库房保有等值的金币,并承诺存款人随时可按票面值来兑换。这差不多就是奥地利学派认为最理想的货币——存款人把贵金属存入政府库房(民间钱庄亦无不可),得到一张"仓库存单",然后在百分之百储备制的条件下凭单交易。横竖甲要买乙的货物,就用自己仓库存单里的金币给付,按数划到乙的仓库存单里就结了。在这一货币制度下,政府和银行都不能"创造"货币,因为货币发行者不过是代客保管金币,并提供兑付金币或互相划款的服务而已。

1882年以后的美国金币券有了一点变化。我在网上看过照片,美国金币券上开始印有"In Gold Coin Payable to the Bearer on Demand"的字样,意思是"向持票人兑付金币"。注意了:不再是唯有"存金币者"(depositor)才有权兑换金币,而是任何"持票人"(bearer)都有权凭票兑换金币。这当然方便了交易,因为人们买货物时不一定要去货币仓库划转所存金币,而可以直接把金币券付给下家,由下家——持票人——去划存单或兑金币;下家也可以省却这道麻烦,把金币券付给下下家。金币券因此流通起来,只要所有持票人确信总可以按票面值换得等值黄金,以票子完成交易总比用响当当的金币方便。于是,金币券和银币券就越来越像"现代纸币"。特别是1913年联邦储备银行成立以后,"国家信用"保证向持票人兑付黄金白银,统一的绿背美钞从此大行其道。

那个时代,美元本身的含金量就是货币之锚。由金币券和银币券构成的纸币,不过是政府和银行依凭储备的金币银币开出的"借据"。由于存款人或持票人分分秒秒可以凭票兑换贵金属,这些纸币也等于以黄金白银为锚。抛开金银复本位制的困扰,那时的美元,不过是19世纪以来以英镑为中心的国际金本位货币的一个组成部分。只要美元英镑的含金量稳定,它们之间的汇率就固定。我们可以说美元以英镑为锚,也可以说英镑以美元为锚,其实它们皆以黄金为锚。

大变化发生在1933年,美国在这一年废除了美元的金本位。背景是一连串事件:第一次世界大战动摇了国际金本位,因为黄金的物理属性并不能抵挡参战各国政府通过膨胀货币来膨胀财政的冲动,所以碍手碍脚的金本位不再合乎时宜。美国没有卷入战争,却因此成为欧洲黄金避险的安全地带,大量的黄金流入讽刺性地造成美国的高通胀,以及接踵而来严重的通缩。一番手忙脚乱的调控之后,终于把正在全球崛起的美国拖入了大萧条的深渊。为摆脱困境,1933年4月美国继英国在1931年废除金本位之后,先宣布黄金管制,不准黄金出口,强制美国人上缴黄金、换回美钞,并禁止公众在国内拥有黄金或从国外购买黄金。1934年1月,美国又通过《黄金储备法》将美元贬值40%,确立了

1 盎司黄金 35 美元的新的法定价格。

至此,美国不再用黄金铸币,金币券也派不上用场。"法币"时代来临。美元成了货真价实的纸币,票面上不再印有持票人可以凭票兑换黄金的严肃承诺,仅仅保留了"本法定货币可用于支付一切公私债务"(This note is legal tender for all debts, public and private)的字样。唯一藕断丝连之处,是美元钞票还守着一个法定的黄金市价。问题是,此时美国的黄金市场上早已空无一人,因为美国人民再不能合法地拥有、买卖黄金! 美元之锚开始质变。

1944 年的布雷顿森林协定,不过是把上述"以法定黄金市价为锚"的美元推向了世界。是的,"美元以平价挂黄金、各国货币以固定汇率挂美元"的布雷顿体系,只不过看起来还像金本位而已。区别在于,古典金本位直接以普通公众可以持有、交易的贵金属为锚,而"金汇兑本位"下的美元,却以政府按法定市价汇兑黄金的承诺为锚。美国政府能一诺千金吗? 当时 44 个缔约国的代表相信万无一失。这也难怪,当时的美国经济已超过英、德、法三国经济之和,成为全球大哥大。加上不再为各国货币充当币值稳定之锚的黄金,大量流入不受世界大战拖累的美国,使美国拥有的货币黄金总量相当于西方世界的 3/4。更可圈可点的是,山姆大叔内外有别,在禁止本国公民持有黄金的同时,却信誓旦旦地答应持有美元储备的各国央行,可按 1 盎司 35 美元的黄金平价向美国财政部兑换黄金。

美国的承诺一时无懈可击,布雷顿森林体系得以顺利运转。它不但看起来像古典金本位一样可靠,而且还格外便宜,因为印制美钞的成本与维系金币储备的成本,完全不可同日而语。作为世界储备货币的供应国,美国得到的好处可不单单像有人估计的那样,只是每年获取一笔铸币税而已,更大的"好处",是美国可以凭藉美元的货币幻觉,超过黄金储备增长的幅度发行美元。上世纪 50 年代以来,美国打了朝鲜战争又打越南战争,在充当世界宪兵的同时还要在国内搞"伟大社会",哪样不是靠了财政赤字? 巨额财赤超过了其收税的能力,还不是靠超发美元,以便让全球储备美元的国家"分享"美国债务?

这就埋下了布雷顿体系崩溃的种子。毕竟瞒天不能过海。美国承诺兑付黄金又大手超发美元，总引起某些国家率先警觉、率先行动。数据说，战后美国拥有250亿美元的黄金存量，但从50年代起，由于欧洲国家不断向美国兑黄金，60年代后期美国的黄金储备急剧下降到90亿美元。按承诺的黄金平价计，美国的黄金存量从7亿多盎司骤减到2.5亿盎司。但此时的欧洲各国，至少还囤积着800亿美元、有权要求美国兑付22.8亿盎司的黄金！这台戏怎么唱？山姆大叔使出浑身解数对欧洲施压，不让他们来兑现黄金。别人好办，偏偏法国的戴高乐总统不买账，在他那位奥地利经济学派出身的顾问、古典金本位制经济学家雅克·吕夫的推动下，法国带头要美国履约。1971年8月15日，尼克松总统宣布美国关闭黄金窗口，以美元为中心的布雷顿森林体系寿终正寝。

　　至此，美元不但脱开了黄金之锚，也脱开了"承诺的黄金平价"之锚，真正变成"法定不可兑现货币"(fiat money)。不要以为人类从此进入了一个货币新纪元——这种不以黄金和商品为本位的法币，在很多国家的历史上多次出现过。此种货币命悬一剑，完全取决于操控印钞机的货币当局能不能维系币值的稳定。因为各种压力，多少在历史上光鲜登场的法币，在把所有持币人和整个经济洗劫一番之后，自己也难逃"纸船明烛照天烧"的命运。于是，离不开交易的社会只好重新向贵金属或商品本位的货币回归，重建货币秩序。这就是货币史，美元也不例外的。70年代彻底脱开黄金之锚的纸币美元，超速通胀，把美国和世界经济搅得一团乱麻。倘若不是出了一个敢负责任的美联储主席保罗·沃克尔先生在1979年后下痛手治通胀，美元怕是早就玩完了。即便如此，根据当下的黄金市价(每盎司1 200美元)看，"以央行货币政策为锚"的美元制度究竟能不能经得起"生存检验"，还真的不是一个已经解决了的问题。

　　以上记述的，不过都是入门的常识。我不明白固定汇率论者的地方，是他们至今热忱推荐的救世方案——用固定汇率把各国或各货币区的货币与美元结成牢不可破的整体——究竟指的是什么时代的美元？是古典金本位制下的美元，还是1945年后"承诺以黄金平价兑付"的美元，抑或是布雷顿体系完全崩盘、以可遇不可求的负责任的央行行长为"锚"的美元？我也不明白，不少专家和意见领袖在回应日本、美国政客"要人民币升值压力"时，为什么会把"人民币对美元绝不升值"作为人民币的最佳出路？让人民币死挂美元，不正是要人民币死死地以美元为锚吗？当今美元自己尚无可靠之锚，怎么有资格充当人民币的安全之锚呢？我最不明白的地方，是人们真的找不到更合乎经济逻辑的方式，来表达他们比别人更热爱自己国家的独特情怀吗？

2010年7月1日

# 以央行行长为锚的货币制度

上文提到的保罗·沃克尔先生,是1979—1987年间的美联储主席。此公被看做是美国货币史上的一位英雄,以强势扭转了美国被通胀吞噬的命运。我们到今天还在讨论人民币要不要以美元为锚,很大程度上也是因为脱离了金本位后的美元遇上了这么一位人物。我喜欢保罗的故事,正是那略带个人英雄主义的传奇,让我明白货币选锚问题的困难所在。

1971年8月15日尼克松总统宣布关闭"黄金窗口",终结了布雷顿森林体系。一时间,各国央行持有的数百亿欧洲美元,再也无处按美国政府当年承诺的平价兑换黄金。此前几年,美国国会也大大咧咧地解除了美联储发行美元非要有一定比例黄金储备的法定要求。这就是说,无论对外还是对内,美元都获得了"解放"——它既不受黄金储备的束缚,也不受履行平价兑金承诺的国际压力。但是,美国因此就真的白白占到了便宜吗?

至少保罗·沃克尔不这样看。说来不是巧合,这位对美元地位忧心忡忡的人士,当时还是"尼克松冲击"的最重要谋划人之一。作为时任美国财政部主管货币事务的副部长,他认定"欧洲美元危机"是美国超出黄金储备发行货币的必然结果。因此,他不同意其他总统智囊之见,以为威逼利诱欧洲国家货币对美元升值,就可以一劳永逸地解除美元危机。他主张公开摊牌,结束根本就不可能守得住的布雷顿森林体系。

保罗·沃克尔认为还要下大决心治理美国国内的通胀。祸害的源头还是美元超量供给,但治理国内通胀却比对付那些暴跳如雷的外国政府代表更为困难。毕竟,治理国内通胀的代价要由本国同胞、产业界以及政治家来承受。没有一定的共识，缺乏必要的政治容忍、许可和支持，要治理已经恶化的通胀根本无从谈起。实际上，到 1979 年保罗·沃克尔得到卡特总统的提名而当上美联储主席时，美国 CPI 已高达 13%，累积多年而加速的通胀早就是美国头号的国内经济问题。

这位身高 2 米以上的新主席上任伊始就下痛手。那时美联储的政策工具与后来格林斯潘时代的一样，主要是提升联储基金利率。保罗上任第八天就宣布，把联邦基金利率提高 50 个基点到 11%，再过 2 天又宣布把贴现率提高 5 个基点到 10.5%。但是，当这位美联储新掌门人要求再次提高贴现率时，他遇到了麻烦：美联储有投票权的 7 位委员中，3 位反对。虽然保罗还拥有多数，但舆论和市场却可能判断进一步的加息是不可能的了。

在美联储投票决定基准利率的制度下，保罗遭遇了两难困境。如果他坚持"利息至少为正"的立场，要求进一步加息，那么他很可能成为上任不久就变成少数派的美联储主席，并因为成为少数而无法贯彻自己的政策主张。如果他像他的前任一样圆滑地妥协，那么反通胀使命就将前功尽弃。这里的关键是，通胀不单是货币现象，而且还是一种公众的心理现象。只要人们预期未来还是高通胀，就会不断地以购买行为来保卫自己的财富。人们越是不停地买、买、买，货币比商品和服务增长更快的超发行本性就越发暴露无遗，并使物价的持续上涨刺激更多的购买行为和更高的物价上涨。要打破高通胀自我强化的逻辑，有效办法就是加息，因为利息的提高等于增加了消费行为的机会成本。经济学说，只要代价足够高，总可以约束得住行为。

问题是，有没有允许经济规则发挥作用的政治条件？美联储内部的反对意见其实有着更为广泛的代表性，因为大幅度升息必然带来"通胀治疗过程"的痛苦。从生产者的角度看，消费者减少购物意愿不啻是一场灾难，因为库存会增加、周转会减慢、破产会上升、失业会严重。原来经济不但也怕痛，痛者还会大喊大叫。像正常情况下那样一道道"微调式"的升息，事还没办成，叫痛的政治力量就集结完毕。

保罗·沃克尔理解自己的困境，但决不放弃为脱离金本位的美元重新建锚的使命。他坚持经济逻辑的原则，又凭借多年"周旋"在美国行政与政治迷宫里练就的本领，终于找到了破解困境的实际路径——美联储不再投票决定基准利率，转而直接制定美国货币供应量的目标，然后经由市场过程，由货币供应量的变化决定利率的变化。这真是神来之笔：货币供应量当然决定着利率，但美联储却再也不需要为提升利率而直接面对政治与社会的压力。当时有一位批评者点评道，"这是一个政治行动而非经济行动"，因为"随着利率不断升高，联储可以说，'嘿，这与我们有什么关系，我们又没有加息，我们只是在实现货币供应量目标'"。①

  有关此次美国货币调控转型的细节，读者可以在上引的《纽约时报》记者关于保罗的那本出色传记里读到。这里记下的是结果。1979年10月6日美联储一致通过了货币供应量目标的新体制，接着在开门的市场上，联邦基金利率从12%攀升到18%，然后落在13%—15%。商业银行的优惠利率因此被推高。然后，利率在平静的氛围里持续上升，在1981年夏秋之际攀上了连保罗本人也没有想到过的顶峰：联邦基金利率19.1%，商业银行优惠利率21.5%！狂奔的通胀野马终于被勒住了：美国通胀率在1981年降为6.5%，再过2年又降到4%以下。代价当然也不菲：美国经济在衰退里挣扎，破产企业翻倍，失业率创1940年以来最高。提名保罗·沃克尔任联储主席的卡特总统，因为保增长不力而无缘连任。对于保罗本人来说，虽然货币供应量的调控模式确保了他得以在美联储完成自己的使命，但排山倒海的讥讽和谴责、受损利益集团的高调辱骂，还有时隐时现来自白宫和国会山的政治压力，终究还要压在这位大个子的身上。保罗的品格不允许他做无原则退让，而正是这一点帮他守到了云开日出，从被污蔑为经济衰退杀手，到成为公认的美国英雄。

  从货币制度着眼，保罗·沃克尔为美元重新建的"央行行长之锚"，

---

① 见 Joseph B. Treaster,《保罗·沃克尔——金融传奇人生》(*Paul Volcker*: *The Making of a Financial Legend*)，李莉译，中国金融出版社 2006 年版。

是不是过于诉诸个人因素而缺乏持久的可靠性？有这个问题。君不见，美联储在保罗的继任格林斯潘主席领导下的作为，不正因为金融危机而经受着重新审查吗？不过，我从保罗的故事里也读到另外的意味。所有那些弥漫在央行这样一个人造机构周围的要求宽松货币、不惜以通胀应付短期经济压力的社会力量，同样也包围并改变着古典金本位制。讲到底，黄金的物理属性不能抵抗晃动货币之锚的社会力量。在由活生生的人组成的经济里，"非人格化（impersonalized）的制度安排"，终究受制于在传统、历史教训、现实的经济政治力量等约束下的人的行为。结论是，"以央行行长为锚"——或以任何其他人为机制为锚——的货币制度，不但不是偏离理想货币体制的例外，反而集中而醒目地反映了人类寻找可靠货币之锚的全部困难。

2010 年 7 月 17 日

# 人民币当然要择善而从

人民币从来就没有以黄金为锚。早在人民币诞生前的十三年，明清以来行之多年的银两加铜钱的传统货币，就被国民党政府的法币所取代。法币者，法定由政府发行的纸币也。随着国民党政府的垮台，人民政府接管了全国政权，也接管了中国大陆的货币发行权。回到金本位是不可能的了：早在解放前夕，"蒋委员长"就把他治下的国家黄金储备悉数运往台湾。没有黄金储备，无论古典的金本位还是政府承诺兑换黄金的货币制度，都是搞不起来的。

况且当时"老大哥"实行的也是法定纸币制度。新中国一边倒学苏联，货币制度不会例外。倒也不需要与卢布挂钩，因为各革命根据地早就积累了发行和管理货币的经验。新中国要做的，就是把各根据地发行的票子统一起来，完成从支持全国解放战争到为重建国民经济服务的转变。我读过中华人民共和国首任央行行长南汉宸的传记，他有一句话令人印象深刻：我们总不能拿着花花绿绿的票子进城，像八国联军进北京那个样子。新的人民币诞生了。因为还没有正式被选为人民共和国的主席，毛泽东在审查人民币时，就不同意把自己的头像印在票面上。直到1976年，人民币的图案就是"工农兵大团结"，含义应该是人民的货币为人民提供交易媒介。

但毕竟还是法定纸币。所以，人民币从诞生的第一天起，就面临选锚问题。发行货币当然是国家的权力，但是，有权发钞的国家，究竟根据什么来决定发行多少货币呢？从经济性质看，黄金白银除了充当货币之外，还有别的实际用处。纸币则纯粹就是交易媒介，发少了窒息交易、打击生产；发多了拉高物价、引起通胀。因此，究竟以什么来约束国家发行货币的权力——为法定货币选锚——其影响就不限于"上层建筑",而是事关普天下苍生的日常生活和经济利益。

从逻辑看,战争、革命,特别是国家政权的更迭,通常与货币币值的极度不稳定互为因果。背后的道理是,如果天下是谁的都未定,"死后哪管他洪水滔天"的国家机会主义思维就容易占上风,因为还不知道究竟会滔了谁的天哩。历史的记载是,在政权大厦将倾的危亡关头,执政者常常不惜开足货币机器,以高通胀争取延长权力的寿命。还有就是新政权诞生之际,脚跟尚未站稳,百废待举又缺乏税基的支持,超发票子往往成为权宜之计。法国革命、美国革命、布尔什维克的俄国革命,新政权登上历史舞台的时候,一般伴有严重的通胀。这似乎说明,在冲决一切罗网的革命与天性保守的货币之间,存在着与生俱来互不匹配的紧张。

人民币是例外。没有黄金储备作后盾、纯粹的纸币、新生革命政权的国家信用——但是人民币从开始之日起,就选择走稳健货币的路线。人民币以什么为锚?想来想去,它的第一个"锚"就是历史教训。远的以后再论,前朝国民党政府留下的货币教训,足以让新中国的货币掌门人铭记在心。看看吧,从法币到金圆券不过十几年时间,头戴"国家元首"与"抗战领袖"两大桂冠的蒋介石,就把他的国民党政权带向了毁灭。军事方面的无能与失利是一小部分原因,社会经济政策的失败才是根本。其中,超级恶性的通胀终于把全体国民推向了国民政府的对立面。

恶性通胀的一个派生物就是广大民众持续保持超高的通胀预期。有一年春节,我和毅夫一起去看季羡林老先生,那时他住在离朗润园不远的公寓里。讲起40年代末的民生,季老说那时的清华教授领到薪水后的第一件事情就是跑步去买米。"跑快跑慢的米价不同!"我也问过生活在1948—1949年上海的老人怎样对付生活,回答是胆大的拿到钞票就换银元(非法的),胆小的若买了生活必需品还有余钱,就囤商品——大米、纸张、毛巾、肥皂、烟酒,无论多少,反正绝不能持币就是了。民不聊生的经济溃不成军,因为人人囤东西,市场上什么也抢不到,大家越发轻钱重物,货币追商品,物价越追越高。

当时没有什么人相信共产党管得了通胀。但是陈云带薛暮桥到上海,只用两招就把问题解决了。这也是对付通胀和通胀预期最基本的功夫:一是严控货币投放,二是加大商品供应。反正看到街上的东西越来越多,囤积保值的心理倾向就会逆转。等到了囤物者熬不住也向市场抛卖商品,通胀连同通胀预期就被杀下马来。从此,"货币不能超经济发行"就成为管理人民币的第一准则。剩下的问题,是摸索究竟发行多少票子才算合适的经验参数。

后来的历史也说明,只要抗得住"超经济发行",人民币的币值就能够保持稳定。什么时候这个准则被破坏——譬如超越实际可能的"大跃进"(无论土的还是洋的)——货币币值就失稳,物价总水平就上涨,老百姓说的"票子毛了"就卷土重来。这也说明,以历史教训和货币掌门人为锚的货币,还不足以提供制度性的保障。岁月消磨记忆,再沉重的历史教训也会随风而去。从来没有跑步买米经验的下一代或下下一代,不是很容易发表"有点通胀没什么了不起"之类的宏论吗?至于坚持稳健货币准则的货币掌门人,可遇而不可求。就是遇上了,不让人家管事,不也是白搭?美国是号称央行有独立性的地方,但保罗·沃克尔也不能保证他的继任者与他信奉同样的货币准则。中国也有这个问题。

因此,倘若能与一个客观的、"非人格化"之物挂起钩来,人民币的币值稳定才能有不受人事变化影响的制度保障。在这个意义上,选物为锚不失为一个可靠的办法。选什么呢?石头太重,虽然弗里德曼给我们讲过石币之岛的精彩故事。① 黄金白银又不够,这是上文讲过的,历史并没给人民币留下贵金属储备。

当然也可以选一个外国货币或一组外国货币来挂钩。不过论及以外币为锚,不免让人唏嘘,因为要赶上一个好时机也殊为不易。以美元为例,人家响当当相当于黄金的时候,人民币还没有问世。1944 年布

---

① 见 *Money Mischief*: *Episodes in Monetary History*(Friedman,1994);中译本见弗里德曼,《货币的祸害——货币史片段》,商务印书馆 1996 年版。

雷顿森林签订协议的地方,倒是有中国代表到场,但没有签字。不知道如果当时签字入约,国民党政府的法币以固定汇率挂美元,以后还能不能锁住老蒋滥发票子打内战的"雄心"?不过这与人民币也没有什么关系,因为人民币还没有诞生呢。中华人民共和国的前几十年,人民币就是要选外币为锚也轮不到美元,因为中美之间根本没有多少往来。直到90年代中后期,中国大开放加入世贸,人民币挂美元才有可能变成现实。但此时还作为世界第一强币的美元,却开始走下坡路。

下文继续讨论人民币选锚的经验。这里先写下作者的观点:选锚之举为的是维系人民币的币值稳定,无论怎样打算盘,人民币当然应该择善而从。

2010年7月24日

# 货币准则才是问题的根本

正当本系列评论收尾之际,上周末发生了美国国债遭标普降低评级的事件。报道说美国财政部在上周五下午 1 点 15 分得到通知,然后财长等高官即与总统奥巴马作了讨论。次日,白宫国家经济委员会主席斯柏林(Gene Sperling)公开作出抨击性回应,抓住的把柄是标普的估算出错。不过毕竟史无前例,消息还是引发激荡,本周全球股市连日一片漆黑。

看到过的评论里,有两个观点值得注意。其一,此降级并不意味美国国债违约的风险上升,因此其象征意义重于实质意义。其二,虽然自家的信誉有可议之处(如曾给次贷较高评级),但标普公开给美国国债降级,却是一个划时代的事件。合到一起,仅具象征意义的美债降等是一个划分时代的大事件。

我同意这个合并起来的判断,出发点还是货币。这么想吧,举世对美国国债预后不良,起因是美国联邦负债过度,而如何削减债务,他们的国会要闹到政府几近关门才达成微弱的一致。进一步问,美国政府的过度负债又缘起何方?如果说希腊、西班牙和意大利等国的欧债危机,起因于"欧猪"们争搭欧盟(特别是德国经济)的便车,那么美国这样一个超级大国,又有谁的便车可搭呢?

答案是,美国搭了美元的便车。很明白,倘若没有美元,这个星球就是所有国家都心甘情愿,也借不出如此庞大数目的钱来供山姆大叔海花。还不是因为美元是全球主要储备货币与结算货币,还不是因为美国掌控了全球主要储备货币的供应,所以美元才成为美国过度负债的支点?君不见,美联储印制的天文数字的美元,到国外转一圈回去就成为美国有钱可花的国债?2007 年危机爆发后,美联储还有进一步的

"创新",那就是加印钞票直接购买美国国债。甚至在此次美债危机之后,还有专家建议美联储考虑进一步买美国的州债!当然州债还不过瘾的话,还可考虑县债、镇债甚至社区债。

看客须知,全球储备货币是为全球交易服务的。美元那票子毛了,受损的可远不止美国自己。可是美债的好处,却差不多为美国独享。这就应了我下乡时候老乡说的那种情况:炒豆自己吃,砸锅是大伙的。收益独得,代价则由他人分担,这就是"搭便车"的行为逻辑了。

这样看,此次美债危机牵动的层面不单是债务违约,而且事关全球货币秩序。美国的国债好歹还有一道上限法令管着,就是贵为美国总统,想突破也必须求得国会的修法支持。可是,美元又归谁管?一旦这口"货币大锅"砸了,还不是天下所有持有美元和美元资产的国家、公司、个人,一概"贵客自理"?这是说,美债的背后有一个更严重的美元问题。美债降级冲击的不只是对美国政府筹资、偿债能力的信心,更冲击对美元的信心——那又何止"动摇国本",从全球金融着眼,说"动摇球本"也不算离谱。

应对思路也要分层处理。作为美国国债最大的债权人,此次中国面临的压力之大可想而知。手头的资料说,现在中国内地持有美债1.15万亿美元,占全部外国持有美债的26%,分别超过日本(20%)、英国(8%)、巴西(5%)和俄罗斯(3%)。如果算上香港(3%)和台湾(3%),中国持有外国美债的总额,比日、英、俄三国之和还多出了一个百分点(数据见香港《信报》2011年8月8日要闻版)。美债评级被降级,即便象征意义大于实质意义,大债权国手中的美债资产有账面损失的风险,怎么可能没有压力?

问题难在增量而不在存量。这里所谓存量,就是已经作为国家外汇的美元资产,其中包括中国持有的万亿美元以上的美国国债。横竖选择不多,不持美债就买欧债或日元资产,就算那些真比美债强,也没有那么大的容量呐。大债主的确不好当,常常还没有搬兵,市场相对价格就闻风而动,鲁莽从事的话,吃亏的还是自己。退一步想,选择不多就是机会成本高不到哪里去,投资也讲路径相关,"套住了"就作套住的打算。短期可下注的是,现在轮到美国"大到不能倒"。这倒不是说山姆大叔的国运依旧昌盛,而是超级大国走下坡路是长期而慢变的趋势,短期内除了一次又一次的意外冲击,偌大一个美国"瘦死的骆驼比马大",说倒就倒的可能性等于零。

令人忧心的是增量,因为美元还是每日每时地大量涌进中国,还在不断转为国家的外汇储备。读者一定注意到以下新情况:中国的贸易顺差收窄了,但国家外汇储备的增势还是方兴未艾!不论各家怎样分析其成因,当务之急却是要面对它的结果——外汇增量又源源不断转为选择不那么多的存量。那呼呼流向中国的美元,难道真能像某位名家主张过的那样,"一把火把它烧掉"?个人自己的美元,想烧就烧吧,别人不好说什么。国家的外汇储备是公共财产,其中的每一块钱都是央行用基础货币换来的,那也是说烧就烧得的?烧不得,又不能锁在保险柜里,还不是只好再买美债——说白了就是继续被套。

我的意见,这看似别无选择的局面,其实终究还是选择了的结果。回头看,第一个大选项,就是要不要把维系人民币对美元的汇率稳定,作为中国一个毋庸置疑的优先政策目标?另外一个选项,那就是定下了人民币汇率稳定的目标,究竟用什么手段来守?用本系列评论习惯的方式发问,就是非要央行用基础货币大手购汇,才是维系人民币汇率稳定的最佳路径吗?

事实上,恰恰是对以上两大问题作出了选择,才把我们引入事后看来似乎没有选择余地的困境。反思一下,应该无人漠视出口对中国经济增长、就业和税收的积极意义。但是,以汇率稳定支持出口导向战略,却遇到一个挑战:人民币汇率那头挂着的美元,其本身的币值究竟稳定还是不稳定?若美元币值稳定,人民币汇率稳定就好办,对整体经济的积极作用也明显。若美元的币值不稳定,人民币一头热搞汇率稳定,负面的代价就越积累越大。

讲过了,在美元发飘的状况下搞固定汇率或盯住美元那一套,很像是当代庞统的连环计,把中国大船与美国巨轮拴在一起,看起来甲板辽阔,场面稳定得不得了,但一把火烧起来谁也跑不掉的危险也随之增加了。至于被动地用基础货币大手买汇的办法来维系人民币汇率稳定,更是把美元走贬之火加快引到中国经济的船上——所谓"输入型通胀"是也。结果就是我们看到的,名义汇率算是守住了,但国内通胀抬头,真实汇率的稳定呢?恐怕还是渐行渐远。

问题的关键,是中国——还有其他外国——根本管不了美元的货币准则。美国的事情主要靠美国人自己管。人家搭上了美元的便车,舍不得下痛手约束自己,一时间谁也没有办法的。退而求其次,各扫自家门前雪,集中力量管自己可管的事情吧。可是,"固定汇率有利于中国经济论"大行其道,弄得人们普遍相信,只要美元当道,天下哪个国家也无法独善其身。岂不知,"固定汇率论"兴起的经验基础,是美元或挂黄金、或挂还算审慎的货币政策,所以谁挂上了美元,谁的货币准则也就相对可靠。可惜到了中国大开放的年代,美元的货币准则早就审慎不再。美元管不住自己,非要人民币挂美元,结果就是既管不住美元,也很难管住人民币。此种情况下,高举"人民币绝不升值"大旗,高远的立意终究遭到日积月累的磨损。

美债评级危机及其背后的美元危机,再次提醒我们从货币准则的角度来看全球化。在这个意义上,当短期冲击的波纹平定之后,美债危机的"划时代"含义才会持久地显示出来。

2011 年 8 月 15 日

# 货币制度重于货币政策

这组汇率与货币系列评论,一共写了50篇。本文算是小结。原本没有计划写那么多,可是写着写着,有待探查的题目不断跑了出来。是了,本系列的重点不是评论,而是探查。主要是想弄清楚两件事情:其一,吵得沸沸扬扬的人民币汇率,究竟是怎样形成的?其二,汇率机制怎样成为中国货币制度的一个组成部分?回头看,也算一个特点吧:十数万字的汇率与货币评论几无一处讨论货币政策,出发点和落脚点都是开放时代中国的货币制度。

当然知道货币政策很热门。处在我们这个有人称之为"布林顿森林体系Ⅱ"的时代,全世界流通的货币都是"法定不可兑现货币"(fiat money),供应多少皆由各国货币当局说了算,货币政策想要不热门也难。君不见,又一波欧美债务——经济危机袭来之际,美联储主席的政策宣示,俨然更多了几分"一言而系天下安危"的味道?也不要怪人家拿腔拿调的,美联储的货币政策动向,松松紧紧之间,的的确确对全球的投资、贸易和增长有着十分巨大而敏感的影响。中国呢?总量全球第二,增量如宋国青教授说过的那样,早就天下第一。因此之故,中国货币政策是松是紧,关心者日众,影响力与日俱增。

但是个人之见,货币政策却没有多少可供探查的余地。从一个方面来看,货币政策是松是紧,变化的动力机制比较简单明了。无非就是价格驱动:物价涨得凶,货币偏紧;反之,物价总水平下去了,名义经济增长率也下去了,那就要考虑刺激啰。比起其他经济政策,譬如为什么允许民营开矿然后又把人家赶出来,以及房产证加添配偶名字要不要缴税之类,货币政策变化的依据较为清晰,没有多少探查的必要。从另一个方面看,物价水平的变化究竟到了哪一个点位才引起货币政策的调整，又与货币当局得到的信息质量、处理信息的能力、对经验教训的感知，以及关键决策人的私人知识和个人直觉有关，常常深不可测——局外人就是执意于客观的探查，也难以入手。

笔者是杜润生门下的经济调查员出身，除了探查，对别的事情兴趣不大。既然货币政策说浅了无须探查、说深了又无从探查，那就不妨把这个科目搁一搁吧。好在天无绝人之路，人民币汇率升值与否的争议显示了一个广阔的待探查领域：那么多中外名家吵来吵去的人民币对美元的汇率，到底是怎样形成的呢？

这就是本系列评论开篇题目的由来——"口水能定汇率吗"？该文从一个简单的常识出发，因为所谓的人民币对美元的汇率，不过就是一个美元能换几块人民币，不过就是货币市场上的一个成交价而已。方方面面对这么一个价不满意，入市出价不就得了？为什么那么多君子动口不动手，"升值"、"反升值"地大打口水仗，就是不到市场里去出一个价？我声明，这个问题看似冲着别人而去，"说到底是冲着自己来的"，因为未经认真的探查，我自己也并不了解，"在每个平常交易日的早上 9 点 15 分，由中国人民银行授权中国外汇交易中心公布的那个'美元对人民币汇率的中间价'——2010 年 4 月 12 日本系列评论开锣的那一天为 1 美元对人民币 6.8259 元——实际上到底是怎样形成的？"

探查的结果，人民币对美元的汇率是在中国的一个市场里形成的。该市场就是"中国外汇交易中心"，总部在上海外滩，其前身是汇率双轨制时代的"外汇调剂中心"。这是一个会员制的高级交易所，由具备外汇业务资格的银行和金融机构会员们，携带企业和个人结汇所得的外汇入场，彼此交易外汇与人民币的头寸。惊动世界的人民币汇率，就是在中国的这个银行间市场里每日每时交易的产物。

说市场这里也真是个市场，有供给、有需求、买卖各方竞价成交。不过这个市场也颇具中国特色。一个特色很明显，由于人民币还不可自由兑换，所以人民币兑美元和其他外币的交易，仅此一家，在国际上别无分店。持美元者要购人民币，唯有到中国来，在纽约、伦敦、法兰克福和东京都不能如愿以偿。后来在香港倒是开了一个口子,不过香港也是中国的一个特别行政区。此特色,解释了为什么人民币汇率问题常常被高度国际政治化,压人民币升值的外国政要一个接一个。用本系列评论的直白方式发问,要人民币汇率大幅度升值的,大手拿美元买人民币就是了,何苦吵吵闹闹的?人家的回答也许是,在他们那里买不到人民币!讲过的,真正的釜底抽薪之道,是全球哪里都可以买到人民币,管他升值派还是贬值派,一概请到市场里出价,免得在会见厅里施压。

还有一个特色更为重要。外汇交易中心由央行管理,而后者又入场交易,且是中国外汇市场里的最大买家。这就更值得探查:央行这么一个国家机关,一不抽税、二不做生意,哪来的购买力天天在外汇市场上大把购汇?调查的结论是央行动用了基础货币(来源是货币发行加法定负债)。"基础货币"从央行的门出来,入了售汇给央行的商业银行的账户,就成为所谓"高能货币",因为商业银行把款项贷出去人家再存进来,可以"创造货币"。再加一条中国特色,条条块块的政府都可征用农民的土地,押到银行来借贷,让中国的货币创造更上层楼。

这么一个变化,量小了无伤大雅。可是中国的开放是一个大国在人均收入很低水平上的开放,很快就在国际竞争中发挥出惊人的比较优势。1990年中国的净出口不过510亿人民币,占年度GDP的2.6%,可是到了2004年,中国净出口就超出1万亿人民币,占GDP的5.4%;到2008年,中国净出口2.4万亿,占GDP近9%。反映到货币运动上,央行的资产负债表上增长最为迅猛的当数"外汇占款"——央行从商业银行那里购买外汇占用的基础货币。大家可以看央行网站公布的数据,2010年年末我国外汇占款22万亿人民币,比八年前的2002年净增近二十万亿。"高能货币"更加势不可挡,2010年年末我国的广义货币(M2)存量72.3万亿人民币,比2002年年末净增了53.8万亿。

货币流程根本改变。原来央行发出货币,主通道是借款给商业银行,后者再把钱贷出来,市场上就有钱用了。次通道是借钱给财政,特别是在财政入不敷出的年份。可是1994年中国对新中国成立之后历次高通胀的教训痛定思痛,由全国人大立法,禁止央行对财政透支,把上述那条货币小通道堵住了。另外大体是从2000年开始,央行借钱给商业银行的通道也开始大反转,变成商业银行大把借钱给央行!探查过了,央行天天、月月、年年向商业银行购汇用的基础货币,在资产负债关系上,是央行的负债。当央行购入的外汇越来越多的时候,商业银行就成为央行的净债主。

了不得的货币运动翻转。如果说有哪一个词汇最为传神,那么我以为就是"央行被动发钞"。第一次听到前央行副行长吴晓灵女士讲这个词时,就觉得很传神,并以为没有在第一线承受过巨大压力之辈,讲不出这么一个词来。"被动"者,由不得你也。究竟有多少外汇流进中国,究竟央行为购汇要担负多大的基础货币负债,再也不是央行"主动的货币政策"的结果。这也是央行承担动用基础货币维系汇率稳定职责的逻辑结果。人民币汇率水平一旦成为政策目标,进多少外汇就决定了央行"被动吐出"多少基础货币。

又管本币币值稳定,又管汇率稳定,央行能不能一身二任呢?探查的结论是,这要看年头。1997年中国出现通缩,外加亚洲金融危机雪上加霜,内需不足。在那样的情况下,人民币在主动大幅度贬值之后并入市场之轨,与美元挂住,对出口大有帮助,对稳定各方预期也大有帮助。但经过几年努力,特别是经历国企大刀阔斧的改革、中国正式加入世贸,以及刺激内需政策收到效果之后,2003年中国已走出通缩,并面临内外需求过旺的新问题。这也是余永定、宋国青分别在2003年提出人民币主动大幅升值建议的背景。

从货币角度看,这就是别指望钩住美元就保得了人民币的币值稳定。中国内地是大经济,不是香港那样一个小经济,用货币局制度靠联系美元约束港币就可以的。大经济还是要有约束得住自己的货币制度,任由汇率机制充当事实上的发钞机制,美元不毛还好,美元毛了,人民币怎么维系自己币值的稳定呢?

可惜直到今天,中国还是没有过得了这道关。不错,2005年7月以后人民币对美元持续微幅升值,累积起来对缓减人民币超发的压力不无小补。否则，倘若还是8.26元人民币兑1美元，今天中国的日子要怎么过？但是，人民币微幅升值并没有解决货币机制和货币制度层面的问题。在短期效果上，这些年人民币微升究竟能不能抵得住美元累贬的程度，还有疑问。否则，满街的"输入型通胀"，究竟是从哪里跑进中国来的？至于持续微升带来全球人民币升值的稳定预期，更是一个大麻烦。君不见，当今世界，贸易是小头，资本流动是大头。汇率预期指挥千军万马流入中国，那摸着不热的"热钱"要怎样应付才好呢？

事实上，汇率机制仍然是今天中国货币制度的组成部分。央行还是每日每时被动吐出基础货币来购汇，同时又衡量通胀形势，决定把多少吐出去的货币再"对冲"回来。抛开细节不谈，央行的"对冲"工具无论是提升法定储备金率还是发行不同期限的央票，都是央行的负债。这里带出一个"深层次"的问题：央行负债在理论上是不是国家债务的组成部分，在实践中要不要纳入财政预算管理？这不是小问题，因为以国家信用为基础的货币制度，财政稳健永远是货币稳健的保障。

实际的情况是，汇率维稳作为政策目标持久实施，却没有财政预算覆盖该政策的成本。那就是经济学家喜欢问的，收益脱离了实际成本的约束，行为会怎样？讲过了，那会累积"炒豆归己，砸锅归人"的道德风险。思想舆论方面也一样，"坚决顶住人民币升值的压力"看起来英雄极了。问题是，靠口水和文章是顶不起人民币汇率的。真要顶，还要靠物质力量。最可靠的当然是真金白银。没有，法定信用货币也可以顶一阵。最后要转了一大圈才发现，所谓"顶住人民币升值压力"的，讲到最后还是靠国内通胀顶下来的！后来连美国政客都拿这一条做他们国内的工作，不知道我们这里的英雄们情何以堪？

一番探查之后，问题提上了台面。既然挂美元的人民币汇率机制被动放出过量货币，甚至危及人民币本币的币值稳定，为什么就不能考虑改一改？"大刀阔斧改汇率"，就是这样提出来的。不过我的主张，还不是一早上就大幅提高人民币汇率的水平，而是考虑根本改革人民币汇率的形成机制。说简单也简单，因为要点就是中国货币当局目标过多，除了《人民银行法》规定的"维护人民币币值稳定，以此促进经济增长",还要拿基础货币大手购汇,然后又要把多放出去的货币对冲回来。还是回归单一目标吧,就是守住本币币值,对得起天下持币人。

汇率维稳呢?不妨从已有的流动性里找出路。横竖作为政策目标,一定要在预算里留有足够的实施政策的资源。具体来源,无非是预算拨付(委托央行也可)、专项发债(特别欢迎主张人民币绝不升值的中国公民和外国专家带头认购)、国企利润(似乎比上缴财政技高一筹)。其他来源还有,包括国家减持金融和一般国企的股份、社会管理收益(如道路拥挤收费之类)。反正原则就是一条,要在已经发出、已经创造出来的货币里打主意,筹措资金大手购汇,即维系人民币对美元的汇率稳定。读者或问:如果一切潜在可能都用尽,仍然筹不足购汇款项,那又怎么办?我也答了:那就让人民币汇率升吧。因为那才是更完全意义上的"市场汇率",至少与维护人民币币值稳定这一更为重要的目标,不再矛盾与冲突。

那也才有完整意义上的"货币政策",因为货币当局的全部工作注意力,集中于维护货币币值的稳定。这件工作的意义重大,因为事关整个国民经济运转的交易费用。使命之艰巨不是因为技术方面有解决不了的困难。真正的难处,是如何以有效的资源约束无穷无尽的人类欲望。我不相信为货币选锚有那么的复杂与神秘。货币史的教训说,真正的困难是如何防止一个经济迫于短期的压力,把好端端的,或至少尚可用的货币之锚白白给废了。这方面,控制现代货币机器的国家欲望的管理,显然是难中之难、重中之重。还是那个命题,稳健的货币来自稳健的财政,而财政的稳健要靠制度保障。

最后讲几句全球货币格局。美元的地位是历史形成的,不会一天就终结。不过由一个国别货币同时充当全球储备和结算货币,却从第一天起就含有内在的麻烦。何况,一币独大下的国家欲望的管理,对西方选民政治来说似乎还是一个 impossible mission!反正屈指一算,尼克松总统宣布关闭美元按当年布雷顿森林体系承诺之价换黄金的窗口,已经过去了40年。美元没有因此而倒,堪称奇迹。但是美元开始摇,却是不争的事实。最重要的是摇出了一只欧元,也是上世纪人类经济生活中的大事件。可惜欧元冲击还未见最后成功,它自己却也开始摇了起来。问题是一样的:管不住国家欲望,不可能有可靠的财政,因此断然难有可靠的货币。

这就带来一个全球货币前途的大问号。在所有的不确定性当中,我看唯此为大。中国要怎样打算盘?人民币有没有机会?这是大家不能不关心的问题。个人之见,全球化非要全球货币的配合不可。大路径也许就是两条。其一是开会开出一个国际货币来,如凯恩斯当年在布雷顿森林建议过的那样;其二是若干个国别货币竞争全球货币的地位,在竞争中互相约束,防止国家欲望的管理失控。

兹事体大,中国可能应该在两方面都有所准备。积极参与G20的对话和谈判,积极参与国际货币新秩序的形成,这方面已经有好的开头(标志是人民币纳入IMF特别提款权)。人民币国际化,则是第二手的开端。不过当务之急,还是要奠定确保人民币币值稳定的货币制度。真希望我自己的看法是过于保守了:本国人民还在用我称之为"民间金本位"的货币,走向国际不免任重而道远。

2011年9月7日

# 第五部分　录以备考

# 毫不含糊地反对通货膨胀

经济大势正在变化。当前要面对的问题,首推通货膨胀。超过5%的通胀率绝不是小事,当然也不好说已经是很了不得的大事。问题是,小事也可能转成大事。能否化解的影响因素很多,其中最重要的,是决策判断和发出的信号不能含糊。含含糊糊要误事,这是本文题目的由来。

话说国家统计局公布今年10月消费者物价指数为6.5%,高于9月的6.2%,与8月创下的十年最高点持平。众多解读中,很流行的一个说法是"结构性通货膨胀"。我的感受,在通胀指数不高的情况下,此说听听也无大碍。通胀指数超过了5%,还说什么结构性云云,就不能不提出一点公开的批评意见。

"结构性通胀"提法的主要毛病,是太过含糊了。粗粗看去,这个提法似乎不过只是对市场现象的一种描述——林林总总商品和服务的价格,有的升得快,有的升得慢,有的不升甚至还下跌。比如今年以来我国物价指数的变动中,食品价格升得急,一般工业品价格升得缓,其中一些商品服务的价格还下跌(比如北京市公交车和地铁车票大幅度降价)。

为什么说这样一种描述是含糊之词呢?首先,世界上还有没有"非结构性的"通货膨胀?这是问,有没有那么一种通胀,所有商品和服务的市价都以同一幅度全面上涨?教科书上说的"货币中性"(monetary neutrality),意思是一个经济一旦多发了一倍货币,所有商品服务的名义价格上涨一倍,但真实变量如总产品并不会上涨一倍。那样的通胀指数再高也没关系,无非是所有人把自己购买和出售的价格,一律加上相同的零就是了。

但是,"货币中性"至少有一个理论前提,就是交易费用或信息成本为零。真实世界里没有这回事。所以真实的通胀,也是各种商品与服务的价格上扬总是参差不齐,而不可能是齐头并进的。特别是通胀压力开始显现的时候,差不多总是从一些热门货开始,然后向整个市场扩散、蔓延。比如我这个年龄的都经历过的 1988 年那次严重通胀,开始是名烟名酒提价,后来中央的一个公报宣布价格闯关,接下来就是市场抢购、银行挤兑。当时可观察到,消费量对价格变化弹性小的商品(比如粮食、手纸、盐)抢购就凶,而越抢购,价格涨得就越快;反之,雨伞、手电筒这些弹性小的商品,卖量就没有那样多,涨价幅度也较低——总之,都是"结构性的"就是了。只不过当时大家没有今天聪明,尚没有发明"结构性通胀"之说。

当然,恶性通胀到了顶点,情况或许不同。例如 1921 年 1 月一份德国报纸卖价 0.3 马克,两年后的卖价居然达到 7 000 万马克!曼昆在他那本出色的宏观经济教科书里补了一句,"其他商品的上升幅度大致相同"。我们无从考察当年细节,不过那时候德国流通中的纸币从 1918 年 11 月的 292 亿马克到 1923 年的 49 700 兆亿(497 后面加 18 个零),也是逐年加速度翻上去的。票子开始发毛的时候,我相信各种物价的上涨应该也不会整齐划一。曼昆说的"大致相同",应该是结果——反正货架上摆什么就被抢光什么,"均衡点"就是任何商品都开出了天价,既然都是天价,谁比谁多几个零也就没甚意思了。所以曼昆说,"货币中性"从长期来看对得多一点,但也不完全对。[①]

既然天下没有"非结构性通胀"这回事,为什么要说"结构性通胀"呢?听起来好像通货膨胀还有很多类别,而"结构性通胀"似乎只是其中的一种,似乎不是那么严重,似乎是还比较可控,甚至"结构性通胀"根本就算不得通胀。要说明一下,我不肯定这个提法的使用者真的有以上这个想法,但是从听的角度来体会,"结构性通胀"有着太多含含糊

---

① 曼昆,《经济学原理:宏观经济学分册》(第 4 版),梁小民译,北京大学出版社 2006 年版,第 30 章。

糊的意味。

　　本来,"通货膨胀指数"已经是处理了结构信息以后的一个总量指标。比如"2007年10月消费者物价指数(CPI)为6.5%"的含义,就是所有被列入考核的商品服务的物价水平,加权平均后比去年同期高出了6.5%。被列入考核的商品服务种类很多,所以在得出CPI的过程中,结构信息是先被统计部门处理过了的,比如肉价、菜价、米价、衣价、交通费用、房价(目前是房租)各自的变动,然后才是加权平均,得出一个反映物价总水平的指数来。很明显,任何一个CPI都是有结构的。当然,结构加权平均的结果可能是截然不同的,既可能是总体平均为零,也可能为正,或者为负。现在国家统计局报告我国CPI为6.5%,就是报告经过结构性加权平均以后,消费者物价的总水平上涨了6.5%。

　　"结构性通胀"的提法,恰恰混淆了总量信息与结构信息。当下我国的通胀,当然是各种物价有升有降状态下的通胀,不过既然CPI数值超过了正的5%,就是清清楚楚披露了各种物价的变动正负相抵之后,物价总水平还是上涨了。本来明明白白的通胀,非要加一个"结构性"的定语,实际效果就含糊不清。通胀有结构性,通缩也有结构性,不涨不缩还有结构性,究竟物价总水平是怎么样的一个变动趋势呢?

　　物价总水平这个总量指标有一个无可替代的功能,就是警示我们注意,一旦物价总水平出现上升势头,就一定要到"货币"里去寻找原因以及解决问题的办法。这里,对政府的警示尤其重要,因为自从金本位结束以来,唯有政府控制着货币;一旦货币供应量出现问题,个人、家庭、企业对此都无能为力,所有"微观行为者"都校正不了货币供给的出错。不但如此,无数人在预期紊乱下的决策与行为的紊乱,常常增加经济的振荡与混乱。

　　在知识上,经验和理论比较一致的地方,是把"通货膨胀(物价总水平上升)"看做是一个货币现象。这里的因果关系很可靠:多发货币,一定引发物价总水平的上涨。经济学从古典的休谟(David Hume)到一年前去世的弗里德曼(Milton Friedman),大家之间少有分歧的共识就是这一点。20世纪各国的经验也充分证明,要把经济搞上去不容易,因为要满足很多条件才行。但要把经济搞下来,只一条就足够,那就是滥发货币、大搞通胀。产权经济学对此的解释很简单,通胀在无形之中剥夺全体人民的财产,引起预期的普遍混乱,无端端加剧交易费用。恶性通胀,万事皆休,什么也不要谈了。

  作为物价总水平的"通货膨胀",直指问题的根本(货币)。可是,含糊的"结构性通货膨胀",却很容易把决策者的注意力拉向"结构性解决方案"。什么是结构性对策?那无非就是头痛医头、脚痛医脚,从最终产品追到中间产品再追到资源产品,深入到所有涨价品的市场供求。结构性措施不是皆不可取,但要清楚,再周全的结构性措施,也替代不了对货币总量的控制。中国的传统智慧说"扬汤止沸,不如釜底抽薪",货币就是物价总水平的釜底之薪,此薪不除,"结构性通胀"就转来转去,摁下葫芦浮起瓢,市场永无宁日就是了。

  这就是含含糊糊的提法要误事的理由。牙痛就是牙痛,不要说什么"结构性牙痛"。就算满口都是好牙,只有一粒出了问题——是结构性的问题——也不要那么说。因为只要有一粒牙出了问题,其他所有好牙都不能正常发挥功能,甚至整个人体都不得安生。说结构性牙痛不能减轻痛苦,却可能动摇治疗的决心和注意力集中的方向。如果把满口的好牙敲来打去,就是不碰那粒有问题的病牙,耽误功夫还不去病根。

  要看到,由于某些价格管制的存在,当前我国通胀的实际状况并没有在 CPI 里完全反映出来。举一个例子,个把月前和几位同学在校区餐厅吃饭,他们全部点猪排。过去也一起吃饭,为什么没有发现有此偏好呢?同学说,最近食堂里没有猪肉供应。懂了,这是保障食堂饭菜价格不上涨的一个代价:猪肉涨得贵,干脆不供应猪肉,反正无价无市。还好,同学们说饭没涨价,菜、鸡、鱼、蛋还有充分的供应。但是,这里肯定有一点信息没有进入 CPI。举一反三,排长龙加不到汽油,通宵排队摇不到买房的号码,肉包子的馅变小了之类,在 CPI 里都没有完全得到反映。房价目前没有算入 CPI,过去也没有,但当物价总水平上涨的时候,房价涨得可比过去凶。这也是 CPI 没有完全反映出来的信息,但是市场中人的通胀预期,可不是完全看了官方的 CPI 才形成的。

有专家认为,当前我国消费者物价指数里面就是食品价格涨得厉害,其他部分还不那么厉害,言下之意似乎就是不要紧。我不同意这个分析。食品价格上涨不是不要紧,而是很要紧。倒不是要在这里重弹"民以食为天"的老调,而是食品价格上涨已经、并将继续严重恶化收入分配。先不看复杂的统计,随便在身边找两户人家,一家 2003 年买了房的,对照另一家一直买不起房的,看这两家的收入差距,这两年怎么样了?从统计上看,问题就更大了。恩格尔系数超过 40% 的,在我国全部城镇居民家庭中占 40%,在农村居民家庭中占 80% 以上(2005 年)。这就是说,食品价格涨了 17%,直接影响全国 62% 家庭高达 40% 的消费开支,这还是小事情?恩格尔系数 40% 的家庭,近年当然也有买房的,但肯定比恩格尔系数在 20% 以内的家庭少买很多。里外里算到一起,收入差距要增加几何!

我一直不赞成拿收入差距(基尼系数)来说事,也从不笼统地反对收入差距扩大。因为收入差距既可能由分配不公引起,也可能由才能、勤奋、机缘的差别而造成。不作区分地乱反一气,可能伤及生产力。这个立场从来不变。问题是,由于通胀带来的收入差距扩大,恰恰是分配不公带来的收入分配恶化。试想这几年房价涨得远比食品快,对于买得起房的家庭,至少还可以"享受"家庭账面财产迅速增值的好处。买不起房子的呢?总还要吃饭吧,可食品价格上涨怎么也带不来账面财产的增加。买不起房子的,这几年工资收入固然都增加了,不过要是以"食品本位"考核之,可也没有涨那么多。

还有一种分析也错,就是说食品价格上涨对农民有利,如猪肉价格上扬,就说养猪的农民多得钱了。此说错在似是而非。因为物价上涨对所有的卖家都有好处,岂止养猪的农民而已哉?但是,当物价上涨不是个别相对价格的调整,而是整体物价总水平的提升即通胀发生时,上述"好处"就要大打折扣了,因为所有卖给农民的商品和服务,价格也上涨了。农民卖猪的收入是增加了,但养猪的成本也增加——举凡场地、饲料、人工、运费等等,全部要加价。更重要的是,今天养猪的农民也买肉吃,种粮的农民也买米吃——没有看到报道吗,重庆家乐福不幸的抢购事件踩踏致死的三人当中,有两个是农村居民!更一般地讲,天下哪一个卖家不同时又是买家呢?当物价指数环比上涨(一月高过一月)时,卖时贵,买时更贵,再卖非再贵不可——轮番涨价就是这样炼成的。

所以,通货膨胀开始很像一味甜丝丝的毒药。因为物价总水平的提升,开始总是"结构性的",总有一些卖家先得到甜头。政府一般不容易对通胀敏感,因为通胀是一道隐形的税收,可以给库房带来大把白花花的银子。市场中人包括商人和企业家,一般对通胀也不敏感。通常的思维定式,是把一时多赚到的收入看做自己的"本事"。以自己为例,教一些商学院课程,而这两年商学院的学费升得很快。莫非是我教书的本事进步那么多吗?自己当然心知肚明,但就是不告诉你(一笑)。股市的赢家们就更不得了了,你说那是水分?他数钱给你看时那可是真的。"台风大的时候,牛都飞到天上去了",这句话不是拿来说笑的。

但是,只要货币量过多,在市场相对价格调整的表象背后,或早或迟总会露出物价总水平上涨的本来面目。其间,偶发事件扮演着异乎寻常的重要角色,一些看似无关的消息、故事、传闻和突发事件,无端端影响到人群的心理,然后就转化为行动。这就是为什么对通胀指数过了5%不能掉以轻心,对食品价格急升不能马虎大意,因为涉及的人口面太广,通胀的心理预期比较容易传染和蔓延。

毫不含糊地反对通货膨胀,在思维上就要到货币里去寻找物价总水平上涨的根源。这里的关键词是"货币",而不是"物价"。可是计划时代的思维,总是喜欢用"物价管理"来对付通胀。"物价管理"者,无非就是上文说到的结构性对策,分兵把口,见肉价涨抓肉,见房价涨抓房。麻烦的是,"抓"得不好,效果适得其反,比如抑制供给的价格管制,抓来抓去只能是火上浇油。消除供给障碍的"抓"法,大为可取,但是若不管理需求,短期供给总有极限。需求管理要从货币总量下手,分兵把口去处理,会发现每一个行当的需求其实都是其他行当的供给,管来管去还是会抑制供给。货币总量控制不到位,下死命令"管物价",涨价压力会转移的。这几年我认为看得清楚,钢铁、水泥、电解铝、土地、汽车、房地产一路抓过来,政府很辛苦,但CPI还是上来了。樊纲说得对,要是不抓,问题可能更严重。不过也容我补一句,这不代表宏观调控已经到位,再没有任何可以改善的余地。

关键还是货币。1990年到芝加哥大学经济系访问,知道那里的学科设置与众不同:没有宏观经济学,但有money即货币;也没有微观经济学,却有price即价格。这是货币主义大本营的风范,不知道现在是不是还是那样。宏观经济的学问很多,但最关键的是货币。宏观调控的事务多得不得了,唯有货币才是牛鼻子。据说,一次大战后的法国总理讲过一句话,"战争是不能拿来开玩笑的,所以要委托给军队"。弗里德曼拿过来改了两个词,化出一个警句——"货币是不能拿来开玩笑的,所以要交给中央银行"。毫不含糊地反通胀,就是要全力支持央行审慎地履行货币管理职责。

最近一次见到吴敬琏老师的时候,得到他签字赠送的新书《呼唤法治的市场经济》(三联书店2007年版)。吴老师在书中提到一件往事,当初设计论证宏观调控部门的时候,几位中外专家对设置四个宏调部门(央行、财政部、计委、经委)提出过异议,认为宏观调控既然是间接调控、总量调控,就应该只设央行和财政部,不能有其他。不过这个意见没有被采纳(见该书,第111页)。这几年的实际情况是宏调部门越来越多,多部委联署的金牌一道接着一道。2004年第一次看到时任国土资源部部长讲国土部门也要参加宏观调控,我实在百思不得其解:一幅土地从批出到建成总要二三年时间,这么一个"慢变量",怎么可以拿来充当宏观调控的工具? 当时和北大几位同事受委托到几个地方调研,报告里特地写到,"银根"、"土根"并举不是好办法,因为"土根"实在过于笨拙。更严重的问题,是多龙治水,十八般兵器一起上,到底是哪样政策工具发生了哪样的效果,谁也搞不清楚。分工不明确,职责就不清楚,譬如当下CPI高了,人们难道可以问责国土资源部吗?

我以为这不是小事情。用行政手段调控经济,讲到底就是通过增加制度运行的摩擦力来使经济减速。这套不得已而为之的办法,对法治、政商关系、反腐倡廉,有百弊而无一利。近期的代价也不小,因为一旦经济"失速"，那些摩擦力很大的行政性刹车装置，挥之不去。1997年中国经济突然转向通缩，"保八"任务之艰难，历历在目。我们当然相信中国经济还有很长时期的高速增长机会，但是上帝也不敢打包票，说从此经济就有起无落，只热不冷。比较起来，利率、汇率等经济手段，摩擦力就比较低，差不多可以收放自如。调控经济，用交易费用低的办法是上选。否则景气一旦有变，"反应滞后症"就在所难免——对付"过热"时捆到经济身上的绳索，到底有多少、在哪里，一时怕搞不清楚。

　　不要误解，以为明明白白说通胀，就是给中国经济抹黑。讲过了，物价总水平上涨是一个货币现象，但是货币过多的具体成因却各个不同。中国历史上发生过的严重通胀，上个世纪40年代末是老蒋为打内战滥印钞票；80年代是原先货币超经济发行的惯性还在，又被用来作为价格开放的利益补偿办法；90年代早期高达24%的高通胀，主要是权力贷款，几乎等于每一间商业银行都敞着口子发钞票。成因不同，只有结果同：只要货币量过多，一定有通胀的后果。

　　这一波中国的通胀，直接原因当然还是货币。但是此次货币过多的原因，又和以往不同。最大的变化，是中国经济大规模融入全球市场，以至于进出口相当于GDP的60%以上。这样的事情经济史上少见，当然是中国改革开放的成果，具体讲就是要素成本低廉、制度成本急速下降，中国人的学习曲线上升，"三合一"成就了中国经济的崛起（参见拙作《挑灯看剑——经济大时代》，北京大学出版社2006年版）。不过，也正是这个伟大的成就，使"人民币盯住美元"这件原来穿着比较合体的衣裳，再也穿不进去了。

　　2003年9月宋国青教授在北大提出讨论的汇率研究报告，系统分析了一动不动的人民币汇率，意味着日益严重的风险和社会福利损失，以及为什么人民币主动升值的选择和机会。① 我在实体经济里东看西看比较多一点，觉得国青的逻辑没有难懂之处的。讲到底，应该是中国人生产率的提升惹来的"祸"。这当然不是说中国工人生产率的绝对水

---

① 宋国青，"走出通货紧缩与人民币汇率，总论"，北京大学中国经济研究中心讨论稿。

平已经超过了美国工人,但是比生产率的进步速度,20世纪90年代后的中国明显占了上风。如果汇率真由市场决定,那早就反映相对生产率的变动了。这是说,人民币升值有实体经济的坚实基础,不是谁喜欢不喜欢的事情。非要不喜欢,那就要有两个本事:要么让美国人生产率的进步速度提上来,要么让中国人的进步速度降下去。实际上,谁也没有这两个本事,人民币盯住美元的体制怎么守得住?非死守,特别是要央行拿基础货币去守,国内通胀压力就无可避免。

很奇怪,这样逻辑井然的分析,听得进去的人不多。主流的声音是当时的人民币绝不能升值。后来又说可以缓缓地、渐进地升——难道不知道,人民币缓升的宣示等于是"快快向中国搬钱"的邀请函和动员令?果不其然,贸易顺差、外资直投以及应邀来华分享人民币渐进增值好处的热钱,三股潮流合并,使中国的货币流动性有如"黄河之水天上来"。

这里要插一句,汇率的影响是全面的。别的不提,近年那么多农民转向城市,可是今年中国的谷物居然还是净出口。细节问题很多,但汇率影响是根本的:因为在给定的汇率水平下,所有的出口看起来很合算,进口却很不合算,于是,中国谷物净出口?加到一起来看,几亿农民进了城,谷物还是净出口,同时又有无数专家天天担心中国的"粮食安全",这个日子还怎么过?

今年2月北大中国经济研究中心每季度一次的"中国经济观察",请易纲作宏观经济报告。我仔细听完讲解,才明白近几年央行哪里是在"发"货币,根本就是"收流动性"都收不赢!当然人民币还是中国央行发的,可是发多少并不完全由央行主动决定。因为每一块进入中国结汇的美元,都要换出一定数量的人民币去。究竟可换多少,那是由被高度国际政治化了的人民币汇率水平决定的。于是,这个票子(基础货币)非发不可,天天发、月月发、年年发。央行当然不能容许这笔惊人庞大的"高能货币"全部留在市场上,于是又不断发央票"对冲",也就是"回收流动性"。收不干净的呢?那就是"结构性通货膨胀"的货币基础。

结论是,当下中国的通胀不是财力饥渴驱动的滥发钞票,而是现有的人民币汇率形成机制容纳不下中国国际竞争力的表现。这说明,上好的经济形势也会带来严重的挑战。因为,即便是"好形势"带来的货币总量偏多,也一样构成引发物价总水平上涨的压力。在开放条件下,经济图像更为复杂,但物价总水平上涨依然还是一个货币现象。这条铁律不变,分析家和决策者就还是不能含糊,一定要到货币里才能找到物价问题的最后答案。

(本文原载《经济观察报》,2007年12月3日)

# 通货膨胀与价格管制:谨防一错再错

## ——在CCER中国经济观察第12次报告会的发言

最近的情况是,在通胀指数继续走高的形势下,一方面货币供给的增长速度依然很快,一方面政府实施了临时价格干预措施。具体看,2008年1月CPI同比增7.1%,PPI增6.1%,而广义货币供应量(M2)增18.94%,人民币贷款增16.74%,银行的外汇贷款增加42.59%。这还是在宣布从紧的货币政策之后发生的,容易使人认为"从紧政策"还有灵活余地。

也是在2008年1月,政府宣布"对部分重要商品及服务实行临时价格干预措施"。到1月底,全国31省市全部实施了临时价格干预。这个事情可能也不是那样大,因为只是临时措施,还不是价格冻结。无非就是提价要报批,不过对于敏感的商品,不那么容易批准就是了。

这两件事看来都不大,还是小问题。但是组合到一起,小问题有变成大问题的危险。一方面,货币政策的实际动向没有充分体现从紧的决心;另一方面,对市场的相对价格又实施了某种程度的管制。这样"松货币供给,紧价格干预"的政策组合,我认为不是一个好的组合。

在认识上,还是把货币总量引起的价格总水平上涨,与相对物价变动混为一谈。近几年来,"结构性"思维一直流行,从"结构性过热"、"结构性房地产泡沫"、"结构性股市泡沫",一直到最近的"结构性物价上涨"。经济生活里永远有结构性问题,但不能因此就忽略对总量形势的观察和判断。比如以"结构性物价上涨"的角度看问题,会认为无非就是一部分物价在涨,只要对症下药,管住了这部分物价就可以解决问题。这是价格管制措施的思想根源。

价格管制会有什么效果呢?标准的分析说,偏离市场供求决定的价格管制会产生不平衡的"缺口"。一般而言,政府管制的价格水平如果高于市场供求价,比如市价 10 元的商品,政府出于某种原因认为偏低,非规定要 15 元才可以成交,那么这种商品的需求量就要减少,供给量就增加,于是出现供过于求的"缺口"。反过来,管制价格低于市价,就出现供不应求,因为此时需求变大、供给变小。

这个分析的好处是简明,让大家直观地了解对市场价格施加管制的后果。缺点是,现实的物价管制有许多具体形式,比如有些管制措施并没有直接干预价格,只是限制市场中人的某些行为,或限制市场合约的非价格条款,等等。这些看起来好像并不是价管,最后也要影响到价格走势。这要求我们在观察现象时,作变化的处理。

今天我们简要讨论几种商品的价格管制及其效果。第一个是电力。电是非常基础性的商品,生产生活都离不开的。但是电的矛盾有多年了,主要在定价机制方面,发电用煤的价格已经放开,但电价还由政府管制。市场煤价一直在变,可是政府决定的电价就远不能灵敏反映市场供求。2004 年国家发改委有一个煤电价格联动方案,规定如果市场电煤的价格上升超过 5%,其中 30% 由发电公司自己消化,70% 由国家调高电价来补。但是这个方案一直没有执行,使这几年煤电之间的矛盾年年都成为一个大问题。

2007 年以来的情况是电煤的价格大幅上升。比如浙江绍兴的电煤要 820 元/吨,广州更高达 1 000 元/吨。在这个情况下维持电价不变,发电就没有积极性,政府把发电作为政治任务来部署,问题是可以坚持多久? 煤与电的矛盾早就存在,本来也要解决,无奈通胀一来,为了抑制物价上涨,政府更不敢同意提电价,这势必使电的供不应求更加严重。

煤价固然是市场供求决定的,但其中也存在非价格管制的影响。年前我在山西听到反映,随着矿难的升级,关闭小煤矿的行动也升级。过去已经把 10 万吨以下的煤矿都关了,后来关 20 万吨以下的。去年洪洞煤矿特大矿难导致 105 人遇难,结果有关方面要求 30 万吨以下的煤矿全部关闭。矿难当然必须坚决治理,许多小煤矿的安全设施差,出事故的风险高,所以关闭也是一项重要政策。但是事情有另外一面,中小煤矿对煤炭供给量在边际上的影响很大。30万吨以下的煤矿中,也有达到了安全标准,并在过去各类检查中也办齐了许可证明的。一道命令说关就关了,也许安全风险减小了,但对生产的影响就很大。这里不讨论矿难治理政策,只是说明,煤价虽然是市场形成的,但其中也有类似价格下限管制的影响,其效果是把煤价顶起来的。

第二个是粮食。迄今为止,全国市场粮价上涨的幅度较低,差不多是所有农产品中价格涨幅最低的。2008年1月份的价格指数,肉禽升41.2%,猪肉58.8%,鲜菜13.7%,粮食只5.7%。粮价涨幅最低,是因为连年粮食丰收,粮库库存充裕,而从去年下半年后,国家粮库向市场大量拍卖粮食,压住了市场粮价的上升。这当然很重要,因为粮价的影响大,如果粮价像猪肉那样涨,对整个CPI的冲击就更大了。

但是,这样的粮价态势,对未来粮食生产也有某种不利的影响。因为政府靠大手拍卖库存,与对粮价实行上限价格管制的效果是一样的。但是,政府对待别的农产品如食油、猪肉等,并没有使用同等的调控手段。反映到市场相对价格上,就是粮价上升偏慢,成为一个"低谷"。这对来年的粮食生产,就不但不是一个刺激增产的信号,反而是鼓励少产的信号。加上政府对粮食生产的投入品如化肥、农药,也不能靠卖库存压价,所以这些投入品价格涨得远比粮价凶。南方下雪的时候,我在浙江衢州访问几个1000亩规模的种粮大户,前几年他们一亩地的净利达300—400元,去年就减到100元以内。这预示2008年继续增产粮食的经济诱因不足。

更重要的是,考虑粮食问题不仅要考虑生产,还要考虑一旦农民的通胀预期起来以后,即便就是多生产了粮食,也不一定愿意多卖。农民通过惜售来对付通胀,因为晚一点卖,预期的粮食价格还要上升。在这种情况下,存粮惜售就成为农民反通胀的手段。不可看轻了,每家农民少卖几袋、多存几袋粮食,加到一起对全国市场的影响就不得了。

以上提到的电力和粮食,直接间接都是上限价格管制,就是政府不准卖得贵,其效果是抑制生产、减少供给的意愿。同时,经济生活里还有实施下限价格管制——就是不许东西卖得便宜——的情况。这里分析的第三个例子是劳力，因为已经开始出现不许劳力市价过低的管制倾向。

大家知道，我国劳动力市场是开放竞争的。不过，也已经有了最低工资的管制。就是各地政府根据当地的生活水平，规定了人工的最低工资标准。经济分析说，只要规定的最低工资与市场供求决定的水准间相差无几，"最低工资"对劳动力供需的影响就不那么大，因为政府管制的价格靠近市价水平，没有严重偏离，等于为劳力市场提供了一个标准合同。有时候劳务的供需双方，要发现合适的价格也很麻烦，干脆照最低工资起薪，还节约了一些交易费用。这是前几年很多地方的情况。

但是通胀指数上涨，特别是对工人生活影响极大的食品价格飞涨之后，新问题就出现了。有的地方最低工资的调整跟不上物价的变化，企业如果还是按过去规定的最低薪水付薪水，工人不干，因为他们的收入赶不上食品这类"打工成本"的上涨幅度。这时，"最低工资"就变成了劳务的上限价格管制，反而有打击劳动供给的效果。另外一些地方，大幅提升最低工资来应对通胀压力，试图在通胀条件下维持下限价格管制。还有一些地方，已经提出要把通胀指数与最低工资挂钩，也就是对最低工资作通胀指数化的处理，使之可以自动反映通胀的变化。这后两种情况，相当于对劳务实行下限价管，有造成供大于求的效果，值得认真观察。

当下反应比较强烈的，是国家对劳力市场的非价格管制。以最近了解的一个情况为例，港口一周七天都有船来，所以每天，包括周六和周日，都需要人工装卸。如果法例规定凡假日工作一定要加薪，那装卸的人工成本就高了。这样法定的条款，虽不是直接定价，但等于是一种非价格管制，人为提升人工成本。类似地，强化就业保障以及对劳动合同的法定干预，也有类似效果。

舆论容易认为，通过法律干预人为提升劳动报酬的办法，对工人有利。但是仔细分析，对劳动关系的价格与非价格干预，除了有利于劳动者的一面，也还有不利的一面。因为劳动者固然可以依法提升劳动收入、改善劳动条件、增加就业保障,但由于这些立法限制相当于一种价格下限管制,它在提升人工价格的同时,也有减少对劳力需求的效果。这就意味着就业空间因此减少。这并存的正负效果,究竟孰轻孰重,要看具体环境。我国的情况是,虽然出现了局部地区"民工荒",但每年新增就业的压力还是很大的。有报道说去年毕业的500万大学生,尚有100万还没找到工作。今年从"用人单位"的态度看,招工会更犹豫。本来,日趋激烈的产业重组、升级和调整,势必带来相当规模劳力的转岗和下岗。在这种情况下,在有岗位工人的利益提升与不得就业之门而入的工人利益之间,要有更谨慎的平衡考虑。从南方的情况看,因为市场变动带来的就业压力已经很大,2008年增加就业的形势非常严峻。

第四个是土地。这个问题我们在过去的"CCER中国经济观察"上讨论过几次。去年政府宣布城镇居民不得购买农村的小产权房。这个政策的含义是什么?我们不妨问,农民为什么要把小产权房卖给城里人?原因无非是城里人出价高一点。所以,不准出售就限制了小产权房的卖家即农村人的利益。再问城里人为什么要买小产权房?原因无非价格相对便宜一些,政策不准城里人买,等于要他们买贵的,损害了城里人的利益。偌大一个中国,不是农村人就是城里人,禁止小产权房卖给城里人的政策同时损害了城乡双方,所以从根本上我认为这不是一个好政策。当然这也许只是暂时的"叫停",因为目前情况比较乱。农民土地一到流转的环节,非要"集体"出面不可。而"集体"制——正如过去几十年的经验教训所显示的——并不能自动保证农民的利益。像小产权房交易这样的事,到底农民得了多少,"集体"或少数村庄权力人物又得了多少,完全没有章法,不得已只好叫停一下。

要讨论的是,维持国家征地和独家向市场供应建设用地的体制,实质上也是一种对土地要素实施下限价格管制的制度。它人为降低了土地供给之间的竞争,推高了地价。过去我们分析过,地价是不能决定房价的,因为房价首先由需求决定。不过给定市场对房屋的需求,地价越高,结果只有高价位的房屋需求才优先得到满足,于是观察得到的房屋成交价,就都是高价位的了。一面希望房价不要升得那么快,一面又规定土地决不能卖得便宜，这无论如何是加不到一起的。

上面我们讨论的四种产品，电力和粮食是产出，劳力和土地是投入的要素。很有意思，目前的情况是，政策对产出品实行价格的上限管制，也就是政府为了控制物价水平的过快上涨，用行政命令或法律手段限定了产出品的最高价位；同时又对投入的要素实行价格的下限管制，就是不准卖得便宜。

这样两种价格管制的结合，将有什么结果呢？我认为最明显的后果就是打击生产。这其实是不难明白的——出售之物必须低于市价，投入之物又必须高于市价，两头挤压生产者，人家还不是只好减少生产，甚至退出生产？上世纪80年代中期，饲料粮价格先放开，但生猪还按政府定的低价收购，当时江苏农民发牢骚说，"议价饲料平价猪，谁养猪谁是猪"。现在的"饲料"不但市场议价，且非贵过市价不可，那岂不是"谁养猪谁还不如猪"了吗？

这就是为什么说小问题可能变成大问题。因为通胀和通胀预期一旦起来，即使果断地釜底抽薪，紧缩货币供应量，已经发出去的货币和已经启动的通胀预期，还是要在市场上起作用。所以，通胀一旦起来，一般不会马上下去。在这个当口，鼓励生产、增加生产很重要，因为只有拿出更多的商品和服务，才能对付市场上已经偏多的货币购买力。在这个紧要关头，不当的价管打击生产，无异为通胀火上浇油。

这里有一个挑战性的问题，就是在通胀的背景下，还要不要充分发挥价格机制的功能？我们注意到，去年年底的时候，发改委坚持2008年要提升中国的能源和资源价格，校正长久以来的价格失真。这是对的，否则什么保护环境、节能减排，统统不过空喊口号而已，没有经济机制要求人们普遍如此行为。但是通胀指数高了之后，政府的第一位任务转向"摁住"物价，原定的价格改革——包括电价调整——不得不押后。

但是，我认为物价管制不但替代不了货币管理，也永远消除不了通胀。相反，即使在通胀的情况下，也要充分发挥价格机制调节供求的作用，特别不能用不当的价管组合来打击生产，那样只会助长通胀和通胀预期，从而延长甚至加剧通胀。此事知易行难，70年代初美国尼克松总统在"石油危机"冲击后，宣布冻结美国的石油和工资价格，可是因为货币过多的问题没解决，结果物价管制打击了供给，使"短缺"更加严重——人们都增加了囤积货物的倾向。等到物价管制实在守不住，通胀指数立刻迅猛上涨。这说明，气温高的时候试图把"气温计"压住，于事无补。瞒天不能过海，不准确的气温计，谁也不会当一回事，大家凭感觉行动。

现在的困难是，人们对"从紧"的货币政策还有很大的保留，因为看到美国经济和国际市场下行的风险增加，中国的出口部门正面临严重调整，也出现了企业搬迁、就业困难等新问题。在此压力下，更倾向于"灵活的"货币政策，不时要求增加货币供给。另一方面，传统思路又总把通胀看成物价现象，习惯用管制物价的办法来"治理通胀"。到了物价管制的层面，再来一个投入品限低价、产出品限高价——所有这些因素凑到了一起，有可能酿成大麻烦。好比一口锅，已经烧得很热，但下不了决心撤火，反而锅下加把柴，锅上压个盖。那样的结局，不是把饭烧糊，就是把锅烧炸。因此，如果说"大松货币"是一错，"管制物价"就是再错。反通货膨胀要谨防一错再错，还是考虑"釜底抽薪紧货币，松动价管促生产"吧。

（本文原载《经济观察报》，2008年3月10日）

# 货币、制度成本与中国经济增长

新一轮中国消费者物价指数开始大幅上涨的时候,恰逢米尔顿·弗里德曼去世一周年。这也许说明,仿佛已被淡忘的货币主义理论还不是那样容易就可以消失的。这当然更是提醒我们,还有一些重要问题值得继续关注和研究。

## 一、物价指数的含义

中国的消费者物价指数(CPI)似乎是突然涨起来的。2007年年初的CPI是2.2%,但到了8月份,升为6.5%,9月份降了一点是6.2%,10月份又是6.5%,11月份达到6.9%。这组记录了无数微观行为的指数,含义究竟是什么?对此,流行的解读是"物价的结构性上涨",即部分商品价格上涨,部分不变甚至下跌,所以还不是物价的全面上涨。

我的看法,说"结构性物价上涨"不是不可以,因为的确可以观察到物价涨、平、跌并存的现象。问题是,把几个部分物价加权平均之后,2007年8月以来我国的物价总水平不是不变,更不是下跌,而是持续上升——即通货膨胀。重要的是,物价总水平的上涨趋势一旦出现,就会影响人们的预期、改变人们的行为,比如很多人想到将来的价格还要上升,就增加了当下的购买意愿,甚至要把未来消费的商品提前买到手才放心。同时,卖家却在同样的涨价预期下,舍不得现在就出售商品和服务,也就是产生了"惜售"倾向。加到一起,市场供不应求的程度更为严重,物价总水平上涨的趋势可能自我加强。

从物价结构出发,人们的注意力容易被引到以下问题:为什么一些商品的价格涨得比另外一些商品更甚?追问下去,会发现国际油价是一个根源。油价上涨带动很多下游产品涨价是一个方面。它同时也引发了替代,比如生物能源包括玉米提炼的酒精,结果带起全球粮食涨价。油价当然更直接影响运费上扬,后果就是高价买来的粮食要花更贵的运费。经济总是联成一体的,任何一种商品服务的价格的变动,都会带出诸如此类连锁性的变化。

但是,从个别商品的价格上涨到物价总水平的提升,中间还有一个关键环节。没有这个条件,个别商品的价格上涨会被其他商品价格的下跌所抵消,并不能引发物价总水平的上升。这个"关键环节"不是别的,就是在市场里流通的货币数量。只有当流通中的货币数量太多,个别商品价格的变化才不仅仅改变商品比价,而且引发物价总水平的持续上升即通货膨胀。例如,日本和韩国都是大量进口石油的国家,按理它们受全球油价上涨的影响更大,可是,观察到的日、韩物价水平却远比中国为平。俄罗斯出口原油,但那里的通胀指数比中国的还要高。这些现象,都要由不同国家不同的货币形势来解释。

## 二、从货币角度看通胀

这样从货币里面找寻物价总水平变动原因的经济思维,是古典经济学以来的一个传统。当代经济学家当中,最坚持这一传统的是弗里德曼。很巧合,弗里德曼生前三次访问中国(1980年,1988年和1993年),分别都是中国通胀指数达到高峰的年份。我们无从知道,究竟是因为通货膨胀指数高,所以中国人才把这位货币主义大师请来,还是弗里德曼看到中国物价指数高,觉得货币主义理论在中国大有用武之地,所以才更愿意来到中国。不过客观的结果是,当年受通胀困扰的中国,更愿意对货币主义的经济思维开放。

大家可以回头看弗里德曼当年在北京、上海的那些讲演和问答记录。那是第一次面对面向中国听众介绍货币主义的思想学术传统。这个传统不是就物价谈物价,而是把物价的大幅度持续上涨看做是一个货币现象。按照这个传统,通货膨胀里的"货"不是任何具体的油、粮、猪、奶,而直截了当就是货币。当物价总水平上升的时候,弗里德曼提醒大家要到货币数量里面去寻找原因。这样一种思路,对当时的中国人富有启发，因为传统的"物价管理"既不能充分理解通胀现象，也不能有效处理通胀问题，只有摆脱了从某些商品价格的变动中寻找通胀原因的思维方式，才把人们的注意力引导到对货币的关注，才容易发现通胀的唯一原因是货币数量过多。

那么，货币数量又是怎么多的呢？这就涉及货币制度。从历史上看，自金本位制结束之后，全世界的货币发行都是由政府控制的。如果说金本位制还是自发的市场力量决定着货币的发行，那么法定不兑换货币（fiat money）的发行量总是由中央货币当局，也就是一个行政机构来决定的。货币主义认为，如此集中的货币发行权是对货币和价格总水平稳定的一个体制性威胁，因为行政当局很可能为了某种短期的好处而错用、滥用货币发行权。不论动机为何，货币发行一旦出错，一定会带来无数经济行为的歪曲和紊乱，市场中的个人、家庭、企业和地方对此都无能为力。政府滥用货币发行权的结果，一定就是恶性通胀。这在许多国家的历史上出现过。针对这一点，弗里德曼继承他老师西蒙（Henry Simons）的主张，坚持"规则高于权威"，也就是要设定一个货币发行准则，以此约束货币当局的权威和权力。弗里德曼本人也曾提出过一个简单的准则，那就是每年增发的货币量不得超过经济增长的幅度，比如年平均4%。他甚至提出根本不需要中央银行，就让一台中央计算机系统按照设定的数值来控制货币发行，保证物价总水平的平稳。

货币主义不是单靠逻辑的力量就扭转了潮流。决定性的力量还是通货膨胀的肆虐给各国带来的损害。原本被冠以"行动主义"（activism）的理论和政策取向，习惯于把"货币"看成一个可以满足刺激经济增长、扩大就业、平衡内外收支等多重目标，并可由中央货币当局操控自如的一个政策工具。但是，发达国家持续的通胀压力和滞胀的现实，给货币主义的兴起提供了机会。弗里德曼论证了在通货膨胀和失业之间并没有长期的替代关系，他甚至发现，即使扩张性货币政策可以取得低失业的暂时好处，但带来的高通胀成本却趋向永久性。这就是说，煞有其事的"货币政策行动"给机会主义留下太多的自由空间，从而带来长久的"货币祸害"。

回头看,弗里德曼的最重要贡献,是在政府掌控货币发行权的时代,不断根据经验提请人们警惕此种大权被滥用的危险。对弗里德曼来说,通货膨胀才不是"市场失灵"的产物,而恰恰是自发的市场力量被集中的行政权力替代之后,给经济自由带来的具有毁灭性影响的"礼物"。货币主义坚持,零通货膨胀才是长期经济增长和繁荣的基础。这个理念有历史经验的根据。从权利角度看,通货膨胀是经对所有人财产的一种隐蔽的剥夺。从交易角度看,通货膨胀加剧了生产的交易费用,带来紊乱的经济行为和错误的资源配置。

人们有理由嘲笑关于计算机自动决定货币供应的构想根本不具备可操作性,因为迄今为止,还没有哪一个国家的货币发行采用了计算机机制。即使在想象的空间里,中央计算机替代了中央银行,似乎也只不过把央行行长的权威转化为中央计算机电脑工程师的权威而已。此外,究竟如何控制货币数量,货币主义的理论原则也远不等于可操作的现实。

但是,我们不能因此否认货币主义在思想上的建设性。因为它坚持问:怎样才能避免货币发行大权落入有可能不那么可靠的"看得见的手"的掌控?能不能为现代信用货币体系设定一个"非人格化"的货币发行机制?这并不是一个凭空想出来的问题,因为历史上的金本位制,就是由发散的贵金属分布和分权的开采力量"决定着"各国货币的供给。既然如此,现代货币在节约了贵金属成本的同时,能不能为信用体系找一个"非人格化"的机制来为货币下锚?

### 三、为货币选锚的困难

谈到这里,我们必须提到在货币框架问题上更具"复古"倾向的奥地利学派。这些经济学家与芝加哥学派的货币主义一样,认为自由繁荣的经济必须以稳定的货币为基础。不过他们相信,自发的市场可以提供这样稳定的货币,例如人类历史上的金本位就是如此,因为由贵金属本身充当货币的名义之锚,就不会给任何看得见的手操纵货币提供机会。为了从不断制造通货膨胀的现代货币困境中走出来,许多奥地利经济学家主张恢复金本位制或商品本位的货币制,并恢复自由银行制度,即允许自由准入、充分竞争,用市场声誉机制来优胜劣汰,最后由使用货币的各方选择守信的银行。

哈耶克后来承认,在现代条件下复古金本位制是不可行的,甚至"即使可行,也很可能是不可欲的"。不过,正因为货币大权似乎无可避免地集中于政府之手,才使哈耶克找到了金本位制消失后持续通胀的根源——短期压力使政府、私人企业和公众都"极难抵御通货膨胀的影响"。他为此忧心忡忡,反复探讨了在无法回到金本位的现实条件下,怎样约束中央货币当局的可能路径。从西蒙的"适当规则"(appropriate rule),到"商品储备本位"(a commodity reserve standard),到"按价格变动而调整条件的合同"(sliding-scale contract,也就是与通胀指数挂钩的合同),哈耶克逐一分析结果,发现某种自由裁量的货币权力在当代货币制度里无论如何也挥之不去,因此所有以上"解决方案"多少都存在问题。那么,货币框架的最后出路究竟何在?哈耶克的结论是,"只能通过货币政策的目标而非它的具体做法来限制货币政策"——这在我读来,不啻是几十年之后从新西兰开始、席卷多国的"通货膨胀目标制"(inflation targeting)的理论先声。

以上回顾,告诉我们从货币角度看通胀,背后还有一套至今没有完全解决的问题。比较起来,"结构性物价上涨"的提法则简单地把人们的注意力引向某几样价格涨幅较大的商品。问题的关键是,如果的确是货币总量引发了物价总水平的上升,那么仅仅控制某些商品的价格是无济于事的。相反,就物价管物价的做法一定会引起价格上涨的"漫游",因为管住了石油价格,市场就涨粮价;管住了粮价,涨猪价;再管猪价,又升奶价。如此"头痛医头、脚痛医脚"式的治理,看似针对性很强,最后却带来两个结果:一是延误了釜底抽薪——控制货币供应量——这唯一治本之策的实施时间;二是东涨西也涨的物价态势,激发和强化了公众的通胀预期。两厢结合,风助火势,可能激化通货膨胀。

类似的还有"成本推动通胀"之说,也似是而非。固然,食品和其他消费品的价格上涨使工人要求增加工资，进货价格的上涨使店铺要求提升商品的卖价，投入品的成本上涨使公司要求增加产出品的价格——这些推理都合理。问题是，所有这些合理要求在什么条件下才能被普遍满足？这样问，答案还要到货币总量里面寻找。要不是流通的货币数量过多，顶多只有部分商品的成本上升才能推动部分商品的物价，同时其他的"成本诉求"却得不到"受理"。升了成本的都要升价，但横竖只有那么多票子，怎么可能出现普遍的成本增加驱动价格总水平的上升呢？

这样看，货币主义的核心命题即"通货膨胀是一种货币现象"，还真的很有意义。诚如有的批评者指出，这个命题就像说"开枪是一个射击现象"一样，不过是同义反复而已。是同义反复，但却是正确的同义反复，因为它直指通胀的根子在于货币。相比于混淆问题的其他命题，譬如说通胀是一个物价现象，是一个成本现象，甚至是一个良心现象（商人哄抬物价、囤积居奇）等等，货币主义的命题帮助我们到货币里面寻找通胀的根由。

## 四、超发货币的不同成因

上文提到金本位结束后总是政府决定货币的发行。在这个条件下，说通胀是一个货币现象，等于说"通胀是一个政府超发货币的现象"。接下来我们就要研究，政府为什么要超发货币？从历史上看，绝大多数通胀特别是恶性通胀，无一例外都是政府用印钞机维持财政开支——无论是为了战争、君主的奢侈需要，还是要兑现庞大的社会福利承诺——的结果。一般来说，战争引起的通胀常常是最离谱的，因为生死存亡又胜败未定，当权者一定把通胀机器开到极致才合乎逻辑。40年代末的中国，通胀率高达每月50%。季羡林老先生那时在国统区当教授，他讲那个时候领了薪水要跑步去买米；跑慢了，米价就飞涨。

和平时期的通胀，很多是靠印发票子搞建设的结果。过去我国有一个"超经济发行"的概念，就是指政府靠多发票子来支撑超过国力的基建规模。由于当时实行全面的物价管制，因此超发的货币不一定马上表现为物价总水平的上涨,而表现为"隐性的通胀",即市场上什么东西也买不到,是普遍的短缺时代。其实殊途同归:显性通胀票子不值钱,隐性通胀有票子也买不到东西——都是票子无大用。苏联时代的家庭主妇,人人上街背个大口袋,见到任何队伍先排上去再算——那可不是因为俄罗斯的文化传统!

改革开放以来我国的三个通胀高峰,具体原因各个不同。1980年物价指数7.5%,是过去"低物价"时代所不能想象的。其实那时票证还普遍抑制着需求,只不过为了刺激农业,国家从1979年提升了粮油收购价,并对城镇居民发放财政补贴。那时财力很弱,用补贴启动农产品的价格调整,就成为财政赤字和超经济发钞票的新动力。1988年的中国物价指数高达18.9%,表面看是"价格闯关"惹的祸,背后的根源是发钞票搞建设又加上了发钞搞(价格)改革。1994年中国通胀创新中国成立后最高,主因是地方财力不足又急于发展上项目,而银行在"软约束"下敞开口子贷款,倒逼中央银行发出过多的货币。这样看,三次通胀高峰的共同点,都是因为财政开支的压力把货币发多了。

最近这一波通胀,直接成因当然也是货币多,但近十年国家财力空前增强,制度上再也不容许货币通过"超经济发行"来弥补财政赤字,加上商业银行改制,建立了放贷的约束机制。就是说,过去超发货币的机制已经不存在了。但是,从结果看,货币还是发多了。这又是为什么?

2003年5月,宋国青教授主持了一项宏观经济研究,报告的总论作为北京大学中国经济研究中心的内部讨论稿刊印于同年9月。这项研究分析了1998年以来中国实行的刺激总需求的宏观经济政策的情况,认为由于银行大幅度下调了存贷款利率,企业利润增加,加上吸引外资政策的作用,境外直接投资快速增长,结果企业的资本金大幅增加,引起银行贷款的大幅增加。更由于汇率稳定,中国出口的高速增长推高了总需求。据此,宋国青认为已走出通缩的中国经济面临新的转折,并肯定地预言:"目前已经出现了走向较高通货膨胀的可能。"

这个分析提到的"汇率稳定",成为理解全局的一个关键。背景情况是:1993年中国成功地以市场汇率大幅度校正了人民币币制高估之后,本来选择的是"以市场供求为基础、有管理的"汇率制度,并无意实行固定汇率或"盯住美元"的汇率制度。但在1997年亚洲金融危机后周边国家货币被迫大幅贬值的环境下,国际社会希望人民币不贬值,并得到了中国政府言而有信的公开承诺。这样,人民币以1∶8.27对美元的汇率,从1998年一直维持到2005年7月,使人民币汇率成为一个未加宣布,但事实上具有国际政治公信力的"盯住美元"的汇率制度。

1998年后的十年,恰是中国多年大刀阔斧改革开放的成果在经济生活中普遍显现出来的时期。最集中的表现,就是中国出口部门生产率的增长率超过了美国和其他发达经济生产率的增长率。实体经济的这一重大变化,与上述"稳定汇率"的机制发生了矛盾,因为几乎不变的汇率使得生产率增长率有了显著提升的中国出口产品,变得越来越"便宜",从而刺激了国际市场对中国制造产品的强劲需求,拉动了中国的出口增长。结果之一,就是中国的贸易顺差大幅度增加。"稳定汇率"加上开放政策,也刺激外资涌入中国,从而出现了"大国历史上没有先例的持续双顺差"。这就开启了一条新的人民币发行的通道:所有进入中国的贸易顺差和外国投资,全部通过向中国银行结汇而变成了人民币。央行不断买入外币,在不断增加国家外汇储备的同时,也不断把基础货币发了出去。

所以,宋国青认为"汇率是纲"。因为只有增加了人民币汇率的灵活性,才能平衡中国的外需和内需,才能消除过度繁荣的出口推高中国总需求的潜在危险。他认为要特别注意涉外政策与货币政策之间的协调,建议人民币主动升值10%,或把部分直接升值、部分调整进出口税率组合起来,共同校正主要宏观变量之间的失衡。考虑到2003年中国外汇储备不过4 000亿美元,年度贸易顺差254亿美元,而当年的CPI仅为1.2%,我认为宋国青的研究具有难能可贵的预见性。

但是,主流意见是反对人民币升值。2003年9月,余永定教授发表文章,对"目前媒体和经济学家几乎一边倒的反对人民币升值的呼声",提出了商榷。余永定并不主张人民币大幅升值,而应该坚持"有管理的浮动汇率",即允许人民币小幅升值。不过余文非常鲜明地对反对人民币升值的各种论点提出了犀利的批评。其中,他分析央行一面大量买入美国国库券和其他美元资产,一面不得对迅速增长的基础货币进行对冲的做法,认为"似乎没有哪个国家能够长期进行对冲操作而不对本国货币体系的正常运转造成严重负面影响"。针对把日本在1985年广场协议后日元升值作为日后陷入资产泡沫和通缩危机原因的流行解读,余永定认为包括麦金农在内的国际名家看漏了日本在1987年采取过扩张性货币政策这一关键条件,而同样在1985年升值的德国,由于没有类似松动货币之举,因此后来并没有陷入日本式的困境——这是对"升值必入日本陷阱"说的有力反证。

**五、宏观失衡损害中国经济增长的基础**

事实上,人民币小幅升值的建议到2004年年底也未被接受。于是,在汇率错估下的总需求转强,使国民经济出现了"过热"征兆。中国经济的总量已经很大,进出口占GDP的比例在所有大国中史无前例,因此"稳定汇率"的影响总要非常顽强地表现出来。2005年7月,中国宣布重新回到"有管理的浮动汇率",但此时非常小步的人民币对美元升值不但不足以校正规模变得越来越大的宏观失衡,而且还带来刺激境外资本进入中国的新问题。就是说,老的双顺差压力未除,又增添了热钱入境的新压力。结果,"贸易顺差、外资直投以及应邀来华分享人民币渐进增值好处的热钱,三股潮流合并,使中国的货币流动性有如'黄河之水天上来'"。

货币形势累计性的转变,不能不在市场上反映出来。2004年以后,我国城市居民经历了完全超历史经验的房地产价格的大幅度大涨。2006—2007年以后的股市,上证指数从1 000点涨到6 000点以上,其中2007年一年的股市成交量即为上年的5倍。在小的投资品市场上,从古玩、字画、首饰、奢侈品到普洱茶,价格早就屡创新高——所有这些事件各有各的原因,不过最共通的道理还是货币多了。人们说2007年前的中国经济一直是"高增长、低通胀",这当然有道理。因为通胀一般由消费者物价指数(CPI)来定义,而2000—2006年中国平均的CPI不过 1.45%（其中最高的 2004 年为 3.9%）。但是，货币驱动的价格总水平上涨早就开始到处漫游，它只不过到了 2007 年 8 月以后才最后"闯进"中国 CPI 指数，让在人民币汇率问题上避重就轻的人士，不得不王顾左右而言他。

公众舆论是颇难琢磨的。1997 年国际社会特别是发达国家希望人民币不贬值，中国对此作出承诺并守信履行。舆论对此的反应是正面的，大家都为我们国家成为一个"负责任的大国"而感到自豪。但是 2003 年以后，随着中国国际贸易顺差总量增多，日本、美国和其他发达国家要求人民币升值，舆论的反应却是中国决不能屈从国际压力而就范，甚至哪个中国人赞同了人民币升值，哪个就是屈从外来压力、对不起自己的祖国。反过来，西方人士中但凡主张人民币不升值的，就被看做是维护中国利益的君子。如此奇妙的反差，当然不是经济学可以解释的。等到 2007 年国内通胀开始起来，舆论又奇怪"为什么人民币对外升值，对内贬值"。解释这两个方向的运动源于同一种经济力量，倒是经济学家的责任。

但是，2003 年以来占主导地位的经济思维还是只见物价结构而漠视物价总水平。于是，就有了诸如"结构性过热"、"结构性房地产泡沫"、"结构性股市泡沫"，直到"结构性物价上涨"等一连串判断。要说明，经济生活中永远存在结构问题，转型中的中国经济，结构性问题当然更多。但是，漠视或回避了总量的直接结果，却不能充分利用汇率、利率等手段调控总量，却不得不更多地用行政命令、法令法规，甚至直接控制关键生产要素的供给数量（例如土地），由政府对某些产品、某些产业，甚至某个公司施加直接的干预。这实际上只能使"结构问题"变得更加层出不穷，甚至也在客观上摇动了人们沿着市场化改革方向解决具体经济问题的共识和决心。

这不是小事情，因为它涉及中国经济增长的根本。近年国内外不少人认为中国经济在国际市场上竞争力的增强，都是因为中国拥有巨量的"廉价劳动力"。从 2004 年开始，笔者不断撰文批评这个看法。我反问，30 年前中国无论城乡的劳动力都更为"廉价"，为什么那时候不容易看到满世界的"中国制造"？我同意今天的中国经济是靠"成本优势"打到世界市场上去的,但在这个成本优势里面,最重要的是"经由改革开放显著降低了中国的制度成本",改变了普通中国人、企业和地方的激励机制,从而使得原本只能关门受穷的廉价劳动力,转变成中国的竞争力,并通过学习曲线的提升,改善产品品质。概括地说,中国竞争力的提升是制度成本下降驱动的。我也注意到制度成本像任何成本曲线一样,降下来之后还会上升。所以,只有坚持改革开放和制度创新,才能持续保持中国经济增长的动力。从这点出发,因宏观失衡而增加微观上行政管制的长远代价,是损害中国经济增长的基础。

在所有反对人民币升值的意见中,张五常独树一帜。我理解他的分析是这样的:人民币不是对美元"升值"的问题,而是脱开与美元挂钩的问题。但是,在人民币汇率放开与美元挂钩之前,先要解决未来的人民币以什么为锚。在他看来,人民币钩住或盯住美元,是以美元为"名义锚",现在人民币要与美元脱钩,以后以何为锚就成为问题。要是与美元脱钩在先,又没有找好自己的锚,那人民币就有变成"无锚飞弹"的危险。张五常的建议是,人民币对一揽子商品挂钩,使人民币先有自己的名义锚,再脱开与美元的挂钩。他还认为,更可以考虑把人民币"放出去",释放人民币作为国际强币的潜在优势。

这样来看,张五常屡次声明反对人民币升值,是汇率与货币制度层面的意见。但是,无论选哪一组商品为人民币之锚,按2003年以来的市场价格情况算,人民币都不能避免对美元的大幅度升值。问题是,为人民币定一个新锚,比在现行汇率制度下升值要困难得多,因而也更难以达成决策共识。在解决这个难题之前,能不能维系人民币挂钩或盯住美元的体制,取决于现实的约束条件。不幸的是,近年美元强势地位不再,坚持人民币挂钩美元不升值不但使美国的日子难过,首先是中国自己的货币形势就一天比一天严峻。至少到2007年中国通胀的重新抬头,客观上已不允许等人民币换锚后才与美元脱钩,而只能在现有汇率框架里加快人民币升值的步伐。至于把人民币放出去,也要等人民币汇率大体反映市场供求以后才行得通。现在满世界的钱都要进中国,你就是把人民币放出去,挡不住它们还要跑回来。

至少到 2007 年年底,中国经济形势终于表明了问题的症结所在。此时中国外汇储备高达 15 000 亿美元(还不包括国家注资中投的 2 000 亿美元),年度贸易顺差达到 2 800 亿美元,外资进入中国约 3 000 亿美元。快速增加的中国外汇储备承受着美元资产贬损的巨大风险和社会福利损失,同时又快速恶化国内的通货形势。即使央行不断实施货币对冲,但"外汇占款"占更广义货币(M3)的比例还是从 2003 年的 15% 升到近 30%。2007 年前 11 个月,全国更广义货币同比上年增加了 23.1%。作为货币现象的通货膨胀终于顽强地露头,开始激活久违了的公众通胀预期,并反复表明它并不仅仅是个别成本推动的结果。

至此,问题依旧,但麻烦的规模已经翻了倍。最新的变化是,美元连年走软,加上次贷危机的影响,美国经济的增长速度放缓,使人民币不得不加快升值下的中国出口部门,面临雪上加霜的调整痛苦。回头比较,如果 2003 年人民币一次升值 10%,所付的代价应该比拖到今日为小。当然历史的棋局总是落子无悔的,为了避免未来更大的损害,今天中国应对日益加大的通胀压力,还是要到过多的货币和泛滥的流动性里面去寻求釜底抽薪之道。

让我们小结一下。物价指数(CPI)虽然是判定通货膨胀的基本指标,但对物价指数的结构性分析并不能帮助人们认识通胀的真正原因。通货膨胀之"货",不是任何一种具体的商品,而是货币,即流通中的货币。当物价指数升高的时候,我们只能到超发的货币数量里去寻找原因和治本之策。当下中国较高位通胀的成因也是货币超发,不过与历史上多次出现的财政性动机不同,本轮货币过多的主要原因是汇率机制的歪曲。在通胀态势已经形成的条件下,物价管制不但不能抑制通胀,而且会因为无端增加制度成本而损害中国经济增长的基础。反通胀要走釜底抽薪的路线,就是校正汇率失衡、从紧控制货币总量。

(本文原载《国际经济评论》,2008 年第 3 期)

# 货币不能大松

最近不少人说,货币政策不管用。类似的话过去听到过多次,诸如利息不管用、汇率不管用、价格不管用。既然"不管用",为什么还要说它们呢?我想,那恐怕还是管用的。也许此论的真正含义是,从紧的货币政策不管用,松一松就管用了。

"松货币"当然管用,问题是可取还是不可取。第一,今年上半年虽然 CPI 有所下降,但幅度有限,6月份还在7%以上的高位。第二,为了对付物价上涨的压力,政府价格管制的范围最近还有所扩大(例如电煤)。这样,CPI 就不能完全反映真实的通胀压力。第三,燃油价格小幅上调以后,对物价总水平的连带影响还在展开之中,例如运输成本的上升,对农副产品价格的影响。第四,PPI 很高,6月同比上升了8.8%,是去年以来最高的。从这几点看,CPI 略降并不足以表明,中国的通胀压力从此就真正缓解了。

货币到底有多紧呢?自从去年年底宣布从紧的货币政策以来,今年1月至6月当中,有四个月的 M2 增长高于17%,两个月低于17%,但高于16%。加到一起,比去年下半年简单平均也就减了0.4个百分点。但是,同期的经济增长速度,却平均降了1.5个百分点。这就是说,货币总量相对经济增长并没有紧到哪里去。现在就放松货币,后果可能是通胀压力潜伏起来,找机会再发作,然后由于通胀的反复而进一步强化公众的通胀预期。这样的后果,有谁想要吗?这也是本文主张不要随意松货币的理由。最低限度,货币至少不可大松。

当前,让各方面担心的是经济增长速度的下滑。先要看到,高于10%的 GDP 增长,怎样看也不能算低就是了。只是由于过去的增速更高,下行途中,超高速的惯性让人难受。特别是中国经济增长减速的分布很不平均，恰恰是过去增长很猛的地区和行业，主要是珠三角和长三角的出口产业部门，这次减速首当其冲，天上地下的感觉就更为强烈。这当然是很大的问题，因为中国不是日本、美国，那些地方什么都有了，慢几年就慢几年吧。中国不成，能有快一点的增长，当然要争取。

问题是，无论如何也不值得冒加大通胀的风险来"保经济增长"。不需要强调，高通胀对经济增长与收入分配有很大的危害。过去的经验，包括中国自己的经验在内，都表明为了抑制通胀，多多少少总要付出减缓增长的代价。道理很简单，高通胀下的经济高增长，有一部分是货币过多推动的。为了抑通胀，货币从紧，由过量货币推动的增长速度势必不能维持。这是不可避免的代价。人们能够争取的，是以较低的代价来抑通胀，给中国经济这个快速猛跑的巨人争取一个缓冲和适应的时间，特别要给困难最严重的地区、行业和中小企业提供必要的帮助。

这样，灵活的结构政策就非常重要。这方面中国也已经积累了好的经验。比如，这次四川震后重建，用各地对口援建的办法就既不增加总量，又切实帮助了灾区。上海花费去年财政收入的1%负责支援重建四川的都江堰市，就是把本来在上海花的钱，改花到了灾区。还有，东莞市政府决定给当地困难的居民家庭发放1 000元的一次性补贴，也是把本来可由政府自己花的钱，省下来给困难的居民家庭花。这些做法，都没有增加货币和财政的总量，但显著改善了结构。这类结构政策的潜力，实在大得很。当前经济有困难，正好可以把这些潜力"压"出来。

至于通过改革促进增长，更有巨大的空间。比如，主动降低进口税费、改善做进口生意方面的政府服务，可以更好地实现进出口平衡，也因为更多地进口了对路的商品和服务，就有助于抑制国内通胀。房地产的困境，主要是一些城市前几年房价冲得太高，严重偏离国内真实需求的水平。现在，一些地方的房地产公司主动降价促销，地方政府主动返还过高税费，加上推出中小户型楼盘，几管齐下，市场就有止冷转暖的迹象。如果在农村建设用地入市方面有更实质的改革动作，中国房地产业在内需驱动的经济增长中，将扮演更重要的角色。

至于中小企业的困难，第一位的是订单，要是国际市场有了变化，早转移、早适应就早主动。其次是巨大的成本上涨压力，那恰恰是通胀压力的一个结果。所以，在宏观上坚持货币不能大松，真正根治了通胀，才是帮助中小企业渡过难关的根本之策。中小企业遭遇的融资困难，要靠加快民间金融的开放，靠多层次的资本市场。这些事情，靠松货币是松不出来的。

总之，当前的关键是货币不能大松，特别是不要给社会各界有大松货币的预期。在这个前提下，以更灵活的结构政策与更坚决的改革政策，推进国民经济又好又快地增长。

(本文原载《财经》杂志"朗润评论"专栏，2008年8月1日)

# 还算"适度宽松的货币政策"吗?

央行公布,截至 3 月底中国的广义货币供应量较上年同期增长了 25.4%,创 1997 年以来的最高记录。同时,今年第一季度新增人民币贷款 4.5 万亿,直逼去年全年 4.9 万亿元的水准。令人吃惊吗? 没有。也许"大数目字疲劳症"全球流行,人们处变不惊。我自己的问题倒有一个:如此的货币供应增长,还算"适度宽松的货币政策"吗?

讲过了,中国经济面临挥之不去的"货币困境"。现在看来,此困境有三种不同的境界。其一是相当传统的,政府要花钱,但税收基础薄弱,又发不出多少国债,只好靠发票子补财政窟窿。其二,政府无意主动超发票子,但由于汇率机制方面的问题,巨量外汇流入,迫使央行"被动"释出过量流动性来守汇率稳定。其三,政府顾虑经济增长低迷、"市场的系统性风险"增加、失业压力骤增,大手松货币刺激经济。

为什么都是"困境"呢? 因为虽然每种境界各个不同,但迫使货币龙头开闸放水都会引来惊人相似的结果。其实,自从"法定货币"登堂入室以后,普天之下都有这个麻烦。高举重回金本位制大旗的奥地利经济学家,思想和勇气对后人皆有启迪,可是只要在事实上还没有回到金本位制,"货币困境"就挥之不去。

当下中国步入的应该是第三种境界的困局吧。不敢说是最高境界,因为全球主要经济体竞相大手救市发货币,不晓得还会带出何种新款的"变形金刚"来。眼下中国的困难是:2008 年 10 月后观之惊心动魄的价格跳水,跟着就是作为多年高度依赖出口的中国经济,出口出现大幅度的负增长;农民工离岗失业人数巨大,据农业部门一个抽样调查的结果高达 2 000 万之多;工业、GDP、财政收入,个个指标都显示着"下行风险"——就算不是对美联储主席伯南克有样学样,急松货币也很自然地成为中国宏观经济政策的必选。

如果可以一味超发货币而毫无顾忌,就不会有"货币困境"这回事了。困境者,两难境地也。任何行为都有代价,过了某个临界点,当负面效果盖过了正面收益,就得不偿失了。特别是法定货币供应这样经济中最锋利的利器,看似不过是看得见之手的掌中之物,想要怎样摆布都可以。可是一部货币史也写得明白:从长期看——就是凯恩斯先生讲的"长期我们都会死去的"那个长期——总是良币驱逐劣币。远的不提,2008年上半年肆虐多个国家的高通胀,若不是美国的金融危机危及实体经济带来的突然下行,还不知道要搭上多大的代价才能收场。

这是说,松货币也受制约。为什么财政政策可以"积极",货币政策却只能"适度宽松"?我的理解,只要守得住1994年中国人大法律定下来的"财政不得向人民银行透支"的铁则,财政政策再积极,也要受到国家税收能力和发债能力的实际限制。比较起来,货币变量则要"软"很多。倘若政府不自我设限,发货币"积极无度",政策为祸的危险就增加了。

难就难在何谓"适度"?不论细节,货币为交易提供媒介,而可交易之物(和服务)来自一般经济活动。这样看,货币供应以经济增长的需要为"度",总无大错。看一下经验数值,自1992年有了季度统计数据以来,我国广义货币(M2)的增长总比GDP的增长要快,最少快出了3.5个百分点(分别是2005年第一季度和2007年第二季度),最多则要快出24.7个百分点(1994年第三季度)。纯粹以现象分类,今年第一季度M2快于GDP增长达19.3个百分点,在总共68个季度里位居第六。交代一下,前五名是1993年第三季度开始到1994年第三季度连续的5个季度,那恰是改革开放以来中国第三波高通胀的岁月。当时还有一个背景,就是体制转型摧枯拉朽,大量在计划经济里不入市的资源——譬如土地——进入了交易过程,"货币深化"本身需要消费更多的货币。

眼下到底特别在何处?固然有"百年不遇的全球金融危机",不过,对远高于经济增长的货币供应,我们还是要问一问它究竟可以帮上什么忙？即使把2007年中国的GDP增长(13%)视为"潜在的,或应该有的中国增长之速",第一季度广义货币供应也超过了经济增长的12个百分点。中国不是美国,没有那么多的"毒资产"——像有的行家建议的那样——需要泡入高通胀的药液才有望解毒(!)。中国的央行也学不成美联储,因为这里大手松出来的货币尚不能漫游世界,累积的货币压力主要还将作用于国内。

还是不要把25%以上的货币增长率当做"适度宽松的货币政策"吧。其实它已属非常宽松。即使必不可免,也不宜加冠"适度"之名而放松应有的警觉。

(本文原载《财经》,2009年第9期)

# 货币似蜜，最后还是水

人类似乎正在进行新的货币实验。看世界，欧美日本央行控制的基准利率几乎全线为零；看中国，货币供应远超经济增长的日子卷土重来。如此的"货币喷射"（monetary emissions，德国总理默克尔的用语），究竟会给经济带来什么影响？

读到的多数评论，都认为没有什么大不了的。反正物价指数还在跌。失业情况虽没有可靠的统计，但沿海地区接单出口工业还是负增长，那可是中国就业的重点所在。财政收入呢？高于经济增长一倍的好日子结束了，今年前几个月还呈现负增长。给定此种局面还将延续，即便国内投资、消费两旺，专家们还是认定"年内不可能出现通货膨胀"。6月10日，蒙代尔在央视甚至说："中国需要更具扩张性的货币政策，要想达到这个目标，美联储和中国人民银行都需要增加货币投放量"——即使央行不对这位鼎鼎大名的诺奖得主、欧元之父言听计从，一般的估计，"宽松的货币政策"还将持续。

这就带来一个难得的机会，看巨量货币注入实体经济和市场之后，究竟会有什么现象跟着发生，究竟会产生什么效果？说机会难得，因为经济研究的实验室就是经济本身，哪个题目的实验成本也不便宜。此次全球主要经济体一起大开货币龙头，是有史以来最慷慨的实验，从经验现象里找学问的经济研究断不可错失良机。

经验说，带一个问题进入状况，远胜于"纯粹客观的观察"。还不够，最好再为问题预想一个答案，然后拿观察到的结果来加以验证。这尚待检验的预想答案，就是"假说"了。好的假说，是我们观察复杂经济现象的向导，也是探查现象背后规律的关键环节。那么，在"大量货币投入经济与市场会有什么后果"这个问题上，什么假说值得带向未来的观察与检验?

感兴趣的有两说。一说"货币似水"。大意是,货币别无他用,无非是给商品的交易充当媒介。因此,过量货币投入市场,不会增加商品,却一定会提升物价的总水平。打个比方,直升飞机在一个封闭的迷你国上空大手抛撒现金,使该"幸运国"里每个人的手持现金都增加了一倍。接着会发生什么?是那里的每个人都多得到一倍的商品,还是该国的物价总水平上涨一倍?如果你选后一个答案,那么恭喜你,货币主义大师弗里德曼应该判你对。可是,为什么直升机抛下的钱能让人人手持现金的数目都翻了一倍?答曰:货币似水,流到人间就迅速、均匀地流淌开来,对所有人的机会均等。

另一说,"货币似蜜":新增的货币投放到市场以后,像蜂蜜那样具有黏度的液体一样,在流淌的过程中可能在某一位置鼓起一个大包来,然后再慢慢变平。这意味着,过量的货币以不同的速度在不同种类的资产或商品之间"漫游",结果就在一定时间内,改变了不同种类的资产或商品之间的相对价格。所以,最早发明此说的哈耶克,更强调通货膨胀具有"流体均衡"(a fluid equilibrium)的性质。相对价格的改变,对一些人来说就是新投资机会的出现。不过,即使出现市场跟风行为与投机狂热,"热点"也难以持久。这是因为,"蜂蜜流淌"还将继续,鼓起来的"价格之包",过了一阵子终究还是要变平的。

两说都有趣。重要的是,这两说都可以得出毫不含糊的推断性命题,以便接受可观察结果的检验。其中,"货币似水说"定断,超过经济需要的货币进入经济与市场,将无可避免地推高物价总水平。"货币似蜜说"则推断,过量货币在经济体内游走,所到之处摩擦力不同,因此能够暂时改变资产与商品的相对价格,并刺激投资、消费行为的改变。无论我们同意其中哪一说,或者对两者都怀疑,这样清晰的推断总是容易接受检验。比较起来,那些把什么可能性都含糊说到一点的"预测",除了将来不断可以自诩"早就料事如神",对认识现象背后的规律,帮助就不大。

两说也有重要区别。"货币似水说"的重心在总量,在价格总水平;

"货币似蜜说"更关注过程中相对价格改变的影响。不过,也不宜把两说的分歧看得太大。毕竟,弗老领军的货币主义与哈耶克坚守的奥地利学派,有一个共同的出发点,那就是对"法定不可兑现货币"制度,抱有一种理性上的深刻怀疑。结合中国经济2003年以来惊心动魄的起伏,先是"结构性过热"从钢铁、水泥、电解铝漫游到众多投资部门,然后是房地产、股市的历史性的上冲与下跌,再到物价总水平的大潮涌起,我们或许可以把两说合并:货币进入市场,受黏性支配改变相对价格,然后推高物价总水平。是的,货币似蜜,最后还是带黏性之水。

(本文原载《经济观察报》,2009年6月20日)

# 保持人民币币值稳定是第一要务

## ——对话《第一财经》记者

**对话人** 周其仁 北京大学国家发展研究院教授
徐以升 李彬 《第一财经》记者

"人民币的币值稳定,是值得长期坚持追求的目标。从这点出发,可以看清货币政策对内调整的方向,也可以理解人民币汇率机制进一步改革的方向。"

北京大学教授周其仁从机制和制度层面看货币问题。他认为,1994年中国的人民银行法阻断了财政向央行透支的超发货币机制,奠定了稳定人民币币值的基础。但是,随着中国对外开放的扩大,多年由汇率机制导致的央行被动释放货币,则是需要面对和解决的一个根本性问题。周其仁教授日前接受了《第一财经》记者的专访。他坚持人民币币值稳定的基点,认为在后危机时期要面对的新挑战,就是要处理保增长所付出的货币过多的代价。

### 货币超发一定有后果

**记者**:在近期的几次演讲里,您多次提到货币超发带来的危害。但大量印刷货币,包括美国的财政赤字货币化,又是此次全球各国应对危机的主要手段。可以说有利有弊。您怎么看这种区别?

**周其仁**:超发货币应对危机,正是此次危机和1929—1933年大萧条应对的不同之处。

1929年的大萧条是金本位时代的大萧条,想用这个手段就得先把金本位废了。现在是法定不可兑现货币时代,面对危机可以大手撒钱。

所以我在2008年就认为不宜把这场危机说得过于严重。特别是中国,2008年10月中我讲过,中国经济出现衰退的可能性等于零。回过来讲,问题也在这个地方,就是为了应对危机日益把货币松得过于厉害。这就带来后危机时期的货币形势的压力。

记者:我们应该怎样看通胀?

周其仁:我一直认为中文的"通胀",比英文的inflation还要准确,因为通胀就指通货本身的膨胀,就是货币供应量大大超出经济增长。比如去年出现广义货币供应量同比增加27.7%,同期名义GDP才增加8.7%。多出来那么多,这个力量总要在经济生活里出来的。

记者:在具体指标上,2009年CPI表现很平,但房地产和股票市场都很强势,尤其是房地产市场。

周其仁:这应该就是"货币的粘性",即过量货币进入市场,并不像水一样非常平均地流到一切地方,而是像蜂蜜一样,带点黏性地先流到一些地方,再流到另外的地方。先流向哪里,那里的相对价格就升,一波一波地热闹。要强调的是,超发货币只要发生,就肯定会流向某个领域。股市涨、房地产涨,除了真实需求的推动,货币之蜜推波助澜。最近大家说"民工荒",其实就是劳动力价格要上。成都的都江堰,三个月前打零工的日工资70元,最近去则升到了100元。劳力也是资产,也是资产价格上扬。

**综合来看该加息**

记者:这是货币主义里一个道理,通胀是一种货币现象。

周其仁:所以还有一句话:货币最后还是水。带黏性的液体,流来淌去,鼓出一个又一个相对上涨的货币包,最后还是像水一样,把物价总水平提高了。不过,在这个过程刚刚开始的时候,人们总容易从个别商品、个别市场的偶然性当中寻找原因。反正是我们自己超发的货币,所以总有一个自然的倾向,自觉不自觉地淡化问题。非弄到洪水滔天,大家意见才一致,才下手治理。

记者:在2009年的货币超发之后,目前价格上涨已经从房地产等先涨领域,蔓延到工资价格、CPI等等。您认为目前整体价格上涨已经处于什么状态?

**周其仁**:等到CPI都看得明明白白了,常常就比较晚了。所以我推介中文的"通货膨胀"概念,可以有点提前量。

**记者**:现在是否已经是"比较晚了"?

**周其仁**:还不能说,但显然货币能量在聚集,漫游在加快。

**记者**:利率政策呢?

**周其仁**:大家都看到2月份的CPI是2.7%,已经出现了轻微的负利率。那一定刺激信贷需求,把银行的钱更多地借出来。要老虎不出笼子,就得给人家多喂肉。这是不是就是你问的加息?难度是,美国那里还在担心老虎不出来,所以那里还是超低利息。我们这里多喂肉,洋老虎可能越洋行动。这就要瞻前顾后,考虑各方面政策的协调。

**记者**:在您的理解来看,CPI在整体价格上涨中比较靠后。那么货币政策就不能只看CPI,而是要纳入资产价格?

**周其仁**:其实,各国货币当局似乎没有完全不看资产价格的。问题是资产价格不像CPI,容易让大家意见一致。经验上就是吵来吵去也不易有共识,拖来等去,CPI上来才行动。还有,资产价格上涨常常引发局部管制的加强,结果也会造成观察上的困难。

### 货币化进程会缓和通胀

**记者**:您从M2和GDP增速的问题上看增发货币,现在中国M2/GDP的数据几乎全球最高。2009年上涨了几十个百分点。这是不是意味着中国在未来很长时间将面临通货膨胀压力?

**周其仁**:货币增量超过经济增长的需要,中文含义的通胀压力当然挥之不去。但也不是无戏可唱,因为除了紧缩,货币深化的过程还可以消化很多货币。

**记者**:所谓货币深化,就是易纲先生曾用过的"货币化进程"吸纳货币的概念。房改造就的房地产市场是近年来最吸纳货币的池子,目前还有什么领域可以起到这样的作用?

**周其仁**：中国与发达国家不同的地方,就是货币深化还有很大的余地。比如林权改革、城乡统筹、土地流转、自然资源的市场化,以及教育、医疗、文化领域降低准入门槛等等,都有货币深化的含义。像我们在成都地震灾区看到的农民以宅基地抵押贷款,帮助灾后重建,过去不给这个权利,就不发生相应的货币运动,就没有这个胃口吃货币。中国的市场化改革就是货币深化进程,过去好几波了,包括城市土地市场,城镇房改房,几亿农民工从乡村到工业城市的进程,等等,都带来了货币深化。这也是为什么过去多年 M2 远高于 GDP 增长的情况下,中国的通胀还没有冲到天上去的秘诀。

### 根本在于维持货币币值的稳定

**记者**：您前面谈到中国的货币发行机制。近年似乎从汇率形成过程中导致的被动超发货币的压力越来越大?

**周其仁**：许多人以为汇率问题就是中国人与美国人的关系。其实,汇率形成也是中国人与中国人之间的关系。目前是央行用基础货币加部分对冲来购汇,进来 1 美元就要付出过去的 8 元多、现在不到 7 元的人民币。基础货币是所谓高能货币,投进了市场还要来回转的,所以外汇进中国越多,不管是顺差、外资直接投资,还是所谓热钱,人民币币值的内在稳定就越面临冲击。这个模式就是把汇率目标与货币目标混在一起处理,很容易顾此失彼。我的看法,为了汇率目标牺牲货币币值稳定,是因小失大。

**记者**:"大"在什么地方?

**周其仁**：人民币本身的币值稳定,涉及国内资源配置的效率,涉及收入分配的公正,还有人民币长远的国际地位。保持人民币的币值稳定,是对内对外的第一件大事。如果人民币的币值不稳定,就没有将来的机会。在法定货币体制下,要把人民币托付给央行好好打理。央行的目标太多,哪个也招呼不好的。还是坚持人民银行法,"货币政策目标是保持货币币值的稳定,并以此促进经济增长"。

## 把汇率与货币分来处理

**记者**：因此您并不赞同人民币与美元的约束型挂钩？

**周其仁**："汇率稳定"当然是一个重要的目标。要是美元响当当的，人民币缺乏自我约束，那么把人民币挂在美元身上，它稳定你也稳定，汇率当然也稳定。问题是这不是当今的现实。现在的现实是美元币值极不稳定。货币不稳定，哪来汇率的稳定，除非你让人民币也和美元一样靠不住。所以，不是我们要不要汇率稳定，而是当下实在没有汇率稳定的条件。明明靠不住的挂钩，非要挂，结果顶多只有名义汇率的稳定，而真实汇率最后还是无法稳定。

**记者**：这个"结"应该怎么解？

**周其仁**：出路就是把汇率和货币恰当分开来处理。讲到底，汇率是由买卖行为决定的，而不是靠喊话、叫骂、威胁、辩论、政治压力等决定的。具体讲，无论谁，凡赞成人民币不升值的，就一起出手买美元，横竖多用人民币买美元，人民币就一定不能升值；反过来，不论是谁，凡主张人民币升值的，如部分美国议员和经济学家克鲁格曼，根本用不着大叫大嚷的，你出手用美元买人民币，人民币不就升了吗？当然，人家可能买不到足够的人民币，那我们的金融业就要把服务做上门。

这就是说，用买卖行为来表达真实的意图，也为目标的达成，支付真实的代价。现在汇率问题吵得天翻地覆，在我看来就是自己要的，让别人出价。那还不是行为歪曲呀？

在这里，谁都可以买或卖，包括政府也可以为自己的汇率目标入场买卖。但是，唯独央行不参加购汇游戏，因为央行手里的购买力，就是基础货币，就是本币的币值。央行买多了，币值不稳定，乱相四起，最后还要付出本币成为国际货币的代价。央行就管一件事：本币币值的稳定。

这当然不可能一蹴而就。央行可以定量减少购汇，直到最后退出。期间为了汇率目标，政府可用财政力量等量购汇，维持过渡的平稳。

### 信用货币时代的央行独立性

**记者：**最后一个问题，奥地利学派的哈耶克曾经指出，政府垄断货币，是很多问题的根源，尤其是在萧条时期，政府会滥用货币发行权。这个问题和央行的独立性问题相关。您怎么看？

**周其仁：**美联储一般被认为是最具有独立性的央行，可以抵御所有政治压力。但格林斯潘在他的传记里说，很长时间正好是政治压力不大，所以看起来美联储才非常独立。英国央行在制度上就不独立，要听财政部的。关键是我们处在一个国家信用货币的时代，货币的背后就是政府。这在任何国家都一样，差别是政治行政体制的形式不同。关于中国央行，《朱镕基答记者问》说到过，"中国的情况是，无论央行再怎么独立，它都不能独立于国务院之外。中国央行的独立性是指它独立于地方政府和国务院的其他部门。"（编者注：见《朱镕基答记者问》第86页，1994年1月15日接受美国《商业周刊》记者采访）。这个表述符合实际。关键还是货币政策的决策机制，要共同接受历史经验教训，广泛分享信息，各方良性互动，共同维系人民币币值的长期稳定。

（本文原载《第一财经》，2010年4月2日）

# 以货币深化缓解通胀压力

## ——对话《金融周刊》记者

**对话人**　周其仁　北京大学国家发展研究院教授
　　　　　赵雪芳　《金融周刊》记者

**记者**：周教授您好,谢谢您接受我们的采访。最近关于货币供应量规模和增速的讨论很多。根据央行的统计数据,今年9月末我国M2余额为69.42万亿元,同比增长19%。您认为近几年主要是哪些因素导致我国货币供应量的增长?

**周其仁**：为应对危机,2008年中以来我国执行的就是"积极的财政政策,适度宽松的货币政策"。从货币政策来看,究竟何为"适度宽松",需要一个摸索的过程。政府因财政压力而超发货币,是法定货币时代通胀的根源。这属于货币的主动超发。人民币在制度上杜绝政府主动超发货币,是在1995年全国人大通过了《中国人民银行法》之后。1993年和1994年中国经历了一波比较高的通货膨胀,CPI最高达到了24%,之后中央痛下决心进行了综合治理,三年之后物价指数降为2.8%。这次治理通胀处理最好的地方,就是在稳住物价局面之后出台了《中国人民银行法》,规定中国人民银行不得对政府财政透支,不得直接认购、包销国债和其他政府债券等,从法律上堵住了"主动超发货币"的渠道,消除了多年以来威胁人民币币值不稳、通胀屡起的病灶——政府因财政需要而超发货币。

1995年后,我国的货币供应量相对GDP增长比较快,又是另外一种情形。出口导向战略的实施、汇率并轨以及加入世贸组织,导致我国蓄之已久的出口潜力开始发挥。从人民币汇率形成机制来看,又存在一个货币被动超发的因素,这就是从汇率形成机制里被动释放出来的巨量货币。因为当我们有一个稳定的汇率目标之后,就需要通过中央银行在外汇市场大量收购出口换回的外汇,通过这一渠道,基础货币就投放出去了。每年新增的国家外汇储备,全部是央行用基础货币买进来的。1997—2005年间人民币兑美元汇率为8.26元,意味着每增加1美元国家外汇储备,央行就要增加动用8.26元人民币的基础货币向商业银行购汇,这8.26元"高能货币"转入商业银行,再乘上4—5倍的货币周转速度,可放给市场的贷款总额就是40元人民币上下。人民币汇率形成机制,事实上已经成为货币当局被动发行人民币的机制。"被动超发"是与财政驱动相对应的货币超发。从汇率形成机制派生出来的货币发行,以被动为特征,因为究竟有多少外汇进入中国,究竟多少银行间市场的外汇被央行收购,着眼点不是政府本身的财政需要,也不受财政动力的驱使,而且进出口贸易顺差、国外投资以及热钱的进入等都会导致货币供应增加。为了防止投放过多的基础货币,央行通过发行央票等方式进行对冲。当前这种对冲压力和成本越来越大。

2008年爆发了国际金融危机,为了防止经济过度下滑,除了政府出台的4万亿元的中央财政直接投资外,信贷方面的扩充也非常厉害,突出表现在2009年年初制订计划时M2增长5万亿元,结果是当年M2增长了9.5万亿元。此时M2的增加也有我们主动增加货币供应因素的影响。

总之,我认为,1995年之后,我国货币供应量的超发主要是"被动超发",但是2008年以来,为应对国际金融危机冲击、刺激经济增长,我国采取了适度宽松的货币政策,主动增加了货币供给。"主动超发"和"被动超发"这两个因素又重新合拢,同时"被动超发"的数量依旧很大,2009年我国外汇储备增长超过4500亿美元。到今年第三季度末,我国M2存量达到69.42万亿元,规模比较大,增长也比较快,但也应当看到这是一个存量,有一个累积的过程。

**记者:**到今年第三季度末,我国的货币指数(M2/GDP)已经达到1.8,远远高于发达经济体和其他新兴市场经济国家。您也曾指出,中国的货币指数没有呈现倒 U 形的图形,而是持续向上,您认为影响我国货币指数出现这种特征的主要因素有哪些?

**周其仁**:上世纪 90 年代时,人们就对改革开放以来中国"货币供给的增速远远高于 GNP 增加值与物价指数增加值之和"进行过诸多讨论,甚至提出了"货币之谜"。对于转型中的中国经济,从改革以来货币供给就一直大大高于经济增长。这就带出很多不同的解释,比如"物价指数低估"、"强制储蓄",还有"货币悬浮"等等,其中我比较认同"货币化进程增加中国经济对货币的需求"。把"货币化"纳入宏观分析,意义重大。"货币化"是指国民经济从计划统制、自给自足向市场体系的转化,诸如农产品市场化的发展、乡镇企业的异军突起、民营企业的增长等,带来的新增的、"额外的"货币需求的过程,货币化使经济运行中的货币需求量增加,这就解释了"超额货币"的来龙去脉。

原本不在市场里、不受价格机制支配的资源,一旦投入市场,由人们买进卖出,就产生了对货币的需求。交易规模扩大了,需要更多的货币是容易理解的。

1978 年,我国广义货币存量占 GDP 的比例不过 32%。那个时代的国民经济里,要货币发挥作用的地方非常少。之后,放权改革最重要的就是重新界定了产权,特别是放出了交易权。农民的粮食、棉花可以按市价卖了,工厂的产品可以按市价卖了,劳动力也是商品了,对货币的需求自然也就多了。由此,1985 年广义货币对 GDP 之比为 54%,1990 年为 82%,1993 年超过 100%,1997 年达到 1.24。市场化改革推动了中国的货币深化进程。在上世纪 80 年代和 90 年代初,如果仅仅按照"比经济增长略高一些"的水平来控制货币供给是不行的。因为那样就满足不了货币化进程对额外货币的需求,不但抑制经济增长,而且抑制市场化改革的推进。

截至目前,货币增加的幅度还是高于经济增长与物价指数之和,只不过"超额货币"的绝对量和相对量都变得数目更加巨大。而且,中国与多数发达国家走过的路径不同,在这些国家货币存量占 GDP 之比超过了 90% 的高点就掉头向下;而中国这一指标依旧继续攀升,广义货币存量 M2 占 GDP 之比已超过 1.8，甚至达到 2。在此需要验证，资产的市场化是否会比产品市场化带动更高的货币需求？货币是一项资产，存在多少形态的资产取决于资产市场的发展程度。我们一直在说，我国间接融资比重过大，直接融资发展不够，近些年我国直接融资发展加快，但其比例相较过去并没有多大改变。更多的资产如二手房、资源等市场化会需要更多的货币来支撑。

**记者**：货币供应量的规模以及增速引发人们对通胀的担忧。您如何看待货币供应量和 CPI 的关系？

**周其仁**：通货膨胀，从字面意思来理解，就是指流通中的货币偏多。货币别无他用，无非是给商品的交易充当媒介。因此，过量货币投入经济与市场，不会增加商品，却一定会提升物价的总水平。2009 年我在一次讨论中就说过，货币是有粘性的。新增的货币投放到经济体系与市场后，像具有黏度的液体如蜂蜜一般，在流淌的过程中可能在某一位置鼓起一个包来，然后再慢慢变平。这就说明，过量的货币以不同的速度在不同种类的资产或商品之间"漫游"，结果是在一定时间内，改变了不同种类的资产或商品之间的相对价格，出现物价的"结构性上涨"。不过，即使出现市场跟风行为与投机狂热，"热点"也难以持久。因为"蜂蜜流淌"还将继续，鼓起来的"包"过一阵子终究是要变平的，最后必然导致价格总水平的上涨。

对于通货膨胀，在认识上有滞后，因为从货币增发到物价上涨有一个传导过程。货币超发之后到人们能够切实感受到物价上涨，一般要在一年半之后。2009 年中国采取了宽松的货币政策，大量增发货币，我当时的看法是信贷投放"过于宽松"，推出要谨防之后的通胀效应。

**记者**：总的来看，我国货币供应偏多是个事实，您认为未来应如何消化过多的货币供应？对今年的通货膨胀形势您有什么看法？

**周其仁**：在经济学上有一个"货币数量论"的公式：$MV = PQ$，也就是货币量乘以货币周转率永远等于物价乘以商品和劳务的数量。如果货币周转率基本不变，被看做是一个常量，那么，从上述方程式推断，价格总水平主要受货币量与商品劳务量的反向影响：给定商品劳务量，货币供应量越多,价格水平就越高;给定货币量,商品劳务量供应得越多,价格水平就越低。

可以看出,要消化过多的货币供给,关键的一点,就是通过货币化或货币深化,可以在给定货币量的条件下,增加货币需求,从而对物价的上涨产生抑制作用。可以把货币数量方程里的 $Q$(商品劳务)分为两部分来处理,一是"正常的商品劳务",即花费了货币成本生产出来的商品劳务,二是新增加的商品劳务,即原本不在市场之中、未花费货币成本就可以生产出来的商品劳务。对此,我们可以将更多的资源放到市场中去来消化过多的货币供给。这就需要通过深化改革来解决。与发达国家不同,我国正处于市场化推进过程中,很多资源还没有进入市场,水多了加面,也可以做到上面公式的平衡。过去土地从划拨到形成土地市场就消化了一部分货币,后来住房改革货币化也消化了部分货币。而现在进行的二手房市场、林权改革等也可以带来货币需求。另外,随着我国城镇化和城乡统筹步伐的加快、国有企业和国有资源的进一步改革等,货币需求的空间还很大。

当然,根本上还是要釜底抽薪,进一步完善人民币汇率形成机制改革,堵住货币被动超发的渠道。所谓"被动"超发,就是可控性很差,对货币政策的独立性有很大影响。对此,我认为,如果说汇率的完全自由浮动做不到,但也必须改变以基础货币来维持稳定汇率目标的现行做法。因为流动性已经很多,可以考虑用过量的流动性来购买美元,而不要再用新增的基础货币来买美元。这样,汇率的波动就不至于让出口部门承受不了,而基础货币也不至于增加得太多。这样就要抓两头,一头釜底抽薪,避免被动增加货币供给,因为货币投放过多必然引起物价总水平的上涨;一头就是对于已经投放出去的存量很大的货币,通过深化改革,让更多的资源市场化。当然,常规的调控措施也必不可少。目前中国的调控经验和能力比以前大大提高,而且可使用的工具也大大增加。

从今年的形势来看,几个月之前,由于国际经济形势的不确定性,很多人担心全球经济"二次探底"时我国经济会被动,甚至有预测认为第四季度我国经济会大幅下滑,因此货币不敢收得过紧。现在看来,各方面态度已经比较明确,经济不存在"二次探底",反而是物价上涨压力越来越大。各部门在稳定物价上也出台了不少调控措施。在对物价的调控上,我们要顾及调控措施对未来经济的影响。经济本身有一个自平衡的过程。我们在调控时要避免过于急躁,要给予经济自身恢复平衡一个适当的空间和时间。这是非常重要的。当然,这并不是说对物价的上涨不要采取任何措施。当前需要增加供给,增加中低收入者的补贴等;长期看要进行收入分配体制改革、完善社会保障制度;当然还要从根本上解决货币被动超发的问题,进一步完善人民币汇率形成机制改革。

我们不能同意"以通货膨胀促进经济增长",更不能把通胀作为一项"政策工具"。人民币的币值稳定具有全局长远意义,虽然在当前的开放经济中达成这个目标确实有困难,但出现了问题就要解决问题。另外,既然是通胀,重点就在货币上,而不是物价控制。单纯地控制物价无法从根本上解决问题,因为购买力还在。治理通货膨胀,更主要的是在通货层面上进行。

**周其仁**:价格机制在资源配置中发挥更大的作用,是经济增长的重要经验。为让价格机制起作用,就要把高度集中的行政权力分立为个人和企业的受法律保护的财产权。这也是中国改革的重要经验。

问题是,价格机制改革还远不彻底。一般观察,商品的市场化改革快,要素的市场化改革慢。由于要素是对企业而言的商品,所以,要素市场的缺陷已经并将限制企业发挥更大的活力。

要素市场的改革停滞,有很多原因。其中比较基本的,是中国经济走出 1997 年那波通缩之后,宏观经济一直偏热。偏热就要宏观调控,特别要管制物价,就没有条件扩大价格机制发挥作用的范围。

宏观为什么偏热?从根本上讲,是货币运动发生了变化。1994 年我国立法规定人民银行不得再对财政透支,从制度上关闭了历史上多次高通胀的货币主闸门。但是,对外开放的大好形势,又开出另外一个货币闸门,这就是央行不断动用基础货币购买不断涌进中国的外汇,构成日益庞大的"外汇占款",把基础货币"泵入"商业银行。实际情况是,进中国的外汇越多,央行发出的货币也越多。虽然央行不断对冲,但由于购汇每日每时发生,而对冲则是阶段性地进行,因此过量的基础货币还是利用"时差"进入了市场。流动性过多,加上政府主导投资的强力冲动,不断推高"货币创造",使我国成为广义货币存量相对于GDP流量比例最高的国家。这是宏观偏热、通胀压力持续的根源。

从全球看,如果美元稳定,央行一肩挑起货币稳定、汇率稳定两副担子,应该也不难。但是在伊拉克战争之后,美国债务增加,美元供应量偏大。在这种新格局里,人民银行以基础货币购汇来稳定汇率,客观上就不容易守得住本国货币的币值稳定。

换一个角度看,年年累积庞大的中国净出口,等于大量商品出国,但生产这些商品的货币收入却留在了国内。货币多,商品少,物价必然上冲。一旦冲击民生,政府责任重大,不管还不行。结果哪个领域出了问题,政府就管到哪个领域。管不住也罢了(如多年房价越管越高),真下硬碴子管住,货币又转移到其他地方。在这种情况下,宏观调控越来越宽泛,也越来越微观化,哪里还有条件深化改革?这说明,难以在宏观偏热的背景里推进改革。

根据以上分析,推进改革的突破口,当选人民币汇率形成机制。这里要解决的问题还不是汇率水平升多少或降多少,而是完善汇率市场,消除央行以基础货币购汇,确保央行"以币值稳定支持经济增长"。

作为外贸大国,人民币汇率当然要力争稳定。但是,不能再靠央行用基础货币去守汇率稳定的目标。汇率稳定既然是一个政策目标,就应该备有相应的国家财力来执行。预算内财力不够,可考虑预算外的,如政府卖地所得。当期财力不足,可面向社会发行特别国债。发债还不足以应付,可动用国有资源,如央企的巨额利润、社保基金等等。总之,要在现有的流动性里打主意。给定能动员的资源,超过限度就让人民币对美元或升或贬。这就是说,外汇市场的买家可以包括财政、国债、预算外收益、央企利润等等多种主体,也包括金融机构、企业和居民个人,唯独要把央行排除在外。

央行可以渐退。未来每年基础货币退出多少,非基础货币进入多少,在理论上完全可以在人民币汇率稳定的基础上,实现汇率机制的改革。这件事讲清楚了,就勾画出了改革的路线图,让里里外外有一个清楚的预期。

解开了维系汇率稳定的任务,央行才能转向集中管好人民币本币的币值稳定,确保人民币是全球范围内的一个好货币。人民币在制度上有保障成为币值稳定的好货币,是"人民币走出去"或"人民币可兑换"的前提。本币不是好货币,怎么也是走不出去的,走出去也走不远的。不是好货币要试水"可兑换",等于鼓励资本外逃。这个逻辑,非常清楚。

小结一下。从改革人民币汇率机制入手,奠定宏观稳定的制度基础,在此基础上,推进要素市场的全面改革。

(本文原载《金融周刊》,2010 年 11 月第 23 期)

# 避免最糟糕的政策组合

## ——与《中国改革》记者的对话

**对话人** 周其仁 北京大学国家发展研究院教授
  叶伟强 财新传媒《中国改革》执行主编

2010年岁末,通货膨胀有如出笼猛虎,令人望而生畏。中国连续两年的天量信贷,美国再次启动的量化宽松货币政策,两者内外交织,置中国经济于极高风险之中,既令资产价格快速飙升,也使普通物价节节攀高。面对美国联邦储备委员会"通胀不起,宽松不止"的势头,中国如何应对由此催生的外来资本冲击以及难以遏制的通货膨胀?美元贬值趋势难改,人民币还要盯住美元吗?中国经济还要承担盯住美元的巨额成本和风险吗?

本刊特邀北京大学国家发展研究院院长、中国央行货币政策委员会委员周其仁教授,详解中国经济2011年最大风险以及应对之策。

### 被动超发货币是通胀之源

**财新**:中国2010年出现的通货膨胀,超出了大多数人年初的预计,你对此形势以及目前的政府对策如何评价?

**周其仁**:理论上可以说,"通货膨胀是一种货币现象"。通胀必定与货币超发有关,为应对金融危机,中国过度发放的货币现在已经显示出很大的副作用。但等大家对这都形成统一认识并不易,所以处理通胀问题往往显得滞后。

同时还应该看到,通胀又不只是一种货币现象,如果商品或广义的资源能够供应入市,则价格当可回落或平缓。增加商品或资源供应,可以有很多选择,比如,应增加有质量的服务,如医疗、教育等。

目前政府已经采取较多方面的措施,希望稳定总体价格水平,包括价格管制。不过,我早就提出,如果政府压价把供给也压制住了,则是愚蠢之举。此外,扩大进口也可以缓和国内通胀。

**财新**:对于通胀的源头,你比较担忧央行的"第二货币动脉",即为了守住汇率目标,不断用基础货币大量购汇,而加息对此的作用和空间都有限,因此不能调节其间的货币运动。怎么办?

**周其仁**:加息就像是给货币老虎多喂块肉,当然有助于暂时把它稳在笼子里。可是,老虎却因此变得体型更大,胃口也更好了。问题并没有得到根治。

消除负利率还不等于消除通胀的压力。道理很简单,即使利率在物价指数之上,物价总水平也可以升到不被接受的高水平。高利率有助于抑制高通胀预期转为恶性通胀的几率,但并没有根除通胀的压力。

加息也是"加价"。物价总水平过高的根源是货币总供给过大,非到源头采取措施不可。仅仅调控金融机构与其客户的关系还不够,正本清源,还要调节金融机构与央行的关系,特别是根除当下央行在开放条件下被动超发货币的机制。

**财新**:被动超发货币是中国经济通胀之源,这个应该怎么理解?

**周其仁**:人民币盯住美元,导致中国在1994年立法消除"主动"超发货币的制度漏洞后,人民币又面临"被动"超发的新挑战。

1997—2005年间,人民币兑美元汇率为8.27元,意味着每增加1美元国家外汇储备,央行就要增加动用8.27元人民币的基础货币向商业银行购汇,这8.27元"高能货币"转入银行系统,再乘上四至五倍的货币周转速度,放给市场的货币量就大了。

这就是说,人民币汇率的形成机制,在事实上已经成为货币当局被动发行人民币的机制。人民币币值稳定屡出情况、宏观调控压力不断,皆因此而起。

**财新**:中国央行超发货币较大程度上是被动的。但以往发行速度也不低,然而人们却并没有体会到明显的通胀,这是为什么?

**周其仁**：从货币数量论来看，不论上世纪40年代末期的恶性通胀，60年代初在严厉的物价管制下顽强地以"短缺"形式表现的通胀，还是改革后几次两位数的通胀，凡物价总水平较大幅度的持续上涨，都可以从货币存量大幅增加的事实中找到原因。

以往通胀没有变成现实，最关键的一点，就是货币化或货币深化，可以在给定货币量的条件下，增加货币需求，从而对物价的上涨产生抑制作用。

**财新**：具体而言，过去这些年，货币深化对消化吸收超发货币是如何起作用的？

**周其仁**：给定货币被动超发，如果国内市场化的潜力得到充分发挥，对货币的需求是一种水平；如果市场化潜力得不到充分释放，甚至受到人为抑制，那对货币的需求就是另外一种水平。

作为一个转型经济，中国尚没有投放到市场里来的资源有的是，市场形势危急，加大投放就是了，即我说过的"水多了加面"：20世纪90年代以后，国有土地拍卖、城镇居民房改、农民工大规模离乡进城，加上土地转包和山林权转让，多少资产投入，把那被动超发的货币"积极平衡"了不少。

对于中国这样的转型经济体来说，市场化、货币化是加速推进还是停滞不前，对物价的影响就大了。远的不提，要理解近年中国货币占GDP之比持续高升、包括资产市场价格在内的物价总水平屡出险情，似有必要双管齐下，从货币供给机制与市场化进展两个方向，分别调查，综合研究。

**财新**：目前，中国是否还有进一步货币深化的空间？市场化改革的空间还有多大？

**周其仁**：经历了三十多年改革开放的中国经济，继续市场化的潜力还是蛮大的。表面上看，中国市场里有无数商品供过于求，时不时还有"严重产能过剩"的报道。但是加上品质的维度，现在仍然有不少商品与服务严重地供不应求。

比如，老百姓对好医院、好医生、好学校、好老师的需求与日俱增，但"政府主导"的医疗和教育似乎永远也满足不了这些需求。可以开放市场、引入民营嘛。

要素的市场化进展更不平衡。劳动力资产的市场化程度比较高些,但城乡一体、不论身份的劳动力市场还是有待发育。土地的市场化程度看起来不低,因为"地价天王"天天刺激着购房人的神经。但细看一眼,就发现该市场只限于城市国有经营性土地的转让。宪法规定的、作为中国两种土地所有制之一的农民集体土地所有权,至今还没有合法的市场转让权。

中国还远远没有充分释放市场化的潜力。诸多后果之一就是难以平衡不断被动超发的货币。根据中国改革的早年经验——"水多了加面"——比较合理的政策组合似乎应当是,或动员更多的资源进入市场,以消化源源不断超发的货币;或减慢市场化改革的步伐,但必须严格控制货币的超发。最糟糕的组合,就是既听任货币被动超发,又在市场化改革方面畏首畏尾、裹足不前。

**财新**:为解决被动货币超发的困扰,中国的出口导向政策是否需调整? 如果是,该如何调整呢?

**周其仁**:根本解决之道,不是人为地压缩中国的出口,而是主动扩大进口,在更充分发挥自己与贸易伙伴比较优势的基础上,达成国际收支的基本平衡。

那么,是什么力量影响了中国进口的扩大? 因素颇多,其中比较根本的还是人民币汇率形成机制。因为从进口的角度看问题,人民币汇率的水平决定着中国人花美元买国外商品和劳务——进口的机会成本。经济逻辑说,成本降低、需求量上升。这样推理,人民币汇率的适当升值定有扩大进口(包括走出去消费与投资)之效。

此外,进口税费的设置和服务是否便利,对进口流量有非常灵敏的影响。应适度压减进口税费并进一步提供进口服务便利。每增加一块钱国外商品的进口,就是为平息国内通胀压力增添了一份积极力量。

不但出口政策需要调整,整个刺激政策都要退出。中国经济已经实现了8%以上的增长,既然是第一个复苏的,当然有理由第一个退出。

因为经济刺激绝不是没有代价的,最明显的就是大量货币的发放对资源配置产生的不利影响。刺激政策只有短期的效果,中国经济必须要回到可靠的增长基础。

**人民币应该择善而从**

**财新**:你刚才提到人民币汇率的形成机制是影响中国进口扩大的根本因素。目前,人民币汇率形成机制受到诸多国际上的批评和指责,对此如何理解?

**周其仁**:人民币汇率其实是在中国的市场上形成的,就是中国外汇交易中心。它的确是一个市场,不过,尚带有转型经济的若干制度特征。第一个特点较为明显,它是一个仅仅设在中国的市场,在世界其他地方别无分店。另一个特点较为隐蔽。中国外汇交易中心实行会员制,所有在中国合法经营外汇业务的商业银行和其他金融组织,经央行和外汇管理局的审查批准,都可以成为该中心会员。进入中国的外汇,无论来自贸易顺差、外国直接投资,还是所谓的"热钱",都是先与这些会员"结汇",然后再由会员机构在中国外汇交易中心这个"银行间市场"上竞买竞卖各自持有的外汇头寸。

现在全球高度关注的"人民币汇率",就是中国外汇交易中心的会员们每天在这个市场上竞争的结果。说人民币汇率是在市场供求竞争中形成的,此言不虚。

**财新**:既然人民币汇率是通过"市场化机制"形成,为什么争议还这么大?

**周其仁**:中国外汇交易中心有一个特超级会员。这就是主管中国外汇市场的央行及外汇管理局。在这里,像所有其他会员一样,央行可以进场购汇。加上"特超级"的修饰语,是因为央行不但是日益成长的中国外汇市场上的最后买家,而且在事实上购入了进中国外汇的绝大部分。

当然,特超级会员也还是会员,因为今天的中国再也不要求强制结汇,央行进场购得了外汇的绝大部分,仅仅是因为它的出价最高。

问题在于央行购得数万亿美元储备所付出的惊人庞大的人民币,来自"基础货币"。这是央行不同于任何其他入市的公、私机构的特别之处。

央行通过发行货币购汇。从经济关系看,货币发行是央行之负债,这里的"债主"不是别人,恰恰是包括你我在内的所有持币的个人和各类机构。如果央行为了大手购汇而发行出过多的货币,那么天下持币人的原本的债权权益就受到侵害,也就是老百姓说的钱不值钱了,或者说票子"毛"了。

**财新**:如今,不仅中国货币超发,人民币所盯住的美元也在主动超发,11月刚刚出台了第二轮量化宽松政策(QEⅡ),导致中国汇率政策面对的局面更加复杂,整个国际货币体系也面临诸多挑战。这种情形下,重建金本位的建议再次出现,你认为是否可行?

**周其仁**:倘若各主要国家的货币都受到黄金的硬约束,金融市场的麻烦当然少得多了。以QEⅡ为例,如果还是19世纪80年代的经典金本位,主要西方国家的货币直接就是黄金量的表达,那么除非美国财政部突然多出一大块黄金储备,否则伯南克就算有天大本领,也发不出6000亿美元来购长期国债。若是在承诺以黄金为本的货币制度下,例如1971年以前的布雷顿森林体系,美联储也不容易如此宽松货币,因为持有美元的各国,不但可以口头问责,还可以凭券到美国财政部兑换黄金,看看山姆大叔的承诺究竟值多少钱。

金本位也根除了汇率战。既然各主要货币都以金为本,或与承诺金本位的货币以固定汇率相联,那就无须做什么动作也可维系汇率的稳定,国际上又何来汇率纷争?

简言之,金本位有效约束各国政府对内无从乱抽"通胀税",对外不能通过操控货币汇率以邻为壑,当然是上佳的货币制度。然而,实际的货币制度取向,似乎服从"两痛相权取其轻定理",即:货币和物价不稳定的痛苦更大,货币制度就向金本位靠近;经济调整的痛苦更大,则向易于放水的货币制度演变。

麻烦在于,虽然全球化把主要经济体联成一气,但各国经济的"痛点"尚有不小的距离。缺乏对不同的痛点加以权衡的大体一致的感受，全球重回金本位的难度极大。

**财新**：如果不可能再回到金本位制，以某一种货币为中心的固定汇率制可以尝试吗？

**周其仁**：1997年亚洲金融危机的一个重要背景，是东亚货币在此前十多年一直采取盯住美元的汇率政策。包括泰国、菲律宾、马来西亚、印尼和韩国在内的东亚国家，汇率盯住美元，再以汇率目标控制国内货币供应，等于给各自的货币龙头加上了一道锁，只要谁也不超发货币，物价稳定，这些后起之秀就很容易在国际上发挥比较优势，外向驱动经济高速增长的东亚模式就此形成了。

然而，1997年亚洲金融危机的导火索，就是泰国、韩国、马来西亚和印尼等国的货币纷纷"跳水"。很奇怪，盯住美元的汇率固若金汤，为什么守不住了呢？人们纷纷到这些出了麻烦的国家里寻找其内部的原因。却很少有人想，那构成东亚货币之锚的美元本身会不会有什么问题。2008年危机的爆发地点是美国，也就是那个为全球、亚洲与中国提供稳固的货币之锚的国家。危机的特征是锚先大动，然后祸及被那高频盯住汇率绑到一起的经济体。假如美元自己没有可靠的锚，它又凭什么充当其他国家货币之锚？

**财新**：既然金融危机后，国际货币体系前景未明，人民币应当作何选择？

**周其仁**：选锚之举为的是维系人民币的币值稳定，无论怎样打算盘，人民币应该择善而从。以历史教训和货币掌门人为锚的货币，还不足以提供制度性的保障。倘若能与一个客观的、"非人格化"之物挂起钩来，人民币的币值稳定才能有不受人事变化影响的制度保障。

在此意义上，选物为锚不失为一个可靠的办法。选什么呢？石头太重，虽然弗里德曼给我们讲过石币之岛的精彩故事。黄金白银不够，历史并没给人民币留下贵金属储备。

当然也可以选一个外国货币或一组外国货币来挂钩。不过论及以外币为锚，不免让人唏嘘，因为要赶上一个好时机也殊为不易。以美元为例,人家响当当就是黄金的时候,人民币还没有问世。如今,除非美元有可靠之锚,人民币不能以美元为锚。

(本文原载《中国改革》,2011 年 1 月 21 日)

# 过去十年是开放政策收获的十年

## ——《21世纪经济报道》十年专访稿

一只身形庞大的大象很难藏身树后,过去十年,中国经济的快速发展让世界瞩目。

进入2000年以来,中国GDP在世界上的排名逐年超越意大利、法国、英国、德国等发达国家,今年更有望超越日本,跃居世界第二。

但中国还远没有自大自满的资格。

成就的取得,来源于改革开放,既有制度变迁红利释放殆尽时,我们需要重新审视中国经济进一步的发展动力和源泉何在。

真正实现经济转型依然是中长期内面临的重要任务,各类财产权利的再界定、出口与内需的再平衡、城乡统筹的再推进、市场准入的再放开,以及让价格机制发挥更基础性的作用等等,需要更大的魄力和决心。

在北京大学国家发展研究院教授周其仁看来,过去十年,是改革开放的收获期,要在未来有更大的收获,需要埋下改革的种子。

**出口导向的成就与代价**

《21世纪》:回顾过去十年,中国经济取得了不小的成就,2000年时中国GDP排名全球第六,今年我国GDP上升至全球第二,您如何看待这十年的发展?

**周其仁**:总的说来过去十年中国经济表现很好,老百姓生活、经济结构、国家力量都有大幅度的提升。饮水思源,这和中国确立并坚持改革开放的大政方针是分不开的。当然,任何成就,都不可能没有代价。回顾的时候,两方面都要看到。

加入 WTO 是一个重大事件，代表中国积极地参与全球化的过程。对外开放带动内部的改革，整个国民经济受到结构生产力的巨大推动。其中最基本的，是巨量人力资源从原先收益很低的部门转向收益较高的部门。这种结构生产力的释放真的是革命性的。

中国凭什么加入全球化？我看到的就是凭三条。第一是原来很穷，就是人民的收入低，一旦开放就是资源，特别是人力资源的成本非常低；第二是改革开放大幅度降低了原来经济体系的组织成本和体制成本，解放中国人的创造力和干劲；第三就是学习曲线在开放中显著上升，生产率大幅度提高。这三大变量形成了中国在全球竞争舞台上的综合成本优势。

我讲过几次，中国与发达国家原本是差距甚大的两个海平面，一旦打通，相互贸易、互相投资、信息与知识流动，就释放出各自巨大的比较优势。

现在还记得，开始要加入 WTO 的时候，不少人认为中国门户洞开一定对自己不利，什么狼来了、虎来了，什么产业全面垮台，将有几千万人失业。结果是有来也有往，"中国制造"把很多发达国家的制造替代了。结论是中国为加入 WTO 要做调整，发达国家要做更大的调整。整体看，中国积极参与全球化增加了中国普通人的机会，也大大增加了国家经济实力。这是这十年中的一个越来越明显的现象。

当然也不是任什么产品都由中国制造，让人家的工厂全关门。这不可能，也不应该。我们不买人家东西，人家拿什么买我们的产品？拿印制出来的美元来买，最后天下大乱。

**《21 世纪》**：随着中国要素价格上升，企业的利润越来越少，优势还有多少？

**周其仁**：平均看，发达国家的人工还是中国平均工资的十倍。这说明还有极大的余地，继续发挥中国经济的综合成本优势。今天很多中小出口企业的毛利的确很薄，但不仅仅是因为人工成本升得急，也包括管理、物流等其他成本降得还远不够快。多年靠劳动力便宜，一俊遮百丑，一旦人工上扬，挑战就来了。

**《21世纪》**：中国市场已经成为全球企业的必争之地，但是我们发现中国企业，尤其是民营企业多数还是以做出口为主，这是为什么？

**周其仁**：首先是全球市场非常大，否则哪里可容这么巨量的中国制造？这点很明显。比较不那么明显的，是出口生意利用的是现成的全球商业网络，或者说是包括软件在内的商业文明——常常样品寄过去，报价合理就可以签约、生产、发货。就是说，做生意的麻烦少一些，交易费用低一点。

在国内，把生产出的商品分送到千千万万顾客那里，这个网络比国际上还是有差距，交易费用很高，要么货到不付款、要么款到不付货，各方建立信任很不容易，要维系很多复杂的人事关系，还要昏天暗地喝酒。远大集团的张总讲，他们6个业务员做国际订单，120个业务员做国内订单，两边做的单子总量是一样的。这说明了什么？

现在舆论上讲内需不足，只看到了一种强制性储蓄，就是收入低，没保障，要省下钱来看病、上学、养老，所以老百姓不敢花钱。这个问题有，要解决。但还存在另外一种强制性储蓄，就是国内市场好商品、好服务的可得性很低，品质不可靠，或者品质好一点的价格离谱地贵。这也抑制内需。

**《21世纪》**：开拓国内市场的主体您觉得是否应该单纯由企业来做？

**周其仁**：这需要全社会共同努力，企业、商人、投资者的进取心和开辟商道的努力当然非常重要，政府的服务和公众参与也不可或缺。一个诚信、少骗人的商业环境对整个国民福利非常重要，反过来就会刺激生产。阿里巴巴有个很好的口号：让天下没有难做的生意！现在的要害，是让国内生意和国际生意一样地好做。

**《21世纪》**：出口导向的高速增长，对国内经济平衡有什么影响？

**周其仁**：一般看法，谈贸易顺差就只往"国际影响"那个方向想，甚至仅仅争论对美国经济平衡的影响。可是既然叫国际贸易，其中一国又是中国，那包含着巨大顺差的对外关系，对中国自己也必定有重大的影响。

现象并不复杂：每年中国有大量的商品服务净出口，但是生产这些商品所获得的货币收入，却留在了国内。这笔在国内市场没有商品与之对应的货币，数目越来越大，其影响不能小视。统计数据是这样的：中国商品与服务的净出口，1990 年 510 亿人民币，占国民生产总值 2.6%；1997 年 3 550 亿，占 4.3%；2004 年 10 223 亿，占 5.4%；2007 年 23 381 亿，占 8.9%；2008 年全球金融危机已经波及中国，但这一年中国的净出口还有 24 135 亿，几乎占当年国民生产总值的 8%。

"净出口"就是中国商品与服务的总出口额减去总进口。如果问，这部分净出口的商品与劳务是在哪里生产的？答案是在中国国内。而且这部分净出口的商品与劳务也不是白白生产出来的，工人挣得了人工，老板挣得了投资与管理收益，政府抽到了税，银行收取了利息。所有这些收入都是人民币，都有购买力，但是对应的商品服务却出口了。

这当然对国内市场有影响了。因为这部分货币收入，是"剩"在国内的"纯购买力"，在国内市场上没有对应的商品和服务可以买。这么说吧，除非大家把这笔"余钱"存到枕头或炕洞里，或者像一位名家说过的那样，"一把火烧掉"，彻底退出流通，否则，国内市场里的货币与商品劳务之间，就永远不匹配。这解释了这些年来，为什么不是这里"热"，就是那里"热"。倘若政府干脆不管物价，听任没有商品对应的超额购买力全部冲向市场，物价总水平一年上冲 8%，应该没有什么好奇怪的。

物价上涨伤民之际，人言滔滔。政府不可能无为而治，总要以看得见之手干预调控。但是，超额货币购买力并没有消失，所以管来管去，最好的效果也不过扬汤止沸，或按下葫芦浮起瓢，但出口导向、大把顺差创造出来的过量货币购买力，还在源源不断地产生出来。货币是存量，发出去就不会死。最后如泛滥的江河之水，一直在寻找着新的决口。这是过去十年成就要面对的一个代价，出路就是进一步改革人民币汇率形成机制。有什么关系呢？进来一块美元究竟付出多少人民币，就是由汇率定的。人民币汇率增加弹性，进入中国的美元多，放进国内市场的人民币就可以少一点，对平衡国内经济也是非常重要的。

**为未来种下发展的种子**

**《21世纪》**：前三十年中国经济增长接近年均10%，对高速增长形成依赖，如果经济增长低于8%就有人着急，未来中国经济是否能承受经济放缓？

**周其仁**：经济增长速度高，不是坏事。问题是为此要付出多大的代价？代价太大的事情，好也要限制。更重要的一点，为什么GDP增速低于8%，上下就很紧张？一般的思路，就是增长下滑影响就业，这是很普遍的顾虑。问题是，现在我国GDP增长一个百分点比过去的绝对量可大多了，为什么容纳、带动的就业绝对量反而没有过去那么多？

问题的根子还是发展方式。出口导向，制造导向，服务业上不来。再追下去就是城市化滞后，而工业占GDP的比例，大大高于城市化率。上世纪80年代我们发现国民经济的一个特点，就是"工业化超前、城市化滞后"。几十年过去了，有变化，但基本类型似乎没有大变。

**《21世纪》**：最关键的障碍是什么呢？

**周其仁**：城市化是经济自由的结果。在行政管制过多、过密的环境里，不可能产生与经济发展需要相称的城市化。纵向看、横向看，都是这个结果。中国改革开放最本质的内容就是重新界定权利，以此增加人们的经济自由。过去农村改革最成功的经验，就是把人民公社那种管头又管脚的体制，逐步改成资源的农户使用权、经营权以及转让权。权利清楚，自由增加，农产品的供应就有了根本改观。再把经济自由扩大到非农业领域，乡镇企业起来了，民营企业起来了，可以进城打工做生意了，整个中国经济的局面就活了。

顺着这条路径再往前走一步，就是赋予农民更充分的土地转让权和流动权，包括转成非农业用地的转让权。其实这就是城市化的基础，因为土地资源向着更高利用价值的方向集聚，是城市发展的一个必要条件。但是，迄今为止我国在这方面的主导体制还是国家征地制，非由政府把农民的土地拿走，硬变成政府财产，再由政府拍卖出来，才有那么一个半半拉拉的二级市场。

不少人可是欣赏这一套。问题是，以行政权来配置土地和空间资源，服从是行政体制的等级规则。你是县级，我也是县级，行政平级，征地就平权。但是，国民经济里各种要素的集聚与集中的程度差别非常大。你们总去过义乌吧？那么发达，真正万商云集，但也只是个县级，多要土地也没有。别的县级呢？即便没有什么人气和集聚机会，但征地权和指标却大体是一样的，因为这些都按行政体系分配。结果我们也看到不少地方，占了很多农田，也修了八车道的路，但没有多少车；修大音乐厅，里面没音乐；修气派的大广场，可惜也没有多少人气。

**《21世纪》**：成都和重庆的城乡统筹改革试点和当初的预想一样吗？

**周其仁**：城乡统筹有积极意义。刚才讲到，在改革了统购统销体制以后，城乡关系里最实质的就是国家征地制度。可是我们看不到这方面有突破性进展。原因在于，行政权力伸入了火爆的土地市场，征地权带来了史无前例的"市值"，从中产生了极其巨大的利益惯性。这是政府主导或行政权主导的城市化模式。改这套体系，可比当年改统购统销困难多了。为什么成都的城乡统筹改革值得肯定？我们看到的是，那里从"三个集中"入手，就是工业向集中发展区集中，农民向城镇和新型社区集中，土地向适度规模经营集中，初始目标是更集约地利用土地资源，适应城市化的要求。但成都越改越深入，发现不改革机制与手段，根本不可能真正优化空间资源的配置，更不能做到让农民分享城市化的好处。从2008年之后，成都就系统提出了"还权赋能"，即把农民的土地权力，特别是合法转让权，还给农民，并赋予农民的土地房屋等财产更全面的产权权能。至少城乡人民的财产权利要平等吧，同地同权。这就走出一条"确权是基础，流转是关键，配套是保障"的新路子。

**《21世纪》**：是不是可以理解为，我国还存在巨大的潜在制度性红利有待释放？

**周其仁**：行政权主导的城市化，城市空间过度扩大，包括那些够行政级别，但人气和资源集聚程度不够的地方，大量占农地。与此同时，在集聚和集中密度很高的地方，城市化却受制于土地和空间，被人为压制。另外，不少农村地区，多少农民进城打工，但挣到了钱还是回去盖房，盖出来的房常年空着，外加无数空心村。那里完全是另外一套准则，福利分配、占用无代价、让出无收益，结果就是大量农村建设用地占而不用。加到一起，城市和农村的建设用地两头过度扩张，一起挤压耕地，所以就需要"最严格的耕地保护"。

出路是根本改革行政权主导的城市化，根本改革以福利分配为基调的农村建设用地占用模式。这场改革触及了城乡财产权利的重新界定，触及现行体制的深层矛盾。要是改革推进，最后释放的是以市场机制配置城市化土地和空间资源的巨大潜力，还派生诸多城乡协调发展的成果。

就是说，唯有实质改革才能给未来埋下发展的种子。对地方的改革实践，不能总是这个不行，那个也不行。应该点条道出来：究竟什么是可行的？当年的包产到户改革，是底层搞起来的，难免有粗糙之处，打磨打磨，逐步上升为省市的，甚至中央的政策，最后就走通了。

当年要开放，也是这个行业说开不得，那个行业也说开不得，反正谁都说不行，否则就天下大乱。龙永图讲过，WTO谈判最困难的谈判不是跟美国人谈，而是跟中国人谈。如果听任既得利益和观念支配，什么也不动，中国经济就不会有今天。

现在做什么可以给未来十年的持续发展奠基的？历史经验很清楚，如果每个时期不在关键的地方认真改革，就难以给以后的发展布下"眼"。

**《21世纪》**：你以前写过一篇文章探讨邓小平和科斯，放到中国来看，中国这个"超级国家公司"能向市场化前进多远、怎么走？

**周其仁**：在实践上，中国经济体制的改革绝不容易。传统的中央计划经济，其实是把一个内部严格执行计划和命令的公司扩展到整个国民经济，形成了一个由国家控制一切资源，靠行政命令来组织国民经济的"超级国家公司"。

怎样降低这个超级公司过高的运行成本，是中国改革的现实出发点。中国的经验是通过超级国家公司的权力下放，重新界定财产权利，而随着分立的,特别是私人的产权重新得到社会与国家的承认,中国逐渐形成了多种产权并存的新局面。

所谓市场化,就是把原来控制在政府手里的资源通过法律界定给民间,然后组织交易,政府当中间人,当裁判员而不是运动员。

**《21世纪》**:有些权力为什么很难下放?

**周其仁**:当然这是一个高难度的改革,因为用行政权去干预是政府本身固有的习惯,任何动作都会带来问题。

保守疗法认为维持目前的结构不动,可以减少麻烦。可能吧,但问题也都积攒在那里了。其实出点问题,暴露矛盾,加快法治建设,正有利于把游戏规则改过来,是一种积极平衡的态度。当然改革也会出问题,比如不少地方一讲集约利用土地,就强制农民上楼。这是老毛病,绝不允许在改革的旗号下复发。同时,我们也要仔细分清,是反对强拆,还是一概反对农民上楼?非强制的、以农民选择权为基础的上楼,可不可以呢?

我认为要分开两头讲,各地的农民上楼,凡强制的都是胡闹,根源就是行政权替代农民的财产权,还是过去那个国家超级公司过分集中权力模式的继续。要从确权出发,以确权为基础,根据经济的变动,来选择合适的生产生活方式、居住方式以及流动方式,并像成都近年实践的那样,探索全面重建农村基层治理结构,全面推行城乡公共服务的一体化。

**《21世纪》**:这么多年您关注很多领域的改革,医改、教改、央企改革,如何看待这些改革的成效?

**周其仁**:这几年的改革推进的难度越来越大。可能是被既得利益缠住了手脚,也许还有观念的束缚。不少领域的改革,像一句牢骚话说的,"只轰油门不挂挡",声音大、不下手。大家看这两天媒体报道南方科技大学,努力十年,为天下学子创一个新的教育机会,但就是拿不到招生指标,最后学校只能自招,教起来再说。要不是个人岁数太大,我真想也去报考一个,支持支持那位校长。教改与工业改革一样,要靠"校本位",然后各试各的,在比赛中互相影响、积极探索。否则一大篓螃蟹,谁也爬不出来。

**《21世纪》**:所以还是政府之手伸得太长了,管得太多?

**周其仁**:是该缩的地方缩得太慢,阻碍太多。改革跟投资一样,现在不把这个种子放进去,将来就没有果实可以收。经验很清楚,像下围棋一样,在框架上布下几个"眼",过十年就有一大片。中国这十年收获的果实累累,是因为以前改革开放做下了一些发展的"眼"。

**《21世纪》**:如果未来相当长的一段时间,中国经济增速放缓成为常态,要素成本上升,广义的通胀压力则会加剧增长的不稳定和不确定性,企业如何面对这些挑战?

**周其仁**:只要大的环境对,不用过于担心哪个企业不行。因为学习曲线摆在那里,中国人可是不笨,在约束下,总能冒出优秀的公司来。

为什么对企业有信心,因为是民营企业,谁都可以进入,不行就出局,谁也打不了谁的保票。市场里企业经营失败,公司破产,但组成公司的生产要素可是不会"死"的,无非是从这个公司里解放出来,进入其他公司,形成新的生产力。

要担心的是环境出大问题,出现系统性歪曲,误导企业家努力的方向。

**《21世纪》**:如何概括过去十年中国经济发展的这一阶段?

**周其仁**:过去十年中国经济取得了了不起的成就,是改革开放的伟大收获期。

**《21世纪》**:你觉得未来十年还能延续收获期吗?

**周其仁**:那就要进一步改革。中国经济是有不少红利,不过真正的红利还是改革红利、开放红利。过去的经验告诉我们,唯有进一步改革,在重大的结构性问题上做实质投入,才能为未来的延续发展奠定基础。

(本文原载《21世纪经济报道》,2011年2月12日)